DROIT PÉNAL SPÉCIAL AU CONGO

Abécédaire des infractions usuelles

Michaël Herlin KABA BITSENE

DROIT PÉNAL SPÉCIAL AU CONGO

Abécédaire des infractions usuelles

Préface de Moïse SOLA

L'Harmattan
Congo-Brazzaville

5-7, rue de l'Ecole-Polytechnique, 75005 Paris

http://www.harmattan.fr
diffusion.harmattan@wanadoo.fr

ISBN : 978-2-343-08768-9
EAN : 9782343087689

De même qu'à mon père, M. **Georges KABA**, cette édition est dédiée à M. **Jean MONGO ANTCHOUIN**, Docteur d'État en droit, Premier Président de la Cour de Justice de la Communauté Économique et Monétaire de l'Afrique Centrale.

Toute ma reconnaissance à M. **Raoul KIENGE-KIENGE INTUDI**, Professeur à l'Université de Kinshasa, qui m'a communiqué l'amour de la recherche scientifique.

Grand merci au Colonel **Moïse SOLA**, Chargé de cours à l'École Nationale d'Administration et de Magistrature de Brazzaville, ancien Substitut du Procureur Général près la cour d'appel de Brazzaville, ancien Directeur de la Police judiciaire, pour sa collaboration.

SOMMAIRE

AVERTISSEMENT

Le point "**Compréhension**" a pour but d'expliquer ou d'aider les profanes et les débutants en Droit à comprendre le sens des dispositions de différents articles, ou à cerner le contenu de la loi.

Le point "**Culpabilité**" permet d'établir ou de vérifier la responsabilité pénale du présumé protagoniste ou participant à l'infraction, à partir notamment des conditions préalables (pas dans tous les cas), des éléments matériel et moral de l'infraction.

Dans cette étude, l'accent a été principalement mis sur les peines principales, afin de mieux identifier la nature et la gravité de chaque infraction.

Au niveau de la table des matières, les chiffres de début renvoient aux paragraphes et ceux de la fin aux numéros des pages.

ABRÉVIATIONS

Al.	: alinéa
AGG	: arrêté du gouverneur général
App.	: applicable
Applic.	: applicable
Art.	: article
Bull.	: bulletin
CEMAC	: communauté économique et monétaire de l'Afrique centrale
Cf.	: confer
F CFA	: franc de communauté financière africaine
Ch.	: chambre
Compl.	: complété
Corr.	: correctionnelle
CP	: Code pénal
CPP	: Code de procédure pénale
D.	: décret
D. appl.	: décret d'application
ENAM	: École Nationale d'Administration et de Magistrature
Gaz. Pal.	: Gazette du palais
JO	: journal officiel
JOAEF	: journal officiel d'Afrique équatoriale française
JORC	: journal officiel de la République du Congo
L.	: loi
Loc. cit.	: loco citato

M.	: monsieur
N°	: numéro
Op. cit.	: opus citatum (ouvrage précité)
Ord.	: ordonnance.
P.	: page
Prom.	: promulgué
R.	: règlement
SA	: société anonyme
SARL	: société à responsabilité limitée
Somm.	: sommaire
SNC :	: société en nom collectif
SNS :	: société en commandite simple
TGI	: tribunal de grande instance

PRÉFACE

Les lois conditionnent l'existence des hommes indépendants, libres et isolés, unis en société. Mais de nos jours, on constate que leur vie est épousée par un état d'agressivité continuelle. De plus, leur liberté est devenue inutile du fait de l'incertitude de la conserver. Pour cela, la densité de la théorie beccarienne, toujours actuelle, veut que chacun, pour sa cause de souveraineté, sacrifie une partie de sa liberté pour le bien commun. Le reste lui permet de jouir en société avec plus de sûreté et de tranquillité.[1]

Cependant, dans la réalité sociale quotidienne, observée ici et là, il apparaît que ce dépôt commun est constamment usurpé par chacun, sous forme d'appropriation agressive individuelle ou collective. Pour l'empêcher, les législateurs, dans toutes les sociétés, dont la société congolaise, ont mis en place des lois dites "moyens sensibles" de protection collective et/ou individuelle. Elles sont résumées dans la notion de répression.

Comment l'entendre ? Elle est, au plus bas mot irréductible, l'action de réprimer. Elle comprend alors l'incrimination des différentes agressions entendues des faits délictueux, la poursuite de ces auteurs et leur condamnation par l'infliction des peines (jugement). Cela, pour le bien commun. On espère ainsi vaincre l'état d'agressivité continuelle ainsi observée et métastasée dangereusement dans tous organes vitaux qui conditionnent le fonctionnement de la totalité des structures sociales.

Voilà pourquoi l'auteur du présent ouvrage s'est situé résolument au cœur de cette trame judiciaire de la répression. Alors, il s'est intéressé spécialement à chaque incrimination de chaque fait délictueux, c'est-à-dire, au droit pénal spécial en l'état, en République du Congo.

Pourquoi ? Plusieurs indicateurs ont motivé ce choix :

- simplifier la qualification pénale des faits en infractions. Cette opération intellectuelle consiste à faire tomber les faits blâmables sous l'empire des prévisions légales, parfois trop techniques et dont la compréhension n'est pas évidemment aisée. Elle est, de ce fait, complexe et rocailleuse par nature, pour les praticiens du droit pénal, les étudiants et davantage le public ;
- présenter, par le moyen d'une forme inédite, cadencée, bien rythmée et condensée en de termes appropriés, simples et immédiatement accessibles

[1] BECCARIA (C), *Des délits et des peines*, 1765, traduit de l'italien par Collin de Plancy, éd. Du Boucher, Paris, 2002.

à tous, le catalogue répertorié alphabétiquement des infractions (droit pénal spécial) minimales, les éléments résumés qui les constituent et les peines, essentiellement principales, qu'elles font encourir, selon leur nature et leur gravité.

Ainsi, de ces considérations, l'auteur a fait résulter logiquement et simplement l'utilité de son ouvrage : ***Droit pénal spécial au Congo,*** *abécédaire des infractions usuelles.*

Cependant, l'auteur s'est gardé avec un soin infini, de donner au lecteur à penser, qu'il a assigné à cet ouvrage, la vocation de mettre en péril et donc de rejeter, soit par mépris, soit par paresse d'esprit, le long et pédagogique trajet spéculatif de la doctrine. Il s'est gardé de la même manière, en ce qui concerne le parcours pondéré, sage, mesuré et mûrement réfléchi de la jurisprudence, lorsque le juge met en œuvre, ou bien qualifie pratiquement les différentes catégories des infractions usuelles.

Au regard de ce qui précède, il apparaît que le travail que présente l'auteur est entièrement assis sur une réflexion structurante. De ce fait, elle a requis chez lui, l'investissement considérable d'un effort intellectuel, louable et courageux, de condensation intelligible de notre droit pénal spécial.

Alors, lecteurs de toutes catégories intéressées ! À vos cerveaux et plumes ! ... Prêts ! … Partez ! … pour l'exploration méthodique et minutieuse ainsi que pour l'exploitation heureuse et utile du « ***Droit pénal spécial au Congo*** ».

Moïse SOLA

Ancien Substitut du Procureur Général près la cour d'appel de Brazzaville

AVANT-PROPOS

Il est inadmissible, eu égard au principe de légalité, de punir sans prévenir. Consciente de cela, la société congolaise s'est dotée d'un arsenal de règles préventives, en ce qu'elles mettent en garde contre les conduites répréhensibles, et répressives, en ce qu'elles sanctionnent ou punissent toute offense faite à la Loi.

Cependant, ces informations qui portent sur les comportements à rejeter ne sont pas toutes consignées dans un seul document. On les retrouve dans le Code pénal et dans divers textes spécifiques. Or tous ces textes épais et épars sont parfois *complexes*[2] ou inaccessibles, et ne sont pas non plus aisément manipulables. C'est en raison de cela qu'il a paru nécessaire de recourir à un outil pratique, susceptible de combler ces lacunes et pouvant être manié par tous.

Par ailleurs, il est de principe que « nul n'est censé ignorer la loi ». Par contre, plusieurs citoyens n'ont pas la connaissance exacte du contenu de la loi, qui n'est « *pas souvent facile à comprendre* », disent-ils. C'est pourquoi, il convient de nourrir la réflexion en ce sens afin de rendre les textes de loi *accessibles*[3] à tous. D'où l'objectif poursuivi en concevant cet ouvrage d'identification des infractions, pour vulgariser certains comportements prohibés et rapprocher les citoyens du contenu réel de la Loi.

Ce document est rédigé dans un langage tel qu'il pourrait permettre à chacun de comprendre clairement s'il est fautif ou non dans ses manières d'agir ou de faire (qu'il soit homme de loi ou pas).

Loin de ne profiter qu'aux seuls profanes et novices du Droit, ce manuel trouve notamment toute son utilité aux yeux des juristes. En effet, l'interprétation des *textes juridiques*[4] est une tâche qui doit s'acquitter avec beaucoup de délicatesse pour rester fidèle à l'esprit du législateur. Pourtant, outre les exigences de la vie courante, les juristes sont confrontés à certaines questions techniques qui leur exigent du temps, en raison des recherches qu'ils doivent effectuer, dans le souci d'aboutir à une solution fiable ou de répondre de manière efficace à une consultation. Ce qui justifierait la lenteur accusée dans le traitement ou le cours de certaines affaires ou procédures. Ainsi, le modeste résumé effectué des éléments constitutifs de chaque

---

[2] La compréhension de ces textes de lois implique, dans une large mesure, une formation préalable en Droit.

[3] Non seulement disponibles, mais surtout compréhensibles.

[4] La loi pénale en particulier.

infraction, de même que de leurs peines, permettrait aux acteurs du droit ou de la justice de travailler non seulement « avec célérité », mais aussi, et surtout « avec sérénité ».

Cet ouvrage, qui n'est pas consacré à l'étude des infractions dans leur globalité, ne s'attache qu'à expliquer en des termes plus ou moins familiers les comportements quotidiens jugés antisociaux et susceptibles de poursuites pénales. Ce manuel décrit de manière résumée chaque composant des infractions, qu'il s'est proposé d'étudier, en se conformant aux textes de loi et en recourant à l'interprétation du juge (la jurisprudence) sans exclure le raisonnement de certains auteurs (la doctrine). À cet effet, après avoir interprété une disposition pénale, il présente les éléments constitutifs de l'infraction décrite. Il envisage également des renvois, chaque fois qu'il y a une circonstance ou un élément qui se rattache à une autre infraction.

En outre, pour pallier un potentiel amalgame des textes juridiques, ce document identifie certaines dispositions pénales qui sortent du droit positif congolais par l'effet de l'abrogation.

Au regard de ce qui précède, le présent travail ne s'apercevrait que comme un abrégé ou un résumé des travaux de recherche sur le droit pénal spécial.

En somme, ce manuel est un instrument qui ne servirait que de rappel pour les juristes, censés avoir « appris » ce qui y est développé. Il serait également une petite source d'informations pour les non-juristes qui sont les composants de la société dont ils doivent respect, en adoptant un comportement qui n'enfreint pas la Loi. Cette attitude passerait avant tout par la connaissance des dispositions légales parmi quelques-unes qui sont analysées dans cet ouvrage.

Toutefois, en raison de l'imperfection qui caractérise l'œuvre humaine, je me tiens à l'écart et je dévie toute séduction qui tendrait à me faire croire que ce travail serait à l'abri de tout reproche. Une insatisfaction pourrait surgir à tel ou tel niveau de lecture. C'est pourquoi je vous le confie, « dans l'espoir » que vos remarques et observations contribueront à l'améliorer.

Michaël Herlin KABA BITSENE
(kbhherlin@gmail.com)

INTRODUCTION

La vie en société est empreinte de plusieurs obstacles ou difficultés dont la description sera très longue. Parmi ces difficultés, l'on peut relever la non-adaptation avec les autres et la perpétuelle envie de « plaire aux autres » et de se « plaire à soi-même ». De là naît un sentiment : c'est le désir de dominer ; et quand ce désir grandit, son porteur le manifeste par des actes. La communauté inspire alors la crainte, celle d'être abusé par l'autre.

Pour prévenir les abus et protéger chaque citoyen, il a paru nécessaire de définir les limites afin de sanctionner toute personne qui adopterait un comportement antisocial. C'est la détermination du champ d'étude du droit pénal, lequel se présente comme une *branche du droit* dont « *l'objet est la prévention et la répression des infractions* »[5]. À ce titre, le droit pénal s'identifierait à : "la réaction contraignante de l'État face aux transgressions".

L'infraction peut donc s'entendre de toute conduite contraire à la loi pénale. C'est ce que serait un péché ou une offense aux yeux du Souverain. C'est un manquement à la loi pénale. Elle, disaient certains auteurs pour caractériser l'infraction, est « *le fait d'enfreindre la loi pénale* »[6].

En raison de leur degré de gravité, les infractions sont qualifiées soit de contraventions, soit de délits, soit de crimes.

En effet, suivant l'article 1er du Code pénal en vigueur en République du Congo, la ***contravention*** est une infraction que la loi sanctionne de peines de police. Les auteurs de cette infraction « encourent » une sanction d'amende dont le plafond est trente-six mille francs (36.000 F CFA) ou d'emprisonnement dont le maximum est dix (10) jours.[7]

Le ***délit*** est, quant à lui, une infraction que la loi « sanctionne » de peines correctionnelles. Leurs auteurs encourent une peine d'amende supérieure à trente-six mille francs (36.000 F CFA)[8] et/ou d'emprisonnement d'au moins onze (11) jours et d'au plus cinq (05) ans.[9] Cependant, la loi peut en disposer

---

5 Gérard Cornu, Association Henri Capitant, *Vocabulaire juridique*, Quadrige, puf. 2011, p. 745.

6 Bernard BOULOC et Haritini MATSOPOULOU, *Droit pénal général et procédure pénale*, 18ème éd. Sirey, 2011, p. 27.

7 Art. 465, al. 1 du CP et 458-3 du CPP ; Michel Romaric AZALOU, *Qualification des infractions courantes*, 2ème éd., Cotonou, 2006, p. 35).

8 Art. 40 du CP et 319-2 du CPP ; Cyprien GANZINO-NGOUNGA, *Guide des inculpations*, 2ème éd. Brazzaville, 2014, p. 67).

9 11 jours à 05 ans.

autrement.[10] Il n'est donc pas surprenant de voir appliquer à l'auteur d'un délit une peine d'emprisonnement de plus de cinq (05) ans. Il suffit qu'un texte légal le prévoie.[11]

Le ***crime***, par ailleurs, est une infraction que la loi sanctionne de peines afflictives et infamantes, ou seulement infamantes.[12] L'auteur de l'infraction de cette nature encourt la « mort »[13], la « réclusion de cinq (05) ans à dix (10) ans »,[14] les « travaux forcés allant de cinq (05) ans à (30) ans »,[15] les « travaux forcés à perpétuité », la « déportation », la « détention de cinq (05) ans à (20) ans »,[16] le « bannissement de cinq (05) ans à dix (10) ans »[17] ou la « dégradation civique ».

Toutes ces infractions se « prescrivent »,[18] sauf dispositions légales contraires[19], par : un (01) an pour les contraventions, trois (03) ans pour les délits et dix (10) ans pour les crimes.[20]

---

[10] Art. 1, 9 et 40 du Code pénal ; Hygin Didace AMBOULOU, *Traité congolais du droit pénal et procédure pénale*, 1ère éd. Harmattan, 2010, p. 130.

[11] Art. 3, 9-2 et art. 13 de la loi n° 5-2009 du 22 septembre 2009 sur la corruption, la concussion et la fraude et les infractions assimilées en République du Congo.
Par exemple, l'article 3-2 de la loi citée ci-dessus sanctionne, d'un emprisonnement de deux à dix ans, « le fait pour tout arbitre (…), de solliciter ou recevoir des dons ou présents, pour rendre une décision ou donner une opinion favorable ou défavorable à une partie ». Or, la peine d'*emprisonnement* de plus de 10 jours est une peine correctionnelle applicable aux délits (cf. art. 1, 9 et 40 du Code pénal).
Pour résumer, chaque fois qu'on parlera de la peine d'emprisonnement supérieure à 10 jours, il s'agira d'un délit.

[12] Art. 1, 6, 7 et 8 du CP.

[13] La peine de mort a récemment été abolie par la Constitution congolaise du 25 octobre 2015, entrée en vigueur le 06 novembre 2015 (cf. art. 8, al. 4, et 246). Est-ce une volonté de supprimer les incriminations y relatives, tel l'assassinat ou le parricide, ou s'agit-il simplement d'alléger la peine s'y rapportant ? Dans ces conditions une loi ne devrait-elle pas préciser les contours de ces dispositions abrogatoires de la peine de mort ?
Il sied néanmoins de rappeler que depuis 1991 jusqu'à l'entrée en vigueur de cette Constitution, on a plus assisté à l'exécution de la peine de mort en République du Congo. Ces peines prononcées par les juridictions nationales étaient, par l'exercice du droit de grâce, commuées en celles des travaux forcés à perpétuité (cf. Décret n° 2012-1258 du 29 décembre 2012 portant remise des peines totale ou partielle, art. 1 ; Décret n° 2013 - 419 du 12 août 2013 portant remise de peines totale ou partielle, art. 1).

[14] Art. 21, al. 2 du CP ; cette peine emportera la dégradation civique (art. 28 du CP). En outre, pendant l'exécution de la peine de *réclusion*, le condamné sera en interdiction légale. Il ne pourra donc pas gérer ou administrer ces propres biens (art. 29 du CP).

[15] Art. 19 du CP.

[16] Art. 20, al. 3 du CP.
Si la détention est prononcée à la suite de la violation de la peine de Bannissement par le condamné, sa durée sera autre (cf. art. 33 du CP).

[17] Art. 32 du CP.

[18] La *prescription* d'une infraction pourrait s'entendre de la période au-delà de laquelle son auteur ne peut plus être poursuivi pour les mêmes faits.

[19] À l'exclusion des délits relatifs à l'exercice des droits civiques, définis par le Code pénal, les infractions en matière électorale se prescrivent par six (06) mois à compter de la

La loi pénale prévient *toujours* avant de sanctionner un acte jugé contraire soit au bon sens, soit à l'ordre public.

Cependant, il est à relever que les actes qui constituent des infractions diffèrent les uns des autres, de telle sorte qu'ils déterminent à la fois leurs composants (éléments constitutifs). On se trouve, dans ce cas, devant une multitude de comportements interdits ayant chacun sa spécificité.

Existe-t-il une discipline qui permet de cerner la particularité de chaque infraction prise isolément ? La réponse est affirmative. Le droit pénal, en effet, se subdivise en plusieurs branches dont l'une s'intéresse à l'étude spécifique de chaque infraction : c'est le droit pénal spécial.

Le droit pénal spécial, en tant que branche du droit pénal, traite exclusivement des infractions en définissant pour chacune d'elles les éléments constitutifs[21] ainsi que les peines qui leur sont applicables.[22] Ce qu'implique une étude préalable rigoureuse des règles de qualification pénale des faits, afin de s'assurer que les conditions sont remplies pour qu'un individu soit ou non poursuivi ou coupable d'une infraction.

Cette nécessité conduit à l'examen des éléments constitutifs d'une infraction de façon générale, afin de faciliter la compréhension des cas spécifiques qui suivront.

Éléments constitutifs d'une infraction

Comme relevé plus haut, pour qu'un comportement soit constitutif d'infraction, il faut qu'il ait été prévu au préalable par la loi.[23] En effet, il « n'existe pas d'infractions », encore moins de sanctions pénales « sans » que la loi « les prévoie ». C'est l'exigence de ***l'élément légal*** d'une infraction. C'est ainsi que celui qui entreprendra des relations sexuelles avec un mineur non émancipé par le mariage, sans « violence, contrainte, menace ou surprise », sera poursuivi et sanctionné pour *pratique pédophile,* qui est une infraction prévue et punie par les articles 67 et 121 de la loi n° 4-2010 du 14 juin 2010 *portant protection de l'enfant en République du Congo.*

---

publication des résultats de l'élection (cf. art. 144 de la loi du 24 novembre 2001 portant loi électorale en République du Congo). Les infractions contre l'enfant se prescrivent par dix (10) ans, en dehors de celles qui sont « imprescriptibles » (cf. art. 129 de la loi n° 4-2010 du 14 juin 2010 portant protection de l'enfant en République du Congo ; Cyprien GANZINO-NGOUNGA, *op. cit.*, p. 63).

[20] Art. 7, 8 et 9 du CPP.

[21] Élément légal tenant au législateur, l'élément matériel renvoyant à la réalisation ou la matérialisation d'un acte réprimé ou un comportement prohibé, et l'élément moral identifiant l'intention coupable ou la faute pénale.

[22] Le droit pénal spécial, relèvent certains auteurs, est « un catalogue descriptif des incriminations avec, pour chacune de celles-ci, ses divers éléments constitutifs et les sanctions applicables » (cf. Bernard BOULOC et Haritini MATSOPOULOU, *op. cit.,* p. 19 et 24).

[23] Art. 4 du CP.

Une fois l'élément légal vérifié, il faut identifier l'acte posé par l'agent pénal. En effet, une infraction se fait reconnaître par la manifestation d'un comportement prohibé[24]. On ne pourra donc pas infliger une sanction pénale à une personne qui n'a posé aucun acte répréhensible.[25] C'est l'exigence de ***l'élément matériel*** d'une infraction.

L'élément matériel d'une infraction s'identifie par une « action » ou une « inaction », et non par l'objet qui a permis d'y aboutir.[26] Cette manifestation de la volonté, qui se traduit par la « commission » ou l'« omission d'actes », a pour conséquence de causer un préjudice à la société. C'est ainsi que le maintien de l'ordre public impliquerait la rétribution ou la sanction de l'auteur de l'acte incriminé. En application de cette condition[27], pour qu'il soit retenu, contre un prêtre, un pasteur ou un autre ministre du culte, l'infraction de célébration du mariage religieux avant le mariage civil, il faut que celui-ci ait *célébré un mariage religieux* entre deux personnes *sans que l'autorité d'état civil* ait au préalable *célébré le mariage civil* entre celles-ci.

L'élément matériel permettrait d'identifier, par le comportement de l'agent, le bien ou le droit protégé. Ainsi, celui qui porte des coups à autrui viole, de ce fait même, l'intégrité physique d'un être humain, protégée par la loi (cf. art. 309 et 311 du CP).

En dehors de l'élément légal et matériel, pour qu'une infraction soit retenue, il faut rechercher l'intention coupable ou la faute de l'auteur présumé des faits. L'infraction est souvent le résultat ou la réalisation d'un projet, mais aussi la conséquence d'une « imprudence » ou d'une « négligence ». Ainsi, pour pouvoir appliquer une sanction adéquate contre une personne auteure d'un fait délictuel, il faut pouvoir établir qu'elle a réfléchi à l'acte posé ou en est responsable. C'est *l'exigence de* ***l'élément moral*** d'une infraction.

Aux termes de l'article 64 du Code pénal : « *Il n'y a ni crime ni délit lorsque le prévenu était en état de démence au temps de l'action, ou lorsqu'il a été contraint par une force à laquelle il n'a pu résister* ». L'infraction doit être la conséquence d'une action consciente. Elle serait

---

[24] Elle suppose la commission d'un acte interdit par la loi ou le refus d'adopter un comportement exigé par elle.
L'infraction doit se manifester par un « signe extérieur du comportement », qui peut consister soit en « une action » ou « une omission » (cf. Bernard BOULOC et Haritini MATSOPOULOU, *op, cit.*, p. 27).

[25] TGI, Brazzaville, corr., 2ème ch., 20 novembre 2013, répertoire n° 159, inédit.
Il n'y a « pas d'infraction sans activité matérielle » (Christophe ANDRÉ, *Droit pénal spécial*, Dalloz, 2010, p. 6).

[26] En cas de coups et blessures volontaires, suite au jet de pierres, *l'élément matériel* ne serait pas l'action de jeter les pierres, ni ces pierres mêmes qui ont servi à blesser la victime, mais les *coups portés* et les *blessures faites* par ces pierres *jetées* (action) sur le corps de la victime.

[27] Condition relative à l'élément matériel de l'infraction.

néanmoins retenue lorsque, à cause d'une imprudence ou d'une « négligence blâmable », une personne venait à causer ou à se rendre responsable de la mort d'autrui, ou d'autres faits « prévus et punis » par la loi.

Toutefois, pour appréhender l'élément moral, il convient de distinguer l'intention de la préméditation, du guet-apens et du mobile.

On désigne par ***intention***, la « faute intentionnelle » de l'agent qui traduit sa volonté de commettre un acte « interdit » par la loi.[28] Elle est « nécessaire » pour que soient constitués tous les crimes et délits (« exception faite » des « délits non intentionnels », tels les coups et blessures involontaires, ou l'homicide involontaire).

L'intention change de caractéristique en fonction du moment où elle se forme, ou en fonction des moyens employés par l'agent pénal. Il s'agirait dans ces cas soit de la préméditation, soit du guet-apens.

La ***préméditation*** exprimerait la volonté de commettre l'infraction, formée avant même de passer à l'action. L'article 297 du Code pénal, en effet, la définit comme : *« le dessein formé avant l'action d'attenter à la personne d'un individu déterminé, ou même de celui qui sera trouvé ou rencontré, quand même ce dessein serait dépendant de quelque circonstance ou de quelque condition ».*

Le **guet-apens**, *quant à lui,* s'entend du fait « *d'attendre plus ou moins longtemps, en un ou plusieurs endroits, un individu, soit pour lui donner la mort, soit pour exercer sur lui des actes de violence* »[29]. Il se conçoit comme un « piège tendu » à quelqu'un pour « satisfaire ses passions » criminelles.

Pour sa part, le ***mobile*** se concevrait comme le but recherché par un délinquant en commettant son forfait.[30] C'est la raison pour laquelle il commet son acte[31]. Cependant, cet élément ne saurait « légitimer » un acte délictuel, sauf à établir les « faits justificatifs ».

Rappelons avant de conclure que, même si toutes les trois conditions énumérées ci-dessus sont remplies, une personne ne répondrait d'une infraction que si l'acte qu'elle a commis n'est pas couvert par un fait justificatif.[32] C'est l'exigence de « *l'élément injuste* » d'une infraction.

---

[28] Il en serait le cas de celui qui s'empare d'une chose appartenant à autrui sachant qu'il n'en avait pas le droit.
[29] Art. 298 du CP.
[30] Par exemple, une personne qui commet un meurtre sur un homme pour prendre sa campagne.
[31] Lequel acte est réprimé par la loi.
[32] À savoir : « *l'ordre de la loi, le commandement de l'autorité légitime* », « *l'état de nécessité ou le consentement de la victime* » (cf. Cyprien GANZINO-NGOUNGA, *op. cit.*, pp. 40 et 41).

Une fois les éléments constitutifs de l'infraction identifiés, l'on comprendrait le pourquoi de la mise en prévention, la condamnation ou la relaxe de tel ou tel individu.

Voyons à présent comment sont résumés ces éléments constitutifs dans chacun des cas suivants.

DÉFINITIONS, ÉLÉMENTS CONSTITUTIFS ET PEINES DES INFRACTIONS USUELLES

A

1- ABANDON DE DOMICILE CONJUGAL

 Élément légal : article 337 al. 1 du Code pénal.

o **Teneur du texte** :

Art. 337 du CP *: « (D. 47 — 2248 du 19/11/1947-AGG prom. 3245 du 5/12/1947-JOAEF 1947 p. 1611). La femme convaincue d'adultère, et en cas de mariage célébré selon la coutume locale, celle qui sans motif grave ou hors les cas prévus par ladite coutume, aura abandonné le domicile conjugal, subira la peine de l'emprisonnement pendant trois mois au moins et deux ans au plus. (...) ».*

o **Peine principale** : trois (03) mois à deux (02) ans d'emprisonnement (c'est un **délit**).

Compréhension : c'est le fait pour une femme mariée selon la coutume (pré-mariage ou dot) de quitter le domicile conjugal (son foyer), *sans motif grave* ou *en dehors des cas prévus par la coutume (« la loi »).*

Attention : il est mis fin à cette infraction, et donc aux poursuites pénales, si le mari décide de renouer avec sa femme (Alinéa 2 de l'art. 337 du Code pénal).

Culpabilité :

 La présumée auteure doit avoir été une *femme mariée* selon la coutume locale.

 Élément matériel : elle doit avoir abandonné[33] ou quitté le domicile conjugal, son foyer.

 Élément moral : elle doit l'avoir fait sans motif grave ou sans en être autorisée par la coutume (« la loi »). Elle doit donc l'avoir fait sciemment.

2- ABANDON D'ENFANT EN UN LIEU SOLITAIRE

 Élément légal **:** articles 114, al. 1 de la loi n° 4-2010 du 14 juin 2010 portant protection de l'enfant en République du Congo et 349 du Code pénal.

---

[33] Aucun détail n'est donné par la loi pour expliquer l'idée d'"*abandonner le domicile conjugal*". Cependant, le vocabulaire juridique définit l'abandon comme « *le fait de délaisser une personne, un bien ou une activité, au mépris d'un devoir* » (Gérard CORNU, *op. cit.*, p. 1). Il définit le domicile conjugal comme le « *lieu où s'exerce la communauté de vie* » (*Idem*, p. 364). Ainsi, cette infraction supposerait, matériellement, que la femme en cause se soit retirée ou soit partie de son foyer conjugal, faisant ainsi obstacle à la communauté de vie.

- **Teneur des textes** :

***Art. 114 de L. 14/06/2010** : « Est puni des peines prévues par le Code pénal quiconque aura négligé ou abandonné un enfant en un lieu solitaire. (...). »*   ***Art. 349 du CP** : « Ceux qui auront exposé ou fait exposer, délaissé ou fait délaisser, en un lieu solitaire, un enfant ou un incapable hors d'état de se protéger lui-même à raison de son état physique ou mental, seront, pour ce seul fait, condamné à un emprisonnement d'un an à trois ans et à une amende de 4000 francs à 240 000 francs. »*

- **Peines principales** : un (01) an à trois (03) ans d'emprisonnement et 4.000 F CFA à 240.000 F CFA d'amende (c'est un **délit**).

Compréhension : c'est le fait pour toute personne d'abandonner ou de négliger, ou de faire exposer ou délaisser un enfant en un lieu « inhabité ou éloigné des lieux habités »[34].

Attention : si c'est un incapable hors d'état de se protéger lui-même en raison de son état physique ou mental, qui a été abandonné, *voir **Abandon d'incapable en un lieu solitaire***.

Si un enfant ou un incapable, hors d'état de se protéger lui-même en raison de son état physique ou mental, a été abandonné dans un *lieu public*, *voir* ***Abandon d'enfant*** ou ***Abandon d'incapable, en un lieu non solitaire***.

Si c'est à cause d'infirmité ou d'un handicap quelconque que l'enfant a été abandonné, *voir **Abandon d'enfant en raison de son handicap.***

Culpabilité :

 Élément matériel :

- Le présumé auteur doit avoir lui-même abandonné ou négligé, ou avoir fait abandonner ou négliger un enfant ;[35]
- il doit avoir commis ou fait commettre cet acte (l'abandon ou l'exposition) en un lieu solitaire (« lieu désert »).

 Élément moral : il doit avoir eu l'intention de se séparer définitivement de l'enfant en cause.[36]

---

[34] Grand Robert de la langue française, version électronique, 2.0.

[35] Cette disposition légale n'a pas donné de détails sur l'état de l'enfant victime. Mais, sous l'ancienne législation, il était exigé que l'enfant abandonné soit incapable de se protéger lui-même en raison de son état physique ou mental (cf. art. 349 du CP, précité).

[36] Jean PRADEL et Michel DANTI-JUAN font observer que cette infraction suppose la volonté du coupable de se séparer définitivement de l'enfant ; de telle sorte qu'on ne peut la retenir contre un parent ou un gardien qui, « *empêché de s'en charger* », confie un enfant à un tiers, dans le but bien sûr de « *le récupérer par la suite* » (cf. Jean PRADEL et Michel DANTI-JUAN, *Droit pénal spécial,* 5ème éd. CUJAS, Paris, 2010, p. 399).

3- ABANDON D'ENFANT EN RAISON DE SON HANDICAP

 Élément légal : articles 125 de la loi n° 4-2010 du 14 juin 2010 portant protection de l'enfant en République du Congo et 63, al. 2 du CP[37].

- **Teneur du texte :**

Art. 125 de L. 14/06/2010 : *« Quiconque aura été reconnu coupable d'abandon d'enfant en raison de son handicap sera puni conformément aux dispositions du Code pénal relatives au manque d'assistance à personne en danger. »*

- **Peines principales** : un (01) mois à trois (03) ans d'emprisonnement et 24.000 F CFA à 1.000.000 F CFA d'amende, ou l'une de ces deux peines seulement (c'est un **délit**).

Compréhension : c'est le fait pour un individu d'exposer ou de faire exposer, de délaisser ou de faire délaisser, en quelque lieu que ce soit, un enfant, à cause de son handicap.

Attention : si un enfant ou un incapable a été abandonné en un « lieu désert », *voir* ***Abandon d'enfant ou d'incapable en un lieu solitaire***.

Culpabilité :

 Élément matériel :

- Le présumé auteur doit avoir soit exposé ou délaissé, soit fait négligé ou abandonné un enfant handicapé ;
- il doit avoir commis ou fait commettre cet acte en *quelque lieu que ce soit* (« lieu désert » ou non).

 Élément moral : il doit avoir eu l'intention de se séparer ou s'éloigner de cet enfant *parce qu'il est handicapé.*

4- ABANDON D'ENFANT OU D'INCAPABLE EN UN LIEU NON SOLITAIRE

 Élément légal :

- **A** : art. 114, al. 2 de la loi n° 4-2010 du 14 juin 2010 portant protection de l'enfant en République du Congo ;
- **B** : art. 352, al. 1 du CP ;
- **C** : art. 114, al. 2 de la loi n° 4-2010 du 14 juin 2010 portant protection de l'enfant en République du Congo, 352, al. 1 et 2, et 350 du CP ;[38]

---

[37] Voir Omission de porter secours (non-assistance à la personne en danger), pour lire les dispositions de l'article 63 al. 2 du CP.

[38] Si la victime est un incapable et non un enfant, ce sont les articles 352, al. 1 et 2, et 350 du CP qui s'appliquent.

- **D** : art. 114, al. 1 de la loi n° 4-2010 du 14 juin 2010 portant protection de l'enfant en République du Congo, 352, al. 1 et 3 du CP ;[39]
- **E** : art. 114, al. 1 de la loi n° 4-2010 du 14 juin 2010 portant protection de l'enfant en République du Congo, 352, al. 1 ; 353, al. 4 et 2 ; et 350 du CP ;[40]
- **F** : art. 114, al. 1 de la loi n° 4-2010 du 14 juin 2010 portant protection de l'enfant en République du Congo et articles 352, al. 1, et 353, al. 2 du Code pénal ;[41]
- **G** : art. 114, al. 1 de la loi n° 4-2010 du 14 juin 2010 portant protection de l'enfant en République du Congo, 352, al. 1 ; 353 al. 4 et 2 ; et 350 du CP.[42]

  - **Teneur des textes :**

Art. 114 de L. 14/06/2010 *: « (...). Ceux qui auront exposé ou fait exposer, délaissé ou fait délaisser en un lieu non solitaire, un enfant hors d'état de se protéger lui-même en raison de son état physique ou mental, seront pour ce seul fait condamnés à un emprisonnement de trois mois à un an et d'une amende de 30.000 à 300.000 francs CFA. »*

Art. 352 du CP *: « (L. 19/4/1898). Ceux qui auront exposé ou fait exposer, délaissé ou fait délaisser en un lieu non solitaire un enfant ou un incapable hors d'état de se protéger lui-même à raison de son état physique ou mental, seront, pour ce seul fait, condamnés à un emprisonnement de trois mois à un an et à une amende de 4.000 francs à 240.000 francs d'amende.*

Si les coupables sont les personnes mentionnées à l'article 350[43], la peine sera de six mois à deux ans d'emprisonnement et de 6.000 francs 48.000 francs.

Si la mort a été occasionnée sans intention de la donner, la peine sera celle des travaux forcés à temps.

Si les coupables sont les personnes mentionnées à l'article 350, la peine sera, dans le premier cas, celle de la réclusion, et, dans le second, celle des travaux forcés à perpétuité. »

Art. 353 du CP *: « (Loi 19/4/1898). S'il est résulté de l'exposition ou du délaissement, une maladie ou incapacité de plus de vingt jours, ou une des*

---

[39] Si la victime est un incapable et non un enfant, seul l'article 352, al. 1 et 3 du CP s'applique.

[40] Si la victime est un incapable et non un enfant, ce sont les articles 352, al. 1 ; 353, al. 4 et 2 ; et 350 du CP qui s'appliquent.

[41] Si la victime est un incapable et non un enfant, seuls les articles 352, al. 1, et 353, al. 2, du CP s'appliquent.

[42] Si la victime est un incapable et non un enfant, seuls les articles 352, al. 4 et 2, et 350 du CP s'appliquent.

[43] **Art. 350 du CP** : « *La peine portée au précédent article sera de deux ans à cinq ans et l'amende de 12 000 à 480 000 francs, contre les ascendants ou toutes autres personnes ayant autorité sur l'enfant ou l'incapable, ou en ayant la garde.*»

infirmités prévues à l'article 309, 3, les coupables subiront un emprisonnement de un à cinq ans, et une amende de 4.000 francs 480.000 francs.

Si la mort a été occasionnée sans intention de la donner, la peine sera celle des travaux forcés à temps.

Si les coupables sont les personnes mentionnées à l'article 350, la peine sera dans le premier cas celle de la réclusion, et dans le second, celle des travaux forcés à perpétuité. »

- **Peines principales** :
  - **A** : trois (03) mois à un (01) an d'emprisonnement et 30.000 F CFA à 300.000 F CFA d'amende (c'est un **délit**) ;
  - **B** : trois (03) mois à un (01) an d'emprisonnement et 4.000 F CFA à 240.000 F CFA d'amende (c'est un **délit**) ;
  - **C** : six (06) mois à deux (02) ans d'emprisonnement et 6.000 F CFA à 48.000 F CFA d'amende (c'est un **délit**) ;
  - **D** : cinq (05) ans à trente (30) ans des *travaux forcés* (c'est un **crime**) ;[44]
  - **E** : travaux forcés à perpétuité (c'est un **crime**) ;
  - **F** : un (01) an à cinq (05) ans d'emprisonnement et 4.000 F CFA à 480.000 F CFA d'amende (c'est un **délit**) ;
  - **G** : cinq (05) ans à dix (10) ans de *réclusion* (c'est un **crime**).[45]

Compréhension : c'est le fait pour un individu d'exposer ou de faire exposer, de délaisser ou de faire délaisser, en un lieu public, un enfant ou un incapable hors d'état de se protéger lui-même du fait de son état physique ou mental.

Attention : si un enfant ou un incapable a été abandonné en un lieu solitaire, *voir* ***Abandon d'enfant*** ou ***Abandon d'incapable, en un lieu solitaire***.

Si c'est à cause de l'infirmité ou d'un autre handicap de l'enfant que cet acte a été commis, *voir* ***Abandon d'enfant en raison de son handicap.***

Culpabilité :

- L'enfant ou l'incapable victime doit avoir été hors d'état de se protéger lui-même en raison de son état physique ou mental.
- ***Élément matériel*** :
  - Le présumé auteur doit avoir soit exposé ou délaissé, soit fait exposer ou délaisser cet enfant (un mineur) ou cet incapable ;
  - il doit l'avoir fait ou fait faire en *un lieu non solitaire* (lieu public).
- ***Élément moral*** : le présumé auteur doit avoir eu l'intention de se séparer définitivement de l'enfant ou de l'incapable en cause.[46]

---

[44] Art. 19 du CP.

[45] Art. 21, al. 2 du CP.

« Atténuation et aggravation de la peine » :

- **A** : si la victime est un enfant et s'il n'a eu aucune maladie ou aucune incapacité de plus de vingt (20) jours, ***voir peine A*** *;*
- **B** : si la victime est un incapable, et s'il ne lui est résulté aucune maladie ou aucune incapacité de plus de vingt (20) jours, ***voir peine B*** *;*
- **C** : si *l'auteur des faits est* un ascendant ou une personne qui a autorité sur cet enfant ou cet incapable, ou une personne qui autorité ou à sa garde, s'il résulte à celui-ci une maladie ou une incapacité de moins de vingt (20) jours, ***voir peines C*** *;*
- **D** : si *l'auteur n'est pas* un ascendant, ni une personne qui a autorité ou la garde de cet enfant ou cet incapable, s'il est résulté la mort à la victime sans intention de la donner, ***voir peines D*** *;*
- **E** : si *l'auteur est* un ascendant ou une personne qui a autorité sur cet enfant ou cet incapable, ou une personne qui a sa garde, et s'il résulte de ces faits la mort de la victime sans intention de la lui donner, ***voir peine E*** *;*
- **F** : s'il résulte de ces faits une maladie ou une incapacité de plus de vingt (20) jours à l'enfant ou à l'incapable, alors que *l'auteur n'est pas* son père ou sa mère (ou autres ascendants), ou une personne ayant autorité sur lui, ou ayant sa garde, ou si à la suite de ces faits l'enfant ou l'incapable est demeuré mutilé ou estropié, ou s'il est atteint d'une infirmité permanente, ***voir peine F*** *;*
- **G** : si, de ces faits, l'enfant ou l'incapable a eu une maladie ou une incapacité de plus de vingt (20) jours, ou s'il est demeuré mutilé ou estropié, ou s'il est atteint d'une infirmité permanente alors *que l'auteur est* son ascendant ou une personne ayant autorité sur lui, ou ayant sa garde, ***voir peine G.***

5- ABANDON D'INCAPABLE EN UN LIEU SOLITAIRE

 Élément légal **:**

- **A** : art. 349 du CP ;
- **B** : art. 349 et 350 du CP ;
- **C** : art. 349 et 351, al. 1 du CP ;
- **D** : art. 349 et 351, al. 2 du CP ;
- **E** et **F** : art. 349 et 351, al. 3 du CP ;
- **G** : art. 349, 351, al. 3, 295 et 304, al. 3 du Code pénal.

  - **Teneur du texte** :

> ***Art. 349 du CP*** : *« Ceux qui auront exposé ou fait exposer, délaissé ou fait délaisser, en un lieu solitaire, un enfant ou un incapable hors d'état de se protéger lui-même à raison de son état physique ou mental, seront, pour ce*

[46] Jean PRADEL et Michel DANTI-JUAN, *op. cit.*, p. 399.

seul fait, condamné à un emprisonnement d'un an à trois ans et à une amende de 4000 francs à 240 000 francs. »

***Art. 351 du CP** : « S'il est résulté de l'exposition ou du délaissement, une maladie ou une incapacité de plus de vingt jours, le maximum de la peine sera appliqué.*

Si l'enfant ou l'incapable est demeuré mutilé ou estropié, ou s'il est resté atteint d'une infirmité permanente, les coupables subiront la peine de la réclusion.

Si les coupables sont les personnes mentionnées à l'article 350, la peine sera celle de la réclusion dans le cas prévu au paragraphe 1er du présent article, et celle des travaux forcés à temps, au cas prévu au paragraphe 2 ci-dessus dudit article. Lorsque l'exposition ou le délaissement dans un lieu solitaire aura occasionné la mort, l'action sera considérée comme meurtre. »

- **Peines principales** :
  - **A :** un (01) an à trois (03) ans d'emprisonnement et 4.000 F CFA à 240.000 F CFA d'amende (c'est un **délit**) ;
  - **B :** deux (02) ans à cinq (05) ans d'emprisonnement et 12.000 F CFA à 480.000 F CFA d'amende (c'est un **délit**) ;
  - **C** : cinq (05) ans d'emprisonnement (c'est un **délit**) ;
  - **D et E :** cinq (05) ans à dix (10) ans de *réclusion* (c'est un **crime**) ;[47]
  - **F** : cinq (05) ans à trente (30) ans des *travaux forcés* (c'est un **crime**).[48]
  - **G** : travaux forcés à perpétuité (c'est un **crime**).

Compréhension : c'est le fait pour un individu d'exposer ou de faire exposer, de délaisser ou de faire délaisser un incapable hors d'état de se protéger lui-même compte tenu de son état physique ou mental, en un lieu « inhabité ou éloigné des lieux habités »[49].

Attention : si c'est un enfant hors d'état de se protéger lui-même en raison de son état physique ou mental, qui a été abandonné, *voir* ***Abandon d'enfant en un lieu solitaire***.

Si l'enfant ou l'incapable a été abandonné dans un *lieu public*, *voir* ***Abandon d'enfant ou d'incapable en un lieu non solitaire***.

Si c'est à cause de l'infirmité ou d'un autre handicap que l'enfant a été abandonné, *voir* ***Abandon d'enfant en raison de son handicap.***

---

47 Art. 21, al. 2 du CP.

48 Art. 19 du CP.

49 Grand Robert de la langue française, version électronique, 2.0.

Culpabilité :

 La victime doit avoir été incapable de se protéger elle-même à cause de son état physique ou mental.[50]

 Élément matériel :

- Le présumé auteur doit avoir lui-même abandonné ou négligé, ou avoir fait abandonner ou négliger l'incapable en cause ;
- il doit avoir commis ou fait commettre cet acte (l'abandon ou l'exposition) en un lieu solitaire (« lieu désert »).

 Élément moral : il doit agi avec l'intention de se séparer définitivement de l'incapable en cause.[51]

« Atténuation et aggravation de la peine » :

- **A** : s'il ne résulte de ces faits aucune maladie ou aucune incapacité de plus de vingt (20) jours à l'incapable, ***voir peine A*** *;*
- **B** : si l'auteur des faits est un ascendant ou une personne qui a autorité sur l'incapable victime, ou qui a sa garde, ***voir peines B*** *;*
- **C** : s'il résulte de ces faits une maladie ou une incapacité de plus de vingt (20) jours à l'incapable, ***voir peine C*** *;*
- **D** : si, de ces faits, l'incapable est demeuré mutilé ou estropié, ou s'il est atteint d'une infirmité permanente, ***voir peine D*** *;*
- **E** : s'il résulte de ces faits une maladie ou une incapacité de plus de vingt (20) jours à l'incapable, et si l'auteur des faits est son ascendant ou une personne ayant autorité sur lui, ou ayant sa garde, ***voir peine E*** *;*
- **F** : si, de ces faits, l'incapable est demeuré mutilé ou estropié, ou s'il est atteint d'une infirmité permanente alors que l'auteur des faits est son ascendant ou une personne ayant autorité sur lui, ou ayant sa garde, ***voir peine F*** *;*
- **G** : si l'exposition ou le délaissement a occasionné la mort de l'incapable, il s'agira du *Meurtre*[52], ***voir peine G***.

6- ABANDON DE DÉCHETS SUSCEPTIBLES DE PRÉJUDICIER AUX HOMMES OU AUX BIENS

 Élément légal : articles 48 et 81 de la loi n° 003/91 du 23 avril 1991 sur la protection de l'environnement.

- **Teneur du texte** :

Art. 48 de L. 23/04/1991 : *« Il est interdit de déposer ou d'abandonner des déchets dans des conditions favorisant le développement des vecteurs de*

[50] Tel un débile mental ou un estropié (cas de celui qui est privé de ses deux membres inférieurs, par exemple).

[51] Jean PRADEL et Michel DANTI-JUAN, *op. cit.,* p. 399.

[52] Art. 351, al. 3 du CP.

maladies ou susceptibles de provoquer des dommages aux personnes et aux biens, ou de développer des odeurs ou autres nuisances incommodantes. »   ***Art. 81 de L. 23/04/1991 :*** *« Tout contrevenant aux dispositions des articles 48 et 49 est passible d'une amende de 3 000 F à 100 000 F et d'une peine privative de liberté de trois jours à un mois. »*

- o **Peines principales :** trois (03) jours à un (01) mois d'emprisonnement et 3.000 F CFA à 100.000 F CFA d'amende (c'est un **délit**).

Compréhension : c'est le fait pour une personne de déposer ou d'abandonner des déchets de telle manière qu'ils peuvent causer des dommages à autrui ou aux biens, ou provoquer des odeurs ou d'autres nuisances incommodantes.[53]

Attention : si les déchets sont rejetés dans l'environnement animal de telle manière qu'ils puissent nuire soit à l'espèce animale, soit à son habitat, *voir* ***Abandon des déchets préjudiciables à la faune ou à son milieu.***

Culpabilité :

 Élément matériel :

- o Le présumé auteur doit avoir déposé ou abandonné des déchets ou immondices dans un lieu quelconque ;
- o ces déchets doivent être laissés dans des conditions telles qu'ils peuvent :
  - soit favoriser le développement de vecteurs de maladies ;[54]
  - soit endommager les biens d'autrui ou causer d'autres nuisances incommodantes.

 Élément moral : le présumé auteur doit avoir agi volontairement. Il doit avoir agi au mépris des règles d'hygiène et de la protection de l'environnement.

7- ABANDON DE SUBSTANCES OU DE DÉCHETS PRÉJUDICIABLES À LA FAUNE OU À SON MILIEU

 Élément légal : article 114 de la loi n° 37-2008 du 28 novembre 2008 sur la faune et les aires protégées.

[53] En d'autres termes, c'est le fait de déposer, dans un endroit, des ordures telles qu'elles peuvent nuire à la santé des personnes ou à leurs biens, ou causer d'autres dommages.

[54] On peut envisager le cas de celui qui entasse des ordures dans un lieu, attirant ainsi les moustiques, les mouches ou autres insectes responsables du paludisme, de la trypanosomiase ou d'autres maladies.

- o **Teneur du texte** :

Art. 114 de L. 28/11/2008 : *« Est punie d'une amende de 10 000 000 F CFA à 50 000 000 F CFA et/ou d'une peine de 10 ans à 20 ans de réclusion, toute personne qui aura rejeté ou déversé des substances ou des déchets préjudiciables à la faune ou à son milieu. »*

- o **Peines principales :** dix (10) ans à vingt (20) ans de *réclusion*[55] et 10.000.000 F CFA à 50.000.000 F CFA d'amende, ou l'une de ses deux peines seulement (ou *travaux d'intérêt général à temps* pour les *récidivistes*)[56] c'est un **crime**.

Compréhension : c'est le fait pour une personne d'évacuer ou de déverser les substances ou les déchets qui sont nuisibles à l'espèce animale ou à son habitat.

Attention : si les déchets sont rejetés dans l'environnement humain dans les conditions pouvant nuire aux hommes ou aux biens, *voir* ***Abandon des déchets susceptibles de préjudicier aux hommes ou aux biens***.

Culpabilité :

- ***Élément matériel*** :
  - o Le présumé auteur doit avoir rejeté ou déversé des déchets ou des substances quelconques ;
  - o ces déchets ou substances doivent être :
    - ▪ soit nuisibles à la faune[57] (« la vie des animaux ») ;
    - ▪ soit nuisibles au milieu dans lequel vit l'espèce animale.
- ***Élément moral*** : le présumé auteur doit avoir agi volontairement (en connaissance de cause).

8- ABATTAGE D'ANIMAUX DOMESTIQUES SANS NÉCESSITÉ

- ***Élément légal*** :
- - **A** : article 454 al. 1 du Code pénal ;
- - **B** : article 454 al. 2 du Code pénal.

---

[55] Ces dispositions semblent contraires à celles qui sont consignées à l'article 21, al. 2 du Code pénal, selon lesquelles le délai de *réclusion* est de cinq (05) au moins et de dix ans (10) au plus. L'on remarquera que ni le Code pénal ni le Code de procédure pénale n'ont prévu de dérogations sur la durée d'une peine criminelle (à l'exception de celle de la détention, dans le cas prévu à l'article 33 du Code pénal).

[56] Art. 115 de L. 28/11/2008 ; voir *Abattage d'animaux intégralement ou partiellement protégés*, pour plus de précision.

[57] La ***faune*** se définit comme le « *patrimoine biologique commun de la nation, dont l'État garantit la gestion durable. Elle est constituée par l'ensemble des animaux sauvages vivant en liberté dans leur milieu naturel ou maintenus en captivité* » (art. 5 de la loi n° 37-2008 du 28 novembre 2008 sur la faune et les aires protégées).

- **Teneur du texte** :

Art. 454 du CP : *« Quiconque aura, sans nécessité, tué un animal domestique dans un lieu dont celui à qui cet animal appartient est propriétaire, locataire, colon ou fermier, sera puni d'un emprisonnement de six jours au moins et de six mois au plus.* *S'il y a eu violation de clôture, le maximum de la peine sera prononcé. »*

- **Peines principales** :

- **A** : six (06) jours à six (06) mois d'emprisonnement (c'est un **délit**) ;
- **B** : cinq (05) ans d'emprisonnement (c'est un **délit**).

Compréhension : c'est le fait pour une personne de tuer un animal domestique, sans qu'il ne soit nécessaire de le faire.

Attention : s'il s'agit des bestiaux, animaux ou poissons d'élevage, *voir* ***Abattage d'animaux ou de poissons d'élevage***.

Culpabilité :

 Élément matériel :

- Le présumé auteur doit avoir tué un animal ;
- cet animal doit avoir été un animal domestique[58].

 Élément moral : il doit l'avoir fait *sans nécessité*[59]. Le présumé auteur doit donc avoir eu la volonté d'ôter injustement la vie à l'animal en cause. Il doit l'avoir fait sciemment.

9- ABATTAGE D'ANIMAUX OU DE POISSONS D'ÉLEVAGE

 Élément légal **:** articles 452, al. 1 et 453 du Code pénal (**A, B, C et D**).

- **Teneur du texte** :

Art. 452 du CP : *« Quiconque aura empoisonné des chevaux ou autres bêtes de voitures, de monture ou de charge, des bestiaux à cornes, des moutons, chèvres ou porcs, ou des poissons dans des étangs, viviers ou réservoirs, sera puni d'un empoisonnement d'un an à cinq ans et d'une amende de 4000 francs à 72 000 francs.* *Les coupables pourront être mis, par l'arrêt ou le jugement, sous la surveillance de la haute police pendant deux ans au moins et cinq ans au plus. »* ***Art. 453 du CP*** : *« Ceux qui, sans nécessité, auront tué l'un des animaux mentionnés au précédent article, seront punis ainsi qu'il suit :*

[58] Tel un chat, chien, cheval, lapin...

[59] Par exemple, sans justifier que l'animal en cause était atteint d'une maladie grave et contagieuse, ou sans justifier d'autres motifs légitimes.

Si le délit a été commis dans les bâtiments, enclos et dépendances, ou sur les terres dont le maître de l'animal tué était propriétaire, locataire, colon ou fermier, la peine sera un emprisonnement de deux mois à six mois ;

S'il a été commis dans lieux dont le coupable était propriétaire, locataire, colon ou fermier, l'emprisonnement sera de six jours à un mois ;

S'il a été commis dans tout autre lieu, l'emprisonnement sera de quinze jours à six semaines.

Le maximum de la peine sera toujours prononcé en cas de violation de clôture. »

- **Peines principales** :

- **A** : deux (02) mois à six (06) mois d'emprisonnement (c'est un **délit**) ;
- **B** : six (06) jours à un (01) mois d'emprisonnement (c'est un **délit**) ;
- **C** : quinze (15) jours à six (06) semaines d'emprisonnement (c'est un **délit**) ;
- **D** : cinq (05) ans d'emprisonnement (c'est un **délit**).

Compréhension : c'est le fait pour une personne de tuer un animal ou un poisson d'élevage.

Attention : si l'animal tué est un animal domestique, *voir **Abattage d'animaux domestiques sans nécessité***.

Si plusieurs animaux ou poissons d'élevage ont plutôt été empoisonnés, *voir **Empoisonnement d'animaux ou de poissons d'élevage***.

Culpabilité :

 Élément matériel : le présumé auteur doit avoir tué[60] l'un des animaux suivants :

- chevaux ou autres bêtes de voitures, de monture ou de charge,
- bestiaux à cornes, des moutons, chèvres ou porcs,
- poissons (dans des étangs, viviers ou réservoirs).

 Élément moral : le présumé auteur doit avoir agi volontairement.

« Atténuation et aggravation de la peine » :

- **A** : si l'infraction est commise dans les bâtiments, enclos, dépendances ou sur les terres où le propriétaire de l'animal tué était propriétaire, locataire ou fermier (***voir peines A***) ;
- **B** : si l'infraction est commise dans un lieu où l'auteur des faits était propriétaire, locataire ou fermier (***voir peines B***) ;

[60] Il semble qu'il doit l'avoir fait par coup de feu ou en employant une arme blanche. Il n'en serait pas le cas, s'il y a eu administration ou usage du poison. Dans ce cas, il s'agirait de l'infraction d'*Empoisonnement d'animaux ou de poissons d'élevage*.

- **C** : si l'infraction est commise dans un lieu où ni l'auteur des faits ni le propriétaire de l'animal tué n'étaient propriétaires, locataires ou fermiers (***voir peines C***) ;
- **D** : si cet acte a été commis par bris ou en violation de clôture (***voir peine D***).

10- ABATTAGE ILLICITE D'ANIMAUX INTÉGRALEMENT OU « PARTIELLEMENT » PROTÉGÉS

 Élément légal :

- **A** : articles 113 de la loi n° 37-2008 du 28 novembre 2008 sur la faune et les aires protégées, et 2 de l'arrêté n° 6075 du 09 avril 2011 déterminant les espèces animales intégralement et partiellement protégées ;
- **B** : articles 113, al. 1 de la loi n° 37-2008 du 28 novembre 2008 sur la faune et les aires protégées, et 3 de l'arrêté n° 6075 du 09 avril 2011 déterminant les espèces animales intégralement et partiellement protégées.

- **Teneur du texte** :

Art. 113 de L. 28/11/2008 : *« Sans préjudice des confiscations, restitutions, retraite de permis et licence de chasse ou dommages-intérêts, sera puni d'une amende de 100 000 F CFA à 5 000 000 F CFA et d'un emprisonnement de 2 ans à 5 ans ou de l'une de ces peines seulement, quiconque aura :*
- Abattu une femelle suitée, un oiseau ou un reptile en nidation ;
- Abattu un animal intégralement protégé ;
- (...) ; Omis de faire la déclaration après abattage en état de légitime défense d'un animal intégralement protégé.
Le maximum des peines est prononcé lorsque :
- L'infraction porte sur l'abattage d'un animal intégralement protégé ;
- L'auteur de l'infraction est un agent de l'Etat ou d'une collectivité territoriale ;
- L'infraction est commise pendant la période de fermeture de la chasse ;
- Le délinquant est un récidiviste.»[61]

- **Peines principales** :

- **A** : deux (02) ans à cinq (05) ans d'emprisonnement et 100.000 F CFA à 5.000.000 F CFA d'amende, ou l'une de ces deux peines seulement (ou *travaux d'intérêt général à temps* pour les *récidivistes*)[62] c'est un **délit** ;

[61] Ces dispositions présenteraient des difficultés d'interprétation. En effet, le premier alinéa de l'article précité prévoit le minimum et le maximum de l'amende ainsi que de l'emprisonnement, en cas d'abattage d'un animal intégralement protégé. Cependant, l'alinéa 2 du même article prévoit également le maximum des peines prévues à l'alinéa 1er, pour le même acte, sans modifier les circonstances de l'infraction.

- **B** : cinq (05) ans d'emprisonnement et 5.000.000 F CFA d'amende, ou *travaux d'intérêt général à temps*[63] pour les *récidivistes* (c'est un **délit**).

Compréhension : c'est le fait pour une personne de tuer un animal qui est intégralement protégé ou une femelle suitée[64], ou un *oiseau en nidation, ou un reptile en nidation*[65].

Culpabilité :

- ***Élément matériel*** :
  - Le présumé auteur doit avoir abattu un animal ;
  - cet animal doit avoir été :
    - soit intégralement protégé.[66]
    - soit une femelle suitée ou un *oiseau en nidation, ou un reptile en nidation.*
- ***Élément moral*** : le présumé auteur doit avoir agi en connaissance de cause et sans nécessité (sciemment). S'il allègue sa bonne foi, il devrait la prouver par un acte.[67]

« Atténuation et aggravation de la peine » :

- **A** : si c'est un animal « non intégralement protégé » (ou une femelle suitée, un oiseau ou un reptile en nidation), ***voir peine A*** ;
- **B** : la ***peine B***, soit le maximum des peines prévues dans le cas A, sera appliquée dans les cas suivants :
  - si c'est un animal intégralement protégé qui a été abattu ;
  - si l'auteur de l'infraction est un agent de l'État ou d'une collectivité territoriale ;
  - si l'infraction est commise pendant la période de fermeture de la chasse ;
  - si l'auteur de l'infraction avait déjà été condamné pour les mêmes faits (récidiviste).

---

62 *Idem.*

63 Ces travaux ne peuvent être prononcés qu'à la demande des seuls récidivistes de cette infraction et dans les conditions fixées par l'art. 115 de L. 28/11/2008.

64 Une femelle « accompagnée » ou « suivie de son ou ses petits », telle « une jument, une brebis »...

65 Un oiseau ou un reptile « *dont l'œuf fécondé est implanté dans la muqueuse utérine* » (Le Grand Robert de la langue française, version électronique, 2.0).

66 Cf. Cyprien GANZINO-NGOUNGA, *op. cit.*, pp. 170-173.

67 En effet, si le présumé auteur a abattu l'animal en cause par erreur ou pour cause de légitime défense, il ne sera pas poursuivi, s'il en avise le service local chargé des « Eaux et Forêts » ou l'autorité administrative locale, sous réserve qu'il le fasse dans un délai de 7 jours (cf. Art. 63 de L. 28/11/2008). Toutefois, il sied de relever que la *légitime défense* ne peut être « *évoquée qu'à l'encontre des animaux constituant un danger pour les personnes ou les biens* » (art. 65 de L. 28/11/2008).

11- ABATTAGE D'ARBRE APPARTENANT À AUTRUI

- ***Élément légal*** **:** articles 445 et 446 du Code pénal.
  - **Teneur du texte** :

Art. 445 du CP *: « Quiconque aura abattu un ou plusieurs arbres qu'il savait appartenir à autrui, sera puni d'un emprisonnement qui ne sera pas au-dessous de six jours ni au-dessus de six mois à raison de chaque arbre, sans que la totalité puisse excéder cinq ans. »*   ***Art. 446 du CP*** *: « les peines seront les mêmes à raison de chaque arbre mutilé, coupé ou écorcé de manière à le faire périr. »*

  - **Peine principale** : six (06) jours à six (06) mois d'emprisonnement, à raison de chaque arbre abattu, mutilé ou coupé, sans que la durée totale ne puisse dépasser cinq (05) ans d'emprisonnement (c'est un **délit**).

Compréhension : c'est le fait pour une personne d'abattre ou de poser des actes dommageables[68] sur un ou plusieurs arbres appartenant à autrui, de manière à les faire périr.

Attention : si plusieurs arbres ont été abattus ou endommagés, alors qu'ils étaient plantés dans une étendue de terre peuplée d'arbres appartenant aux particuliers ou à l'État (***voir*** l'infraction *d'**Abattage d'arbres du domaine forestier public*** ou ***Abattage d'arbres plantés des mains d'hommes***).

Culpabilité :

- ***Élément matériel*** :
  - Le présumé auteur doit avoir soit :
    - abattu un ou plusieurs arbres ;
    - mutilé, coupé ou écorcé un ou plusieurs arbres, de manière à les faire périr.
  - L'arbre ou les arbres en cause doivent avoir été la propriété d'autrui (ils doivent appartenir à quelqu'un d'autre).
- ***Élément moral*** : le présumé auteur doit avoir agi volontairement (en connaissance de cause).

12- ABATTAGE D'ARBRES D'UNE FORÊT PROTÉGÉE

- ***Élément légal*** **:**

- **A** et **B** : article 142, al. 1 de la loi n° 16-2000 du 20 novembre 2000 portant Code forestier en République du Congo ;
- **C** : article 142, al. 2 de la loi n° 16-2000 du 20 novembre 2000 portant Code forestier en République du Congo.

[68] Mutiler, couper ou écorcer de manière à le ou les faire périr.

o **Teneur du texte** :

***Art. 142 de L. 20/11/2000** : « Quiconque, dans la forêt protégée, coupera, mettra à feu, mutilera, écorcera, arrachera des arbres, ou exploitera des produits forestiers accessoires, sans avoir été dûment autorisé ou sans jouir du droit d'usage, sera puni d'une amende de 10.000 à 100.000 F CFA. S'il y a eu exploitation à caractère commercial, l'auteur de l'infraction sera puni d'une amende de 100.000 à 500.000 F CFA.* *Si l'infraction a été commise dans le domaine forestier permanent, son auteur sera puni d'une amende de 100.000 à 500.000 FCFA et d'un emprisonnement d'un mois à deux ans ou l'une des deux peines seulement. »*

o **Peines principales** :

- **A** : 10.000 F CFA à 100.000 F CFA d'amende (c'est un **délit**) ;
- **B** : 100.000 F CFA à 500.000 F CFA d'amende (c'est un **délit**) ;
- **C** : un (01) mois à deux (02) ans d'emprisonnement et 100.000 F CFA à 500.000 F CFA d'amende, ou l'une de ces deux peines seulement (c'est un **délit**).

Compréhension : c'est le fait pour une personne d'endommager des arbres d'une *forêt protégée,* alors qu'elle n'en avait pas l'autorisation ou ne bénéficiait pas du droit d'usage[69] des produits forestiers.

Culpabilité :

 Élément matériel :

o Le présumé auteur doit avoir arraché, coupé, mutilé, écorché ou mis feu aux arbres ;

o ces arbres doivent avoir été plantés dans une forêt protégée.

 Élément moral : le présumé auteur doit avoir agi de mauvaise foi (en connaissance de cause).

« Atténuation et aggravation de la peine » :

- **A** : s'il n'y a pas eu exploitation à caractère commercial et si l'infraction n'a pas été commise dans le domaine forestier permanent (***voir peine A***) ;
- **B** : s'il y a eu exploitation à caractère commercial des arbres en cause (***voir peine B***) ;

---

[69] « Dans les forêts protégées, les populations locales de nationalité congolaise ou étrangère, sous réserve des règlements prévus au présent article, jouissent de droits d'usage leur permettant de :
- récolter les perches, gaulettes et autres produits ligneux nécessaires à la construction et à l'entretien de leurs habitations, meubles, ustensiles domestiques et outils, ainsi que les bois morts et les plantes d'intérêt culturel, alimentaire ou médicinal ;
- chasser, pêcher et récolter les produits dans les limites prévues par la loi ;
- établir des cultures ou des ruches et faire paître leur bétail ou récolter du fourrage » (art. 40 du Code forestier).

- **C** : si cette infraction a été commise dans le domaine forestier permanent (***voir peines C***).

13- ABATTAGE DE PLANTS OU D'ARBRES PLANTÉS DES MAINS D'HOMMES

□ ***Élément légal*** **:** article 141 de la loi n° 16-2000 du 20 novembre 2000 portant Code forestier en République du Congo.

- **Teneur du texte** :

> ***Art. 141 de L. 20/11/2000*** : *« Quiconque coupera, arrachera, mutilera ou endommagera d'une façon quelconque, des plants ou des arbres plantés des mains d'hommes sera puni d'une amende de 10.000 à 50.000 F CFA par pied et d'un emprisonnement d'un mois à cinq ans ou l'une de ces deux peines seulement, sans préjudice des dommages et intérêt. »*

- **Peines principales** : 10.000 F CFA à 50.000 F CFA d'amende (à raison de chaque arbre arraché, coupé, mutilé ou endommagé) et un (01) mois à cinq (05) ans d'emprisonnement, ou l'une de ces deux peines seulement (c'est un **délit**).

Compréhension : c'est le fait pour une personne d'endommager[70], de quelque façon que ce soit, un ou plusieurs plants ou arbres plantés des mains d'hommes.

Culpabilité :

□ ***Élément matériel*** :

- Le présumé auteur doit avoir arraché, mutilé, coupé ou endommagé un ou plusieurs arbres ;
- il doit l'avoir fait d'une façon quelconque ;
- ces plants ou arbres doivent avoir été plantés des mains d'hommes.

□ ***Élément moral*** : le présumé auteur doit avoir agi en connaissance de cause (sciemment).

14- ABSTENTION DE TÉMOIGNER EN FAVEUR D'UN INNOCENT

□ ***Élément légal*** : article 63, alinéa 1 et 3 du Code pénal.

- **Teneur du texte :**

> ***Art. 63 du CP*** : *« Sans préjudice d'application, le cas échéant, des peines plus fortes prévues par le présent code et les lois spéciales, sera puni d'un emprisonnement d'un mois à trois ans et d'une amende de 24 000 à 100 000 de francs ou de l'une de ces deux peines seulement, quiconque, pouvant*

[70] Couper arracher, mutiler, écorcher, ou endommagé de manière quelconque.

> *empêcher par son action immédiate, sans risque pour lui ou pour un tiers, soit un fait qualifié crime, soit délit contre l'intégrité corporelle de la personne, s'abstient volontairement de le faire. (...).*[71]
> *Sera puni des mêmes peines celui qui connaissant la preuve de l'innocence d'une personne incarcérée préventivement ou jugée pour crime ou délit, s'abstient volontairement d'en apporter aussitôt le témoignage aux autorités de justice ou de police. Toutefois, aucune peine ne sera prononcée contre celui qui apportera son témoignage tardivement mais spontanément.*[72] *(...).* »

- **Peines principales** : un (01) mois à trois (03) ans d'emprisonnement et 24.000 F à 100.000 F d'amende, ou l'une de ces deux peines seulement (c'est un **délit**).

Compréhension : c'est le fait pour une personne qui connait la preuve d'innocence d'un détenu ou condamné, de se retenir volontairement de la fournir[73] aussitôt aux autorités de justice ou de police.

Attention : si le présumé auteur a plutôt refusé d'apporter son témoignage sur une infraction dont il a connaissance, ou les preuves, *voir* ***Refus de témoigner devant la juridiction d'instruction***.

Culpabilité :

- Le présumé auteur doit avoir les preuves de l'innocence de la personne détenue ou condamnée.
- ***Élément matériel*** : il doit s'être abstenu de témoigner en faveur de cette personne devant les autorités de justice ou de police.
- ***Élément moral*** : il doit avoir agi volontairement.

15- ABUS D'AUTORITÉ (« violences envers les personnes »)

- ***Élément légal*** :
- **A** : articles 186 et 198, al. 1 et 2 du Code pénal ;
- **B** : articles 186 et 198, al. 1 et 3 du Code pénal ;
- **C** : articles 186 et 198, al. 1 et 4 du Code pénal ;
- **D** : articles 186 et 198, al. 1 et 5 du Code pénal.

- **Teneur du texte** :

> ***Art. 186 du CP*** *: « Lorsqu'un fonctionnaire ou officier public, un administrateur, un agent ou un préposé du Gouvernement ou de la police, un exécuteur de mandats de justice ou jugements, un commandant en chef ou en sous-ordre de la force publique aura, sans motif légitime, usé ou fait user de*

[71] *Voir* ***Abstention de porter secours*** à autrui, pour lire l'alinéa suivant.
[72] Sont exceptés de la disposition de cet alinéa, « le coupable du fait qui motivait la poursuite, ses coauteurs, ses complices et les parents ou alliés de ces personnes, jusqu'au quatrième degré inclusivement » (art. 63, al.4 du CP).
[73] Produire les preuves de l'innocence d'une personne.

violences envers les personnes, dans l'exercice ou à l'occasion de l'exercice de ses fonctions, il sera puni selon la nature et la gravité de ces violences, et en élevant la peine suivant la règle posée par l'article 198 ci-après. »

***Art. 198 du CP** : « Hors les cas où la loi règle spécialement les Peines principales pour crime ou délits commis par les fonctionnaires ou officiers publics, ceux d'entre eux qui auront participé à d'autres crimes ou délits qu'ils étaient chargés de surveiller ou de réprimer, seront punis comme suit :*

S'il s'agit d'un délit de police correctionnelle, ils subiront toujours le maximum de la peine attachée à l'espèce de délit ;

Et s'il s'agit d'un crime, ils seront condamnés, savoir :

A la réclusion, si le crime emporte contre tout autre coupable la peine du bannissement ou de la dégradation civique ;

Aux travaux forcés à temps, si le crime emporte contre tout autre coupable la peine de la réclusion ou de la détention ;

Et aux travaux forcés à perpétuité, lorsque le crime emportera contre tout autre coupable la peine de la déportation ou celle des travaux forcés à temps.

Au-delà de ces cas qui viennent d'être exprimés, la peine commune sera appliquée sans aggravation. »

- **Peines principales** :

- **A** : maximum de la peine attachée à l'espèce (c'est **délit**) ;
- **B** : cinq (05) ans à dix (10) ans de *réclusion* (c'est un **crime**) ;[74]
- **C** : cinq (05) ans à trente (30) ans des *travaux forcés* (c'est un **crime**) ;[75]
- **D** : travaux forcés à perpétuité (c'est un **crime**).

Compréhension : c'est le fait pour un agent public ou un officier ministériel d'employer ou de faire employer des violences sur autrui, *sans motifs légitimes* et dans l'exercice ou à l'occasion de l'exercice de ses fonctions.

Attention : si cet agent public ou officier ministériel a usé des violences pour s'introduire dans le domicile d'autrui, *voir **Violation de domicile** (abus d'autorité)*.

Si cet agent public emploie la force publique contre l'exécution de la loi ou l'ordre de l'autorité légitime, *voir **Abus d'autorité** (« contre la chose publique »)*.

Culpabilité :

 Le présumé auteur doit avoir été soit un fonctionnaire, soit un officier public, soit un administrateur, soit un agent ou préposé du gouvernement ou

[74] Art. 21, alinéa 2 du CP.
[75] Art. 19 du CP.

de la police, soit un exécuteur des décisions ou mandats de justice, soit un commandant en chef ou en sous-ordre de la force publique.

- ***Élément matériel*** :
  - Il doit avoir employé lui-même ou fait employer des violences sur autrui ;
  - il doit avoir agi en qualité d'agent public ou d'officier ministériel, précitée ;
  - il doit avoir agi dans l'exercice ou à l'occasion de l'exercice de ses fonctions.
- ***Élément moral*** : il doit avoir agi sans motifs légitimes (volontairement, sciemment).

« Atténuation et aggravation de la peine » :

- **A** : si les violences employées sont constitutives de délit (***voir peines** A) ;*
- **B** : si les violences employées sont constitutives de crime emportant le bannissement ou la dégradation civique du coupable (***voir peine B**) ;*
- **C** : si les violences employées sont constitutives de crime emportant la réclusion ou la détention à l'encontre du coupable (***voir peines C**) ;*
- **D** : si les violences employées sont constitutives de crime emportant la peine de la déportation et celle des travaux forcés à temps contre le coupable (***voir peines D**).*

16- ABUS D'AUTORITÉ (« contre la chose publique »)

- ***Élément légal*** :
- **A** : article 188 du Code pénal ;
- **B** : article 188 et 189 du Code pénal.

  - **Teneur du texte** :

> ***Art. 188 du CP*** : *« Tout fonctionnaire public, agent ou préposé du Gouvernement, de quelque état et grade qu'il soit, qui aura requis ou ordonné, fait requérir ou ordonner l'action ou l'emploi de la force publique contre l'exécution d'une loi ou contre la perception d'une contribution légale, ou contre l'exécution, soit d'une ordonnance, ou mandat de justice, soit de tout autre ordre émané de l'autorité légitime, sera puni de la réclusion. »*
>
> ***Art. 189 du CP*** : *« Si cette réquisition ou cet ordre a été suivi d'effet, la peine sera le maximum de la réclusion. »*

  - **Peines principales** :
- **A** : cinq (05) ans à dix (10) ans de *réclusion* (c'est un **crime**) ;[76]
- **B** : dix (10) ans de réclusion (c'est un **crime**).[77]

[76] Art. 21, al. 2 du CP.

Compréhension : c'est le fait pour un *dépositaire de l'autorité publique*[78], peu importe son état ou son grade, d'employer, directement ou indirectement, la force publique contre l'exécution d'une loi ou de tout autre ordre émanant de l'autorité légitime.

Culpabilité :

 Le présumé auteur doit avoir été un fonctionnaire public ou un agent ou préposé du gouvernement.

 Élément matériel :

- Il doit avoir *pris lui-même* ou *avoir fait prendre* des mesures qui sont destinées à :
  - soit faire échec à l'exécution de la loi ou à la perception d'une contribution légale ;
  - soit l'exécution d'une ordonnance ou d'un mandat de justice ;
  - soit tout autre ordre émané de l'autorité légitime.

 Élément moral : le présumé auteur doit avoir agi volontairement (avec intention coupable).

« Atténuation et aggravation de la peine » :

- **A** : si ces mesures n'ont produit aucun effet (***voir peine A***) ;
- **B** : si ces mesures ont été suivies d'effets (***voir peines B***).

Attention : ces peines ne seront appliquées qu'aux seuls supérieurs hiérarchiques, s'il s'avère que l'agent poursuivi a agi sous leurs ordres et sur les objets de leur ressort dont il devait obéissance (art. 190 du CP).

17- ABUS DE BIENS SOCIAUX

 Élément légal : articles 3 et 16 de la loi n° 5-2009 du 22 septembre 2009 sur la corruption, la concussion, la fraude et les infractions assimilées.

- **Teneur du texte** :

Art. 3 de L. 22/09/2009 : *« Est passible d'un emprisonnement de deux à dix ans et d'une amende double de la valeur des promesses agréées ou des choses reçues ou demandées, sans que ladite amende soit inférieure à 1.000.000 de francs CFA : (...). »*

Art. 16 de L. 22/09/2009 : *« Sera passible des sanctions prévues à l'article 3 de la présente loi, le fait pour les dirigeants de sociétés par actions, de sociétés à responsabilité limitée ou sociétés de personnes, qui de mauvaise foi, font des biens ou du crédit de la société un usage qu'ils savent contraire à l'intérêt de celle-ci, à des fins personnelles ou pour favoriser une autre*

[77] *Idem.*

[78] Fonctionnaire public, agent ou préposé du gouvernement.

société ou entreprise dans laquelle ils sont intéressés directement ou indirectement. »

- **Peines principales** : deux (02) ans à dix (10) ans d'emprisonnement et 1.000.000 F CFA, au moins,[79] d'amende (c'est un **délit**).

Compréhension : c'est le fait pour un dirigeant de certaines *formes de sociétés*[80] de faire, en connaissance de cause, un usage des biens ou crédits de la société qu'il dirige, au préjudice de l'intérêt de ladite société, et ce, à des fins personnelles ou au profit d'une autre société.

Culpabilité :

 Le présumé auteur doit avoir été un dirigeant d'une société par actions ou d'une société à responsabilité limitée, ou un dirigeant d'une société de personnes.

 Élément matériel :

- Il doit avoir utilisé des biens ou des crédits de la société en cause ;
- il doit l'avoir fait à des *fins personnelles* ou au *profit d'une autre société ou entreprise* dans laquelle il est intéressé directement ou indirectement ;
- cet usage doit avoir été contraire (ou préjudiciable) à l'intérêt de la société victime.[81]

 Élément moral : il doit avoir agi de mauvaise foi (en connaissance de cause).

18- ABUS DU BLANC-SEING

 Élément légal :

- **A** : articles 407 et 405, al. 1, du Code pénal ;
- **B** : articles 407 et 405, al. 2, du Code pénal.

- **Teneur du texte** :

Art. 407, al 1 du CP *: « Quiconque abusant d'un blanc-seing qui lui aura été confié, aura frauduleusement écrit au-dessus une obligation ou décharge, ou tout autre acte pouvant compromettre la personne ou la fortune de signataire, sera puni des peines portées en l'article 405. »*

Art. 405 du CP *: « Quiconque, soit en faisant usage de faux noms ou de fausses qualités, soit en employant des manœuvres frauduleuses, pour*

[79] Jusqu'au double de la valeur des promesses agréées ou des choses reçues ou demandées. Dans le cas d'abus de biens sociaux, il semble qu'il s'agirait du double du *bien utilisé* ou de sa *valeur*.

[80] SA, SARL, SNC, SCS.

[81] L'usage contraire à l'intérêt de la société exprime l'idée de tout acte qui tend à faire subir à cette société « *un manque à gagner* » ou « *une perte subie* » (Michel VERON, *Droit pénal spécial*, 14ème Sirey, 2012, p. 619).

persuader l'existence de fausses entreprises, d'un pouvoir ou d'un crédit imaginaire ou pour faire naître l'espérance ou la crainte d'un succès, d'un accident ou de tout autre événement chimérique, se sera fait remettre ou délivrer ou aura tenté de se faire remettre ou délivrer des fonds, des meubles ou des obligations, dispositions, billets, promesses, quittances ou décharges et aura, par un de ces moyens, escroqué ou tenté d'escroquer la totalité ou partie de la fortune d'autrui, sera puni d'un emprisonnement d'un an au moins et cinq ans au plus et d'une amende de 240 000 francs au moins et 2 400 000 francs au plus.

Si le délit a été commis par une personne ayant fait appel au public en vue de l'émission d'actions, obligations, bons, parts ou titres quelconques soit d'une société, soit d'une entreprise commerciale ou industrielle, l'emprisonnement pourra être porté à dix années et l'amende à 12 000 000 francs.

Dans tous les cas, les coupables pourront être, en outre, frappés, pour dix ans au plus, de l'interdiction des droits mentionnés en l'article 42 du présent code ; ils pourront aussi être frappés de l'interdiction de séjour pendant le même nombre d'années. »

- **Peines principales** :

- **A** : un (01) an à cinq (05) ans d'emprisonnement et 240.000 F CFA à 2.400.000 F CFA d'amende (c'est un **délit**) ;
- **B :** un (01) an à dix (10) ans d'emprisonnement et 240.000 F CFA à 12.000.000 F CFA d'amende (c'est un **délit**).

Compréhension : C'est le fait pour une personne d'inscrire frauduleusement sur un papier (titre ou document) comportant juste une signature, qui lui a été confié, une obligation ou tout autre écrit compromettant l'auteur de ladite signature ou sa fortune.[82]

Culpabilité :

- Le document en cause doit avoir été « signé en blanc »[83] ;
- ce document « signé en blanc » doit avoir été confié au présumé auteur des faits.

---

[82] Cette idée se rapproche de celle du *Vocabulaire juridique*, selon laquelle, le blanc-seing est « un délit qui consiste, de la part d'une personne à qui un papier portant une signature en blanc a été confié, à inscrire frauduleusement, au-dessus de cette signature, une obligation ou une quittance » (Gérard CORNU, *op. cit.*, p. 131).

[83] Il s'agit effet, d'un « *papier vierge signé, que peut remplir à sa convenance la personne à qui il est remis* » (Michel Romaric AZALOU, *Qualification des infractions courantes,* 3ème éd., Cotonou, 2014, p. 48). C'est un document destiné à un usage déterminé, mais qui a été détourné par l'inscription d'un écrit soumettant ainsi l'auteur de la signature à des obligations qu'il n'a pas souscrites ou n'aurait dû souscrire.

Il peut s'agir de chèque non barré ou une « convention de vente signée », mais ne comportant pas encore le prix de la vente ou le nom du futur acquéreur.

 Élément matériel :
- o Le présumé auteur doit avoir inscrit sur ledit document une obligation, une décharge ou tout autre acte ;
- o cette inscription (l'écrit) doit avoir compromis la personne du signataire ou sa fortune.

 Élément moral : il doit avoir agi frauduleusement (avec intention coupable).

« Atténuation et aggravation de la peine » :

- **A** : si cet acte a été commis par toute personne autre que celle qui est désignée au cas B, ***voir peines A*** ;
- **B** : si cet acte a été commis par une personne ayant fait appel au public en vue de l'émission d'actions, obligations, bons, parts ou titres quelconques d'une société ou d'une entreprise commerciale ou industrielle, ***voir peines B***.[84]

Attention : la poursuite de l'auteur des faits s'adaptera au procédé utilisé par celui-ci. En effet, lorsqu'il aura détourné l'écrit qui lui aura été remis en vue d'un usage déterminé, en y faisant un autre usage, l'auteur sera poursuivi pour *abus de confiance*[85]. Si l'écrit authentique a été falsifié, il sera poursuivi pour *faux*[86].

19- ABUS DE CONFIANCE (simple)

 Élément légal : articles 408, alinéa 1 du Code pénal.

- o **Teneur du texte** :

Art. 408 du CP *: « (Ord. n° 62-13 du 27 août 1962, JORC 1962 p. 683). Quiconque aura détourné ou dissipé au préjudice des propriétaires, possesseurs ou détenteurs des effets, deniers, marchandises, billets, quittances ou tous autres écrits contenant ou opérant obligations ou décharge qui ne lui auraient été remis qu'à titre de louage, de dépôt, de mandat, de nantissement, de prêt à usage, ou pour un travail salarié ou non-salarié, à la charge de les rendre ou représenter ou d'en faire un usage ou un emploi déterminé, sera puni d'un emprisonnement d'un an au moins et de cinq ans au plus, et d'une amende qui sera de 300.000 francs au moins et de 3.000.000 de francs au plus ou de l'une de ces deux peines seulement. (...). »*

- o **Peines principales** : un (01) an à cinq (05) ans d'emprisonnement et 300.000 F CFA à 3.000.000 F CFA d'amende, ou l'une de ces deux peines seulement (c'est un **délit**).

---

[84] Abus de blanc-seing « aggravé ».

[85] Voir Abus de confiance.

[86] Art. 407, al. 2 du Code pénal : « Dans le cas où le blanc-seing ne lui aurait pas été confié, il sera poursuivi comme faussaire et puni comme tel ».

Compréhension : c'est le fait pour un « *détenteur précaire* »[87] de détourner ou dissiper les objets, les fonds ou les valeurs qui lui avaient été confiés.

Attention : si le présumé auteur des faits a plutôt usé des manœuvres pour obtenir la chose réclamée, *voir **Escroquerie**.*

Culpabilité :

- Il doit avoir eu, entre le présumé auteur et la victime, *un accord ou un contrat* (de louage, dépôt, mandat, nantissement, prêt à usage ou de travail salarié ou non-salarié), *écrit ou verbal* ;[88]
- la victime doit avoir été, au moment des faits, soit *propriétaire*, soit *possesseur*, *soit détentrice* de la chose réclamée ;
- la chose en cause doit avoir été remise au présumé auteur à charge pour lui de la rendre ou représenter, ou pour en faire un usage ou un emploi déterminé
- cette chose ne doit pas avoir été la propriété d'un ascendant, d'un allié au même degré, d'un descendant, du conjoint ou du feu conjoint du présumé auteur des faits.[89]
- ***Élément matériel*** : le présumé auteur doit avoir :
  - soit utilisé la *chose*[90], qui lui a été remise aux termes du contrat, *dans un but contraire de celui pour lequel elle lui avait été remise* ;
  - soit vendu ou donné cette chose[91] à autrui, au préjudice du propriétaire.[92]
- ***Élément moral*** : il doit avoir agi en connaissance de ce que la victime ne lui avait pas donné la chose réclamée. Le présumé auteur doit donc avoir agi de mauvaise foi (avec intention coupable).

La pratique observée dans certains pays fait observer que cette infraction peut s'étendre même aux choses qui n'ont pas une existence concrète (c.-à-d., les choses immatérielles). Par exemple, la chambre criminelle de la Cour

---

[87] Il s'agit d'un « *mandataire, un dépositaire, un emprunteur, un locataire ou tout autre détenteur précaire* », c.-à-d., toute personne ayant par l'effet d'un contrat reçu une chose ou un pouvoir (Gérard CORNU, *op. cit.*, p. 7).

[88] N'entre pas dans la catégorie des contrats visés par l'art. 408, le « contrat de vente ». Ainsi, pour un contrat de vente des pièces détachées dont l'acheteur a versé des acomptes, le non-remboursement corrélativement à la délivrance desdites pièces, par le vendeur, ne saurait constituer un abus de confiance (cf. TGI, Brazzaville, corr., 3ème ch., 18 juillet 2013, répertoire n° 134, inédit).

[89] Art. 380, al. 1 du CP ; voir *Vol simple* pour plus de détails sur les immunités familiales.

[90] La chose en cause doit être des « effets, deniers, marchandises, billets, quittances ou tous autres écrits contenant ou opérant obligation ou décharge ».

[91] *Idem.*

[92] Il en est également le cas de celui qui ne représente pas l'entier prix de vente des articles vestimentaires qui lui ont été confiés, alors qu'il avait été mandaté de vendre lesdits articles et représenter le prix de la vente à son mandant (cf. TGI, Brazzaville, corr., 2ème ch., 18 juin 2014, répertoire n° 060, inédit).

de Cassation française a relevé que : « *l'utilisation, par un salarié, de son temps de travail à des fins autres que celles pour lesquelles il perçoit une rémunération de son employeur constitue un abus de confiance* ».[93]

20- ABUS DE CONFIANCE AGGRAVÉ

- ***Élément légal*** :
- **A** : articles 408, alinéa 2 (1°) et 405, al. 3 Code pénal ;
- **B** : articles 408, alinéa 2 (2°) et 405, al. 3 Code pénal.

  - **Teneur du texte** :

> ***Art. 408 du CP*** : *« (Ord. n° 62-13 du 27 août 1962, JORC l962 p. 683). Quiconque aura détourné ou dissipé au préjudice des propriétaires, possesseurs ou détenteurs des effets, deniers, marchandises, billets, quittances ou tous autres écrits contenant ou opérant obligations ou décharge qui ne lui auraient été remis qu'à titre de louage, de dépôt, de mandat, de nantissement, de prêt à usage, ou pour un travail salarié ou non-salarié, à la charge de les rendre ou représenter ou d'en faire un usage ou un emploi déterminé, sera puni d'un emprisonnement d'un an au moins et de cinq ans au plus, et d'une amende qui sera de 300.000 francs au moins et de 3.000.000 de francs au plus ou de l'une de ces deux peines seulement.*
>
> *La durée de l'emprisonnement pourra être portée à dix ans et l'amende à 20 millions de francs dans les cas suivants :*
>
> *1°- Si l'abus de confiance a été commis par une personne faisant appel au public afin d'obtenir, soit pour son propre compte soit comme directeur, administrateur ou agent d'une société ou d'une entreprise commerciale ou industrielle, la remise de fonds ou valeurs à titre de dépôt de mandat ou de nantissement ;*
>
> *2°- Si l'abus de confiance prévu par le paragraphe premier a été commis par un officier public ou ministériel, ou par un domestique, homme de service à gages, élève, clercs, commis, ouvrier, compagnon ou apprenti au préjudice de son maître.*
>
> *La tentative du délit sera punie comme le délit lui-même.*
>
> *Dans tous les cas, les dispositions portées au dernier alinéa de l'article 405 pourront de plus être appliquées. »*
>
> ***Art. 405 du CP*** : *« Dans tous les cas, les coupables pourront être, en outre, frappé, pour dix ans au plus, de l'interdiction des droits mentionnés en l'article 42 du présent code ; ils pourront aussi être frappés de l'interdiction de séjour pendant le même nombre d'années. »*

[93] Cass. Crim 19 juin 2013, n° 12-83031 ; voir aussi Cass. Crim.16 juin 2011, n° 10-83.758, pour la nuance.

o **Peines principales** :

A et **B** : un (01) an à dix (10) ans d'emprisonnement et 300.000 F CFA 20.000.000 F CFA d'amende, ou l'une de ces deux peines seulement (c'est un **délit**).

Compréhension : C'est un *abus de confiance*[94] commis par les personnes déterminées par la loi, à savoir :

➢ **A** : soit une personne qui fait appel au public afin d'obtenir la remise de fonds ou valeurs à titre de dépôt de mandat ou de nantissement, pour son propre compte ou comme directeur, administrateur ou agent d'une société ou d'une entreprise commerciale ou industrielle (***voir peines A***) ;

➢ **B** : soit un officier public ou ministériel, soit un domestique, soit un homme de service à gages, soit un élève, soit un clerc, soit un commis, soit un ouvrier, soit un compagnon, soit apprenti, au préjudice de son maître (***voir peines B***).

Culpabilité :

 Il suffit d'ajouter aux éléments constitutifs d'*Abus de confiance* (simple)[95] la ***qualité*** (**A** ou **B**)[96] du présumé auteur des faits.

21- ABUS DE FAIBLESSE DE MINEUR

□ ***Élément légal*** : article 406 du Code pénal.

o **Teneur du texte** :

Art. 406 du CP : *« (D. L1617/1935- D. appl. 26/7/1935 – AGG prom. n° 3605 du 7/9/1939 - JOAEF 1939 p. 1088 et 1141).*

Quiconque aura abusé des besoins, des faiblesses ou des passions d'un mineur, pour lui faire souscrire, à son préjudice, des obligations, quittances ou décharges, pour prêt d'argent ou de choses mobilières, ou d'effets de commerce ou de tous autres effets obligatoires, sous quelque forme que cette négociation ait été faite ou déguisée, sera puni d'un emprisonnement de deux mois au moins, de deux ans au plus, et d'une amende de 240.000 francs au moins et de 2.400.000 francs au plus.

L'amende pourra, toutefois, être portée au quart des restitutions et des dommages-intérêts, s'il est supérieur au maximum prévu à l'alinéa précédent.

La disposition portée au troisième paragraphe du présent article pourra, de plus, être appliquée. »

---

[94] Voir supra, la définition d'*Abus de confiance* (simple).
[95] Voir *Abus de confiance* (simple), Culpabilité.
[96] Circonstances aggravantes.

- o **Peines principales** : deux (02) mois à deux (02) ans d'emprisonnement et 240.000 F CFA à 2.400.000 F CFA d'amende (c'est un **délit**).

Compréhension : c'est le fait pour une personne de « profiter » de la « vulnérabilité », des passions ou des besoins d'un mineur pour lui faire souscrire des obligations qui lui sont préjudiciables.

Culpabilité :

- La victime doit avoir été âgée de moins de 18 ans (un enfant)[97].
- ***Élément matériel*** :
  - o Le présumé auteur doit avoir abusé des besoins, faiblesses ou passions du mineur en cause ;
  - o il doit lui avoir fait souscrire :
    - ▪ soit des obligations, quittances ou décharges, pour prêt d'argent ou de choses mobilières ;
    - ▪ soit des effets de commerce ou tous autres effets obligatoires.
  - o Ces obligations doivent lui avoir causé un préjudice.
- ***Élément moral*** : l'auteur présumé de ces faits doit avoir agi avec intention de nuire à la victime (il doit avoir agi en connaissance de cause).

22- ABUS DE FONCTIONS

- ***Élément légal*** : articles 12 et 17 de la loi n° 5-2009 du 22 septembre 2009 sur la corruption, la concussion, la fraude et les infractions assimilées.

  - o **Teneur du texte** :

> ***Art. 17 de L. 22/09/2009*** *: « Sera passible des sanctions prévues à l'article 12 de la présente loi, le fait pour un agent public d'accomplir ou de s'abstenir d'accomplir, dans l'exercice de ses fonctions, un acte en violation des lois et règlements afin d'obtenir un avantage indu pour lui-même ou pour une autre personne ou entité. »*
>
> ***Art. 12 de L. 22/09/2009*** *: « Sera puni d'un emprisonnement d'un an au moins et cinq ans au plus et d'une amende double de la valeur de la promesse agréée ou des choses reçues ou demandées, sans que ladite amende puisse être inférieure à 1.000.000 de francs CFA, le fait pour une personne de solliciter ou d'agréer des offres ou promesses, de solliciter ou recevoir des dons ou présents ou tout autre avantage indu, directement ou indirectement, pour elle-même ou pour une autre personne afin d'abuser de son influence réelle ou supposée en vue de faire obtenir ou tenter de faire obtenir d'une administration ou d'une autorité publique des décorations, médailles, distinctions ou récompenses, des places, fonctions ou emplois, des*

[97] Art. 1er de la loi n° 4-2010 du 14 juin 2010 portant protection de l'enfant en République du Congo.

marchés ou plus généralement toute autre décision favorable ou avantage indu. »

- **Peines principales** : un (01) an à cinq (05) ans d'emprisonnement et 1.000.000 F CFA au moins d'amende (jusqu'au double de la valeur des avantages obtenus) c'est un **délit**.

Compréhension : c'est le fait pour un agent public d'accomplir ou de s'abstenir d'accomplir un acte, dans l'exercice de ses fonctions, en violant les lois et règlements, en vue d'obtenir un avantage indu pour lui-même ou pour une autre personne ou entité.

Culpabilité :

- Le présumé auteur doit avoir été un agent public.
- ***Élément matériel*** :
  - Il doit soit avoir accompli, soit s'être abstenu d'accomplir un acte exigé par les lois et règlements en vigueur ;
  - il doit l'avoir fait dans l'exercice de ses fonctions ;
  - il doit, de ce fait, avoir obtenu ou tenté d'obtenir un avantage indu, pour lui-même ou pour autrui.
- ***Élément moral*** : l'auteur présumé doit avoir agi en connaissance de cause (avec intention coupable). Il doit l'avoir fait dans le but de se procurer un avantage indu pour lui-même ou d'en procurer à autrui ou à une entité.

23- ACCÈS OU MAINTIEN FRAUDULEUX DANS UN SYSTÈME DE TRAITEMENT AUTOMATISÉ DE DONNÉES D'UN SYSTÈME DE PAIEMENT (simple)

- ***Élément légal*** : article 274, alinéa 1 du Règlement n° 02/03/ CEMAC/CM du 04 avril 2003, relatif aux systèmes, moyens et incidents de paiement.

  - **Teneur du texte** :

***Art. 274 du R. 04/04/2003** : « Est puni de un (1) à deux (2) ans d'emprisonnement et d'une amende de 3 000 000 à 5 000 000 F.CFA ou de l'une de ces deux peines seulement, quiconque accède ou se maintient frauduleusement, dans tout ou partie d'un système de traitement automatisé de données d'un système de paiement. (...). »*

- **Peines principales** : un (01) an à deux (02) ans d'emprisonnement et 3.000.000 F CFA à 5.000.000 F CFA d'amende, ou l'une de ces deux peines seulement (c'est un **délit**).

Compréhension : c'est le fait pour un individu d'accéder ou de se maintenir, par usage des « précédés illicites », dans tout ou partie d'un système de traitement automatisé de données d'un système de paiement.

Attention : si l'accès ou le maintien frauduleux entraîne la suppression ou la modification des données contenues dans le système, ou encore une altération du fonctionnement du système, *voir* ***Accès ou maintien frauduleux dans un système de traitement automatise de données d'un système de paiement*** *(aggravé)*.

Culpabilité :

- ***Élément matériel*** : le présumé auteur doit :
  - o soit avoir accédé à un système de traitement automatisé de données d'un système de paiement ;
  - o soit s'être maintenu dans un système de traitement automatisé de données d'un système de paiement.[98]
- ***Élément moral*** : il doit avoir accédé à ce système par des moyens « illicites » (frauduleusement). Il doit avoir agi en connaissance de ce qu'il n'avait pas le droit d'accès à ce système (c.-à-d., avec intention coupable).

24- ACCÈS OU MAINTIEN FRAUDULEUX DANS UN SYSTÈME DE TRAITEMENT AUTOMATISÉ DE DONNÉES D'UN SYSTÈME DE PAIEMENT (aggravé)

- ***Élément légal*** : article 274, alinéa 2 du Règlement n° 02/03/ CEMAC/CM du 04 avril 2003, relatif aux systèmes, moyens et incidents de paiement.
  - o **Teneur du texte** :

> ***Art. 274 du R. 04/04/2003*** *: « Est puni de un (1) à deux (2) ans d'emprisonnement et d'une amende de 3 000 000 à 5 000 000 F.CFA ou de l'une de ces deux peines seulement, quiconque accède ou se maintient frauduleusement, dans tout ou partie d'un système de traitement automatisé de données d'un système de paiement.*
>
> *Est punie de deux (2) à quatre (4) ans d'emprisonnement et d'une amende de 5 000 000 à 10 900 000 F CFA ou de l'une de ces deux peines seulement, toute personne dont l'accès ou le maintien frauduleux entraîne la suppression ou la modification des données contenues dans le système ou encore une altération du fonctionnement du système. »*

  - o **Peines principales** : deux (02) ans à quatre (04) ans d'emprisonnement et 5.000.000 F CFA à 10.900.000 F CFA d'amende, ou l'une de ces deux peines seulement (c'est un **délit**).

Compréhension : c'est le fait pour un individu d'accéder ou de se maintenir, par des « procédés illicites », dans tout ou partie d'un système de

[98] Ici, l'auteur des faits aurait d'abord accédé au système, puis n'aurait pas songé de s'y déconnecter.

traitement automatisé de données d'un système de paiement, entrainant de ce fait la suppression ou la modification des données qui y sont contenues.

Attention : si l'accès ou le maintien frauduleux n'a pas entraîné la suppression ou la modification des données, *voir* ***Accès ou maintien frauduleux dans le système de traitement automatisé de données d'un système de paiement*** *(simple)*.

Culpabilité :

- ***Élément matériel*** :
  - Le présumé auteur doit :
    - soit avoir accédé à un système de traitement automatisé de données d'un système de paiement ;
    - soit s'être maintenu dans un système de traitement automatisé de données d'un système de paiement.[99]
  - Il doit, de ce fait, avoir entrainé la suppression ou la modification des données contenues dans le système.
- ***Élément moral*** : le présumé auteur doit avoir accédé à ce système frauduleusement (par des moyens « illicites », par exemple). Il doit avoir agi en connaissance de ce qu'il n'avait pas le droit d'accès à ce système (c.-à-d., avec intention coupable).

25- ACHAT, CONSOMMATION OU DÉTENTION DE TABAC ET DE SES DÉRIVÉS PAR LES MINEURS, LES FEMMES EN ÉTAT DE GESTATION ET LES MALADES MENTAUX

- ***Élément légal*** :

A et **B** : articles 4 et 20 de la loi n° 12-2012 du 4 juillet 2012 relative à la lutte antitabac.

- **Teneur du texte** :

Art. 4 de L. 04/07/2012 *: « La consommation, l'achat et la détention de tabac et de ses dérivés sont strictement interdits aux mineurs, aux femmes en état de gestation et aux malades mentaux. »*   ***Art. 20 de L. 04/07/2012*** *: « Sont punis d'une amende allant de 200.000 à 1.500.000 de francs CFA, les auteurs des infractions prévues aux articles 4, 5, 6 et 7 de la présente loi ; en cas de récidive l'amende passe de 1.500.000 à 3.000.000 de francs CFA. »*

- **Peines principales** :

- **A** : 200.000 F CFA à 1.500.000 F CFA d'amende (c'est un **délit**) ;
- **B** : 1.500.000 F CFA à 3.000.000 F CFA d'amende (c'est un **délit**).

---

[99] *Idem.*

Compréhension : c'est le fait pour un mineur, une femme enceinte ou un malade mental d'acheter, de fumer ou consommer, ou de détenir le tabac ou ses dérivés.

Attention : la loi oblige les vendeurs de tabac et de ses dérivés à « afficher visiblement dans leur point de vente un avis interdisant la vente du tabac et de leurs dérivés aux mineurs, aux femmes en état de gestation et aux malades mentaux » (art. 5 de L. 04./07/2012). S'ils ne le font pas, ils encourront des sanctions pénales (*voir* ***Omission d'afficher un avis interdisant la vente de tabac et de ses dérivés aux mineurs, aux femmes en état de gestation et aux malades mentaux***).

Culpabilité :

➢ **A** :

 L'auteur présumé ou la victime doit être soit un mineur, soit une femme en état de gestation, soit un malade mental ;[100]

 Élément matériel : le présumé auteur doit avoir :

- soit consommé le tabac ou ses dérivés[101] ;
- soit détenu le tabac ou ses dérivés ;
- soit acheté le tabac ou ses dérivés.

 Élément moral : il doit avoir agi en connaissance de cause (volontairement).

« Aggravation de la peine »

➢ **B** : en cas de récidive, ***voir peine B***.

26- ACTE IMPUDIQUE OU CONTRE NATURE

 Élément légal : article 331, alinéa 2 du Code pénal.

- **Teneur du texte** :

Art. 331 du CP *: « (...) sera puni d'un emprisonnement de six mois à trois ans et d'une amende de 4.000 francs à 1.000.000 de francs, quiconque aura commis un acte impudique ou contre nature, avec un individu de son sexe, mineur de vingt et un ans. »*

[100] Cette disposition peut prêter à confusion dès lors que l'on sait qu'un mineur de 13 ans et un malade mental ne peuvent pas être responsables sur le plan pénal (art. 73, al. 2 de la loi n° 4-2010 du 14 juin 2010 portant protection de l'enfant en République du Congo et art. 64 du CP). Ne serait-on pas tenté de retenir cette infraction que contre ceux qui ont laissé ou permis à ces personnes de consommer, d'acheter ou de détenir le tabac ou ses dérivés ?

[101] « Sont considérés comme produits du tabac, l'ensemble des dérivés du tabac destinés à être fumés, mâchés, sucés, prisés ou chiqués dès lors qu'ils sont même partiellement constitués du tabac, les produits destinés à être fumés même s'ils ne contiennent pas de tabac, ainsi que tous les produits ayant trait à la publicité du tabac et de ses dérivés » (art. 1 de L. 04/07/2010).

- **Peines principales** : six (06) mois à trois (03) ans d'emprisonnement et 4.000 F CFA à 1.000.000 F CFA d'amende (c'est un **délit**).

Compréhension : c'est le fait pour un individu de commettre un acte attentatoire à la pudeur ou un acte contre nature, avec un mineur[102] du même sexe que lui.

Attention : s'il y a eu pénétration sexuelle sur un mineur, *voir **Pratique pédophile***.

Si l'acte impudique ou contre nature a été pratiqué entre individus majeurs, *voir **Attentat à la pudeur***.

Culpabilité :

- L'acte en cause doit avoir été entrepris avec une personne âgée de moins de 18 ans, un mineur (même de commun accord).[103]
- ***Élément matériel*** : le présumé auteur doit avoir commis :
  - soit un acte impudique avec un mineur du même sexe que lui ;[104]
  - soit un acte contre nature avec un mineur de son sexe.[105]
- ***Élément moral*** : il doit avoir agi volontairement (avec intention coupable).

27- ADMINISTRATION DE SUBSTANCES NUISIBLES À LA SANTÉ

- ***Élément légal*** :

- **A** : art. 317, al. 6 du CP ;
- **B** : art. 317, al. 6, et 7 du CP ;
- **C** : art. 317, al. 6, et 8 du CP ;
- **D** : art. 317, al. 6, 9, 7 et 312[106], al 1 du CP ;
- **E** : art. 317, al. 6, 9 et 8, et art 312 al, 1 du CP.

- **Teneur du texte** :

Art. 317 du CP : *« (...). Celui qui aura occasionné à autrui, même avec son consentement une maladie ou incapacité de travail personnel en lui*

[102] Les dispositions relatives à l'âge sont abrogées. A l'âge de 20 ans, on n'est plus mineur au sens de la « loi Potignon ». Il conviendrait dorénavant de lire : mineur de 18 ans au lieu de 21 ans (cf. art. 1er et 131 de la loi n° 4-2010 du 14 juin 2010 portant protection de l'enfant en République du Congo).

[103] *Idem.*

[104] Tel celui qui « caresse » ou embrasse dans la bouche un mineur du même sexe que lui.

[105] Il en est le cas de celui qui consent à la sodomie pratiquée par un mineur sur lui. Cependant, si la sodomie est pratiquée sur un mineur, il s'agira de la *pratique pédophile*, prévue et punie par les art. 67 et 121 de la loi n° 4-2010 du 14 juin 2010 portant protection de l'enfant en République du Congo.

[106] Voir *Parricide*, pour lire l'article 312, al. 1 du CP.

administrant volontairement, de quelque manière que ce soit, des substances qui, sans être de nature à donner la mort, sont nuisibles à la santé, sera puni d'un emprisonnement d'un mois a cinq ans et d'une amende de 4.000 francs à 120.000 francs ; le Tribunal pourra, de plus, prononcer l'interdiction de séjour pendant deux ans au moins et dix ans au plus.

Si la maladie ou incapacité de travail personnel a duré plus de vingt jours, la peine sera celle de la réclusion.

Au cas où le coupable aura administré des substances de nature à donner la mort, mais sans intention de la donner, et que celle-ci s'en est suivie, il subira la peine des travaux forcés à temps.

Si le coupable a commis, soit le délit, soit le crime spécifié aux deux paragraphes ci-dessus, envers un de ses ascendants, tels qu'ils sont désignés en l'article 312, il sera puni, au premier cas da la réclusion et au second cas, des travaux forcés à temps. »

- **Peines principales** :

- **A** : un (01) mois à cinq (05) ans d'emprisonnement et 4.000 F CFA à 120.000 F CFA d'amende (c'est un **délit**) ;
- **B et D** : cinq (05) ans à dix (10) ans de *réclusion* (c'est un **crime**) ;
- **C et E** : cinq (05) ans à trente (30) ans des *travaux forcés* (c'est un **crime**).

Compréhension : c'est le fait pour un individu de causer volontairement une maladie ou une incapacité de travail à autrui, en lui administrant des substances qui ne sont pas « mortifères » (qui ne causent pas la mort), mais qui sont dangereuses pour la santé.

Attention : si les substances en cause sont susceptibles de procurer la mort, *voir **Empoisonnement***.

Culpabilité :

- ***Élément matériel*** :
  - Le présumé auteur doit avoir causé soit une maladie, soit une incapacité de travail personnel à autrui ;
  - il doit y être parvenu en lui administrant une substance nuisible à la santé humaine ;[107]
  - cette substance ne doit pas être mortifère (de nature à donner la mort à un humain).
- ***Élément moral*** : il doit avoir agi avec la conscience de produire cet effet ou avec l'intention de nuire. Le présumé auteur doit donc avoir agi volontairement (intentionnellement).

[107] On peut envisager le cas de celui qui administre à autrui des substances agissant négativement sur le système nerveux, pour poser un acte illicite sur lui.

« Atténuation et aggravation de la peine » :

- **A** : si la maladie ou l'incapacité a duré moins de vingt (20) jours, ***voir peines A*** ;
- **B** : si la maladie ou l'incapacité a duré plus de vingt (20) jours, ***voir peines B*** ;
- **C** : si ces substances ont entrainé la mort de la victime, alors que le coupable n'avait pas l'intention de la lui donner, ***voir peines C*** ;
- **D** : si la victime est soit l'un quelconque d'entre les ascendants légitimes, soit le père ou la mère naturel(le) ou adoptif(ve) du coupable, et s'il y a incapacité de travail personnel de plus de vingt (20) jours ***voir peine D*** ;
- **E** : si la victime est soit l'un quelconque d'entre les ascendants légitimes, soit le père ou la mère naturel(le) ou adoptif(ve) du coupable, et s'il résulte de ces faits la mort de cet ascendant sans intention de la lui donner, ***voir peines E***.

28- ADMISSION DES MINEURS DANS LES BARS, DANCINGS, CINÉMAS OU SALLES DE SPECTACLE[108]

□ ***Élément légal*** :

- **A** : article 106, al. 1 de la loi n° 4-2010 du 14 juin 2010 portant protection de l'enfant en République du Congo ;
- **B** : article 106, al. 1 et 2 de la loi n° 4-2010 du 14 juin 2010 portant protection de l'enfant en République du Congo.

o **Teneur du texte** :

> ***Art. 106 de L. 14/06/2010*** : *« Les directeurs des salles de cinémas et de spectacles qui auront laissé assister des enfants à la projection des films non éducatifs ou aux spectacles qui ne sont pas spécialement conçus pour la jeunesse, seront punis d'une amende de 200.000 à 2.000.000 de francs CFA ; et il sera procédé à la fermeture de leur établissement pendant six mois au plus.*
>
> *En cas de récidive, le jugement portera sur le retrait de l'autorisation dont le condamné est bénéficiaire et pourra, en outre, prononcer la fermeture définitive de l'établissement.*
>
> *Les dispositions des alinéas 1 et 2 du présent article sont applicables aux propriétaires des bars dancings qui les laisseront fréquenter par des enfants non accompagnés de leurs parents, tuteurs légaux ou de toutes personnes ayant leur garde. »*

[108] Cette infraction, préalablement prévue et punie par les articles 4 et 5 de la loi n° 60-18 du 16 janvier 1960 tendant à protéger la moralité de la jeunesse congolaise, fait l'objet d'une nouvelle incrimination par la « loi Potignon », laquelle protège tout mineur de 18 ans et non seulement ceux de 16 ans.

- **Peines principales** :

- **A** : 200.000 F CFA à 2.000.000 F CFA d'amende et six (06) mois au plus de fermeture de l'établissement (c'est un **délit**) ;[109]
- **B** : retrait de l'autorisation tenir le « bar, dancing, cinéma ou la salle de spectacle », et fermeture[110] définitive de l'établissement (c'est un **délit**).

Compréhension : c'est le fait pour le propriétaire d'un bar ou d'un dancing, ou le directeur d'un cinéma ou d'une salle de spectacle, d'y admettre ou d'y recevoir, *hors des cas prévus par la loi,*[111] un mineur.

Culpabilité :

➢ **A** :

- Le présumé auteur doit avoir été le directeur du cinéma ou de la salle de spectacle, ou le propriétaire du bar ou du dancing en cause ;
- ***Élément matériel*** : il doit avoir :
  - soit *laissé assister* un enfant à la projection d'un *film non éducatif* ou au *spectacle* qui *n'est pas spécialement conçu pour la jeunesse,* dans le cinéma ou la salle de spectacle qu'il dirige ;
  - soit laissé fréquenter son bar ou son dancing par *un enfant non accompagné de ses parents, tuteurs légaux ou de toutes personnes ayant sa garde.*
- ***Élément moral*** : le présumé auteur doit avoir agi en connaissance de cause (de mauvaise foi).

« Aggravation de la peine »

➢ **B** : en cas de récidive, ***voir peine B***.

29- ADULTÈRE

- ***Élément légal*** : article 337, al. 1 du Code pénal.

---

[109] Le législateur s'est montré plus rigoureux face à ces actes qu'il érigeait en contravention en 1960 (cf. art. 1 et 2 du L. 16/01/1960 tendant à protéger la moralité de la jeunesse congolaise).

[110] Cette sanction est laissée à la discrétion du juge, qui peut ou ne pas prononcer la mesure : c'est ce qui est exprimé, au deuxième (2ème) alinéa de l'art. 106 de la loi précitée, en ses termes : « *et pourra, en outre, prononcer la fermeture de l'établissement* ».

[111] Il convient néanmoins de relever que lorsqu'un enfant se trouve dans un cinéma ou une salle de spectacle en vue d'y suivre la projection d'un film éducatif ou un spectacle spécialement conçu pour la jeunesse, le propriétaire qui diffuse ce film ou qui offre ce spectacle ne s'exposera pas aux poursuites pénales (art. 130 de L. 14/06/2010). De même, lorsque l'enfant fréquente un bar ou dancing en compagnie de ces parents, les directeurs de ces lieux seront à l'abri des poursuites (art. 130, al. 2 de la même loi).

- **Teneur du texte** :

***Art. 337 du CP** : « (D. 47- 2248 du 19/11/194 - AGG prom. 3245 du 5/12/1947- JOAEF 1947 p. 1611). La femme convaincue d'adultère, et en cas de mariage célébré selon la coutume locale, celle qui sans motif grave ou hors les cas prévus par ladite coutume, aura abandonné le domicile conjugal, subira la peine de l'emprisonnement pendant trois mois au moins et deux ans au plus.* *Le mari restera maître d'arrêter l'effet de cette condamnation en consentant à reprendre sa femme. »*

- **Peine principale** : trois (03) mois à deux (02) ans d'emprisonnement (c'est un **délit**).

Compréhension : c'est le fait, pour une femme mariée, d'entreprendre des relations sexuelles avec une personne autre que son mari.

Attention : si le mari entreprend des relations sexuelles avec une autre femme que la sienne, *voir **Entretien d'une concubine dans la maison conjugale,*** pour cerner la particularité de cette infraction.

L'individu qui a entrepris des relations sexuelles avec la femme adultère serait reprochable sur le plan pénal, de même que tous ceux qui auraient participé à la commission de cet acte (*voir **Complicité d'adultère***).

Culpabilité :

 La présumée auteure doit avoir été une femme mariée à l'état civil ou selon la coutume.

 Élément matériel : la femme en cause doit avoir entrepris des relations sexuelles avec un homme autre que son mari.[112]

 Élément moral : elle doit avoir agi de mauvaise foi (sciemment).[113]

---

[112] La doctrine fait observer que l'adultère exprime l'union consommée des sexes, « le commerce illicite », avec une femme mariée (cf. Faustin HELIE, *Pratique criminelle des cours et tribunaux, résumé de la jurisprudence sur les Codes d'instruction criminelle et péna*l, deuxième partie [en ligne] Paris, 1877, p. 368. Disponible sur Gallica : http : //gallica.bnf.fr/).
« Les privautés, les plus obscènes, qui n'iraient pas jusqu'à la conjonction des sexes, n'en prendraient pas le caractère » (cf. Antoine-Georges BLANCHE, *Études pratiques sur le Code pénal*, Cinquième Étude [en ligne] Paris, 1870, p. 191. Disponible sur Gallica : http : //gallica.bnf.fr/).
Toutefois, de l'analyse de ces dispositions pénales, il résulte qu'une femme mariée est astreinte à n'entretenir des relations sexuelles qu'avec son mari seul. Dans ces conditions, le législateur ne devrait-il pas étendre l'adultère même dans les cas où la femme en cause se livrait à la sodomie (pénétration sexuelle anale) ?

[113] Il semble logique qu'une femme contrainte aux relations sexuelles (cas du viol, par exemple) ne soit pas exposée à la rigueur de ces dispositions légales.

30- AGRESSION SEXUELLE

✓ *Voir* ***Pratique pédophile*** (si l'infraction est commise sur un mineur) ou ***Attentat à la pudeur avec violence*** (si la victime est une personne majeure).

31- ARRESTATION ARBITRAIRE

✓ *Voir* ***Atteintes à la liberté.***

32- ARRESTATION OU DÉTENTION ILLÉGALE, OU SÉQUESTRATION

□ ***Élément légal*** :

- **A** : art. 341, al. 1 du CP ;
- **B** : art. 341, al. 1 et 343 du CP ;
- **C** : art. 341, al. 1 et 342 du CP ;
- **D** : art. 341, al. 1 et 344-1° et 2° du CP ;
- **E** : art. 341, al. 1 et 344 du CP.

  - **Teneur du texte** :

Art. 341 du CP *: « Seront punis de la peine des travaux forcés à temps ceux qui, sans ordre des autorités constituées et hors les cas où la loi ordonne de saisir les prévenus, auront arrêté, détenu ou séquestré des personnes quelconques.*

Quiconque aura prêté un lieu pour exécuter la détention ou la séquestration, subira la même peine. (...). »

Art. 342 du CP *: « Si la détention ou séquestration a duré plus d'un mois, la peine sera celle des travaux forcés à perpétuité. »*

Arti. 343 du CP *: « La peine sera réduite à l'emprisonnement de deux ans à cinq ans, si les coupables des délits mentionnés en l'article 341, non encore poursuivis de fait, ont rendu la liberté à la personne arrêtée, séquestrée ou détenue, avant le dixième jour accompli depuis celui de l'arrestation, détention ou séquestration. Ils pourront néanmoins être renvoyés sous la surveillance de la haute police de cinq jusqu'à dix ans. »*

Art. 344 du CP *: « Dans chacun des deux cas suivants :*

1° Si l'arrestation a été exécutée avec un faux costume, sous un faux nom, ou sur un faux ordre de l'autorité publique ;

2° Si l'individu arrêté, détenu ou séquestré, a été menacé de mort ;

Les coupables seront punis des travaux forcés à perpétuité.

Mais la peine sera celle de la mort, si les personnes arrêtées, détenues ou séquestrées, ont été soumises à des tortures corporelles. »

- **Peines principales** :
  - **A** : cinq (05) ans à trente (30) ans des *travaux forcés* (c'est un **crime**) ;[114]
  - **B** : deux (02) ans à cinq (05) ans d'emprisonnement (c'est un **délit**) ;
  - **C et D** : travaux forcés à perpétuité (c'est un **crime**) ;
  - **E** : mort (c'est un **crime**).[115]

Compréhension : c'est le fait pour un « particulier » de priver à autrui la liberté de se mouvoir, sans avoir reçu l'ordre des autorités constituées et hors les cas prévus par la loi.

Attention : si cet acte a été commis par un fonctionnaire, agent ou préposé du gouvernement, *voir **Atteinte à la liberté***.

Culpabilité :

- ***Élément matériel*** :
  - Le présumé auteur doit avoir :
    - soit arrêté,[116]
    - soit détenu,[117]
    - soit séquestré[118] un être humain.
  - Il doit l'avoir fait sans ordre des autorités constituées et hors des cas prévus par la loi
- ***Élément moral*** : il doit avoir agi de mauvaise foi (volontairement). Le présumé auteur doit avoir agi avec la conscience de poser un acte illégal.

« Atténuation ou aggravation de la peine » :

- **A** : si l'arrestation, la détention ou la séquestration a duré moins d'un mois, et si, avant d'être poursuivi, l'auteur des faits n'avait pas encore rendu la liberté à la victime avant le 10ème jour depuis cet acte de privation de liberté (***voir peines A***) ;
- **B** : si l'auteur, *avant d'être poursuivi*, a rendu la liberté à la victime avant le 10ème jour de l'arrestation, de la détention ou de la séquestration (***voir peines B***) ;
- **C** : si l'arrestation, la détention ou la séquestration a duré plus d'un mois (***voir peines C et D***) ;

---

[114] Art. 19 du CP.

[115] Cette peine est abolie (cf. art. 8, al. 4 de la Constitution congolaise du 25 octobre 2015) ; voir *Assassinat*, pour lire le petit détail sur la peine de mort en République du Congo.

[116] Il s'agit de « l'appréhension » de la personne, la privant ainsi de la possibilité de se « mouvoir ».

[117] La détention est la « rétention » de la personne, privée de liberté d'aller et venir, dans une maison de correction (cf. Antoine-Georges BLANCHE, *op. cit.*, p. 268).

[118] Il y a séquestration quand la personne privée de liberté de se mouvoir est « maintenue » dans un lieu privé autre que la maison de correction. Ça peut être dans son propre domicile ou celui d'autrui (*loc. cit.*).

- **D** : si le coupable a exécuté cette arrestation, détention ou séquestration avec un *faux costume*[119], sous un *faux nom* ou sur un *faux ordre* de l'autorité publique,[120] ou si la victime a été menacée de mort (***voir peines C et D***) ;
- **E** : si la victime a été soumise à des tortures corporelles (***voir peine E***).

33- ASSASSINAT[121]

- ***Élément légal*** : articles 296 et 302, alinéa 1 du Code pénal.
  - **Teneur du texte** :

Art. 296 du CP *: « Tout meurtre commis avec préméditation ou guet-apens est qualifié assassinat. »* ***Art. 302 du CP*** *: « (L. 21/11/1901-D. appl. 16/9/1922 AGG prom.15/11/1922 –JOAEF 1923 p. 512).* *Tout coupable d'assassinat, de parricide, et d'empoisonnement, sera puni de mort, sans préjudice de la disposition particulière contenue en l'article 13, relativement au parricide. (...). »*

  - **Peine principale :** mort (c'est un **crime**).[122]

---

[119] On peut envisager le cas de celui qui porte l'uniforme de la « police militaire » pour faire croire à autrui qu'il agit au nom de la loi.

[120] On peut envisager le cas de celui qui prend le nom d'une autorité publique pour se passer pour celle-ci, ou celui qui présente un faux ordre de mission afin de commettre en toute quiétude son forfait.

[121] C'est un meurtre aggravé (par la préméditation ou le guet-apens) qui fait de ce délit un crime d'assassinat.

[122] Cette peine est abolie (cf. art. 8, al. 4 de la Constitution congolaise du 25 octobre 2015, publiée le 06 novembre 2015, JORC, éd. spéciale n°8, p. 4).
Que devient alors la prévention si la répression est supprimée ? S'agit-il d'une dépénalisation ? Suivant le principe de légalité des infractions, c'est la loi qui énonce le comportement interdit et en détermine la sanction. Ce qui est de la logique que dès que la sanction disparait, l'infraction disparait.
Cependant, si l'on faisait l'analyse exégétique des textes abrogatoires de la peine de mort, l'on s'apercevrait que l'intention du constituant ne serait pas de dépénaliser les infractions punies de mort. Elle serait certainement de faire place à des sanctions moins sévères que la mort. Dans ces conditions, une loi devrait intervenir sans tarder, pour éviter toute incertitude. En France par exemple, en 1981, après avoir obtenu l'abolition de la peine de mort, toutes les dispositions légales qui se rapportaient à cette peine étaient remplacées par celles des travaux forcés à perpétuité ou à temps, selon qu'il s'agissait d'une infraction de droit commun ou d'une infraction politique (cf. art. 1 et 3 de la loi n° 81-908 du 09 octobre 1981 portant abolition de la peine de mort, publiée le 10 octobre 1981, JO. p. 2759).
Pour l'heure, face aux faits qui faisaient encourir la mort, les techniques de disqualification et de leur requalification ne devraient-elles pas être entreprises dans le souci de régler cette difficulté ?

Compréhension : c'est le fait pour une personne, en toute conscience et avec prédisposition, d'ôter volontairement la vie à autrui.

Attention : si la victime meurt alors même que l'auteur n'avait pas l'intention de lui donner la mort, *voir **Homicide involontaire***.

Si la mort de la victime n'a pas été involontaire et n'a pas été projetée ou "préparée", *voir **Homicide volontaire*** ou ***Meurtre***.

Culpabilité :

- ***Élément matériel*** : le présumé auteur doit avoir ôté la vie à autrui (il doit avoir tué un être humain).
- ***Élément moral*** : il doit l'avoir fait avec *préméditation*[123] ou *guet-apens*[124]. En effet, le présumé auteur doit avoir projeté et voulu la mort de la victime.

34- ASSOCIATION DE MALFAITEURS

- ***Élément légal*** :
- **A** : art. 265, 266 et 267 du CP ;
- **B** : art. 265, 266 et 268 du CP.
  - **Teneur du texte** :

> ***Art. 265 du CP*** *: « Toute association de malfaiteurs envers les personnes ou les propriétés est un crime contre la paix publique. »*
>
> ***Art. 266 du CP*** *: « Ce crime existe par le seul fait d'organisation de bandes ou de correspondance entre elles et leurs chefs ou commandants, ou de conventions tendant à prendre compte ou à faire distribution ou partage du produit des méfaits. »*
>
> ***Art. 267 du CP*** *: « Quand ce crime n'aurait été accompagné ni suivi d'aucun autre, les auteurs, directeurs de l'association, et les commandants en chef ou en sous-ordre de ces bandes, seront punis des travaux forcés à temps. »*
>
> ***Art. 268 du CP*** *: « Seront punis de la réclusion, tous autres individus chargés d'un service quelconque de ces bandes, et ceux qui auront sciemment et volontairement fourni aux bandes ou à leurs divisions des armes, munitions, instruments de crime, logement, retraite ou lieu de réunion. »*

---

[123] La préméditation est définie comme : « le dessein formé avant l'action d'attenter à la personne d'un individu déterminé, ou même de celui qui sera trouvé ou rencontré, quand même ce dessein serait dépendant de quelque circonstance ou de quelque condition » (cf. art. 297 du CP, précité).

[124] « Le guet-apens consiste à attendre plus ou moins de temps, dans un ou divers lieux, un individu, soit pour lui donner la mort, soit pour exercer sur lui des actes de violence » (art. 298 du CP, précité).

o **Peines principales** :

- **A** : cinq (05) ans à trente (30) ans des *travaux forcés* (c'est un **crime**) ;[125]
- **B** : cinq (05) ans à dix (10) ans de *réclusion.*[126]

Compréhension : c'est le fait pour une personne d'appartenir ou d'être membre d'une bande organisée dont le but est de commettre des infractions ou d'en tirer profit.

Culpabilité :

 Élément matériel :

o Le présumé auteur doit avoir composé une *bande organisée* ou participé à une entente établie en vue du partage du butin (le produit des infractions ou méfaits) ;[127]

o cette organisation ou entente doit avoir pour but de se livrer aux actes attentatoires aux personnes ou aux biens.[128]

 Élément moral : le présumé auteur doit avoir adhéré, en connaissance de cause, à cette organisation ou entente. Il doit donc avoir agi avec une intention coupable.

« Atténuation et aggravation de la peine » :

- **A** : s'il s'agit d'un auteur, directeur de l'association ou commandant en chef ou en sous-ordre de cette association, ***voir peines A*** *;*
- **B** : s'il s'agit d'un membre de cette association, ***voir peine B*** *;*
- **C** : si cet individu a plutôt fourni, en connaissance de cause, des armes, minutions ou un lieu de retraite aux malfaiteurs, ***voir peine C.***

35- ATTENTAT À LA PUDEUR SANS VIOLENCE SUR MINEUR

 Élément légal :

- **A** : 331, al. 1 du CP ;
- **B** : 331, al. 2 et 1 du CP ;
- **C** : art. 333 et 331, al. 1 du CP.

[125] Art. 19 du CP.

[126] Art. 21, al. 2 du CP.

[127] Le « premier » élément de cette infraction est « l'existence d'une association ».

[128] La qualité de malfaiteur ne résulte pas des antécédents judiciaires ou de ce que quelques individus se soient retrouvés « fortuitement » en un lieu pour commettre leur forfait. Cette qualité résulte de l'entente établie en vue de commettre des infractions ou d'en distribuer les produits (cf. Faustin HELIE et Chauveau Adolphe, *Théorie du Code pénal*, 5ème éd., Tome V, [en ligne] Paris, 1852, p. 258. Disponible sur Gallica : http : //gallica.bnf.fr/ ; Joseph Édouard BOITARD et Faustin HELIE, *Leçons de Droit criminel, contenant l'explication complète des Codes pénal et d'instruction criminelle*, 11e éd., [en ligne] Paris, 1876, p. 318. Disponible sur Gallica : http : //gallica.bnf.fr/).

- **Teneur du texte** :

***Art. 331 du CP** : « (D. 47-2248 du 19/11/1947- AGG prom. 3245 du 5/12/1947- JOAEF1947 p. 1611).* *Tout attentat à la pudeur, consommé ou tenté sans violence sur la personne d'un enfant de l'un ou de l'autre sexe, âgé de moins de treize ans, sera puni de la réclusion.* *Sera puni de la même peine, l'attentat à la pudeur commis par tout ascendant sur la personne d'un mineur, même âgé de plus de treize ans, mais non émancipé par le mariage. Sans préjudice des peines plus graves prévues par les alinéas qui précèdent ou par les articles 332 et 333 du présent code, sera puni d'un emprisonnement de six mois à trois ans et d'une amende de 4.000 francs à 1.000.000 de francs, quiconque aura commis un acte impudique ou contre nature, avec un individu de son sexe, mineur de vingt et un ans.»* ***Art. 333 du CP** : « Si les coupables sont les ascendants de la personne sur laquelle a été commis l'attentat, s'ils sont de la classe de ceux qui ont autorité sur elle, s'ils sont ses instituteurs ou ses serviteurs à gages, ou serviteurs à gages des personnes ci-dessus désignées s'ils sont fonctionnaires ou ministres d'un culte, ou si le coupable, quel qu'il soit, a été aidé dans son crime par une ou plusieurs personnes, la peine sera celle des travaux forcés à temps, dans le cas prévu par le paragraphe premier de l'article 331(...). »*

- **Peines principales** :
- **A** et **B** : cinq (05) ans à dix (10) ans de *réclusion* (c'est un **crime**) ;[129]
- **C** : cinq (05) ans à trente (30) ans des *travaux forcés* (c'est un **crime**).[130]

Compréhension : c'est le fait pour une personne de commettre un acte impudique sur la personne d'un enfant.

Attention : s'il y a eu emploi de la violence, voir ***Attentat à la pudeur avec violence***.

L'attentat à la pudeur exclut toute pénétration sexuelle.

Dans les cas où il y a « conjonction sexuelle » « illicite », sur la personne d'une enfant, *voir **Viol.***

En cas de « conjonction sexuelle » « consensuelle », sur une mineure, voir ***Pratique pédophile***.

[129] Art. 21, al. 2 du CP.
[130] Art. 19 du CP.

S'il y a eu atteinte, publiquement, aux bonnes mœurs sans atteindre directement l'intégrité physique d'une personne déterminée, *voir* ***Outrage public à la pudeur***.

Culpabilité :

- ***Élément matériel*** :
  - Le présumé auteur doit avoir commis tout acte impudique ou obscène (ou à caractère sexuel) sur la personne d'une enfant ;[131]
  - il doit l'avoir fait sans violence, menace, contrainte ou surprise ;
  - il doit l'avoir fait dans un *lieu public* ou dans un *lieu non ouvert au public*.
- ***Élément moral*** : il doit avoir agi en connaissance de cause (avec intention coupable).

« Atténuation et aggravation de la peine » :

- **A** : si cet acte a été commis sur la personne d'un enfant de moins de 13 ans, ***voir peines A*** *;*
- **B** : si cet acte a été commis, sans violence, par un ascendant sur la personne d'un mineur âgé de plus de 13 ans, mais non émancipé par le mariage, ***voir peines B*** *;*
- **C** : si cet acte a été commis sur un mineur de moins de 13 ans par un ascendant ou toute personne qui a autorité sur lui : son instituteur ou son serviteur à gages, ou les serviteurs à gages des personnes qui ont autorité sur l'enfant en cause ; si le coupable est un fonctionnaire ou un ministre de culte, ou si le coupable, quel qu'il soit, s'est fait aider dans son crime (***voir peine D***).

36- ATTENTAT À LA PUDEUR AVEC VIOLENCE

- ***Élément légal*** :
- **A** : art. 332, al. 1 du CP ;
- **B** : art. 332, al. 2 du CP ;
- **C** : art. 332 du CP, *113,*[132] *67 et 121* de la loi n° 4-2010 du 14 juin 2010 *portant protection de l'enfant en République du Congo*[133] ;
- **D** : art. 332, al. 2 et 333 du CP, et 113 de la loi n° 4-2010 du 14 juin 2010 portant protection de l'enfant en République du Congo.

[131] Il en serait le cas d'une personne qui relève « la juge » d'un mineur et caresse ses cuisses ; de même que celui qui l'embrasse sur la bouche en passant ses mains sur ses fesses (cf. Jean PRADEL et Michel DANTI-JUAN, *op. cit.*, p. 428).

[132] « Quiconque aura commis un outrage public, un attentat à la pudeur ou un viol en la présence ou sur la personne de l'enfant sera puni conformément aux dispositions du Code pénal régissant ces infractions » (art. 113 de L. 14/06/2010)

[133] Voir *Pratique pédophile,* pour le contenu de ce texte.

o **Teneur du texte** :

Art. 332 du CP *: « (...). Quiconque aura commis un attentat à la pudeur, consommé ou tenté, avec violence contre des individus de l'un ou l'autre sexe, sera puni de la réclusion.* *47-2248 du 19/11/1947). Si le crime a été commis sur la personne d'un enfant au-dessous de l'âge de treize ans accomplis, le coupable subira la peine des travaux forcés à temps. »* ***Art. 333 du CP*** *: « Si les coupables sont les ascendants de la personne sur laquelle a été commis l'attentat, s'ils sont de la classe de ceux qui ont autorité sur elle, s'ils sont ses instituteurs ou ses serviteurs à gages, ou serviteurs à gages des personnes ci-dessus désignées s'ils sont fonctionnaires ou ministres d'un culte, ou si le coupable, quel qu'il soit, a été aidé dans son crime par une ou plusieurs personnes, la peine sera celle (...) des travaux forcés à perpétuité dans les cas prévus par l'article précédent. »*

o **Peines principales** :

- **A** : cinq (05) ans à dix (10) ans de *réclusion* (c'est un **crime**) ;[134]
- **B** : cinq (05) ans à trente (30) ans des *travaux forcés* (c'est un **crime**) ;[135]
- **C :** trois (03) ans à cinq (05) ans d'emprisonnement et 1.000.000 F CFA à 10.000.000 F CFA d'amende (c'est un **délit**) ;[136]
- **D** : travaux forcés à perpétuité (c'est un **crime**).

Compréhension : c'est le fait pour une personne de commettre ou tenter de commettre, en employant la violence, un acte à caractère sexuel sur le corps d'autrui.

Attention : s'il y a eu « pénétration par le sexe dans le sexe » de la victime, sans son consentement, *voir **Viol.***

S'il y a eu pénétration sexuelle consensuelle, de quelque nature que ce soit, sur un enfant de plus de 12 ans, voir ***Pratique pédophile.***

Culpabilité :

 Élément matériel :

o Le présumé auteur doit avoir commis ou tenté de commettre un acte à caractère sexuel sur la personne d'autrui ;

---

134 Art. 21, al. 2 du CP.

135 Art. 19 du CP.

136 La « loi Potignon » renvoie aux dispositions du Code pénal en cas d'attentat à la pudeur sur mineur (cf. art. 113). Cependant, il convient de relever que l'attentat à la pudeur avec violence constitue en réalité une agression sexuelle (cf. Gérard CORNU, *op. cit.*, p. 955). Dans ces conditions, ne serait-il pas logique de faire application des dispositions relatives à l'agression sexuelle, consignées en les articles 67 et 121 de la loi n° 4-2010 du 14 juin 2010 portant protection de l'enfant en République du Congo, se rapportant ainsi à la pratique pédophile ?

- o il doit l'avoir fait avec violence.[137]

 Élément moral : il doit avoir agi en connaissance de ce qu'il pose un acte obscène contre la volonté de sa victime.

« Atténuation et aggravation de la peine » :

- **A** : si la victime est âgée de plus de 18 ans (un majeur), ***voir peines A*** ;
- **B** : si cet acte a été commis sur un enfant âgé de moins de 13 ans, ***voir peines B*** ;
- **C** : si la victime des faits est un enfant âgé de plus de 13 ans, ***voir peine C*** ;
- **D** : si cet acte a été commis par les ascendants, toute personne qui a autorité sur l'enfant, ses instituteurs ou serviteurs à gages, ou les serviteurs à gages des personnes qui ont autorité sur l'enfant, ou si le coupable est un fonctionnaire ou ministre du culte, ou si le coupable, quel qu'il soit, s'est fait aider dans son crime (***voir peine D***).

37- ATTEINTE À LA LIBERTÉ SYNDICALE

 Élément légal :

A, **B** et **C** : article 256 de la loi n° 6-96 du Code du travail République du Congo.

- o **Teneur du texte** :

> ***Art. 256 (Loi n° 6-96)*** : *« Seront punis d'une amende de 150.000 FCFA à 400.000 FCFA et en cas de récidive d'une amende de 300.000 FCFA à 600.000 FCFA quiconque aura porté ou tenté de porter atteinte soit à la libre désignation des membres du bureau syndical, soit à l'exercice régulier de leurs fonctions. »*

- o **Peines principales** :

- **A** : 150.000 F CFA à 400.000 F CFA d'amende (c'est un **délit**).
- **B** : 300.000 F CFA à 600.000 F CFA d'amende (c'est un **délit**).
- **C** : vingt (20) jours d'emprisonnement (c'est un **délit**).

Compréhension : c'est le fait pour une personne de porter ou de tenter de porter atteinte à la libre désignation des membres du bureau syndical ou à l'exercice régulier de leurs fonctions.

[137] Il en serait ainsi de celui qui attrape, de force, les mains d'une fille de plus de 13 ans et suce ses seins.

Culpabilité :

 Élément matériel : le présumé auteur doit avoir fait ou tenté de faire obstacle soit à la libre désignation des membres du bureau syndical, soit à l'exercice régulier de leurs fonctions.

 Élément moral : il doit avoir agi volontairement (en connaissance de cause).

« Atténuation et aggravation de la peine » :

- **A** : si l'auteur n'a pas récidivé, ***voir peine A*** ;
- **B** : en cas de récidive, ***voir peine B*** ;
- **C** : en cas de deuxième récidive, ***voir peine C***.

38- ATTEINTE À LA LIBERTÉ OU VIOLATION DES DROITS CIVIQUES

 Élément légal : article 114 du Code pénal.

- **Teneur du texte** :

> ***Art. 114 du CP*** : *« Lorsqu'un fonctionnaire public, un agent ou un préposé du Gouvernement, aura ordonné ou fait quelque acte arbitraire ou attentatoire, soit à la liberté individuelle, soit aux droits civiques d'un ou de plusieurs citoyens, soit à la charte (à la Constitution), il sera condamné à la peine de la dégradation civique.*
>
> *Si néanmoins il justifie qu'il a agi par ordre de ses supérieurs pour des objets du ressort de ceux-ci, sur lesquels il leur était dû obéissance hiérarchique, il sera exempt de la peine, laquelle sera, dans ce cas, appliquée seulement aux supérieurs qui auront donné l'ordre. »*

- **Peine principale** : dégradation civique (c'est un **crime**).

Compréhension : c'est le fait pour un fonctionnaire public, un agent ou préposé du gouvernement de priver arbitrairement la liberté à autrui, ou de violer ses droits civiques[138].

Culpabilité :

 Le présumé auteur doit avoir été soit un fonctionnaire public, soit un agent ou préposé du gouvernement.

 Élément matériel :

- Il doit avoir :
  - soit ordonné ou commis lui-même un acte attentatoire à la liberté d'autrui ;[139]

[138] Droit de vote, par exemple.

[139] Tel serait le cas d'un agent de police qui, par jalousie, ordonne à son subalterne d'arrêter une personne, en dehors des cas prévus par la loi.

- soit fait obstacle au libre exercice des droits civiques d'autrui.
  - Il doit avoir agi sans ordres des autorités compétentes et en dehors des cas prévus par la loi.[140]

- ***Élément moral*** : il doit avoir agi volontairement (avec intention de nuire).

39- AVORTEMENT

- ***Élément légal*** :

- **A** : art. 317, al. 1 du CP ;
- **B** : art. 317, al. 2 du CP ;
- **C** : art. 317, al. 3 du CP ;
- **D** : art. 317, al. 4 et 1 du CP ;
- **E** : art. 317, al. 4 et 2 du CP.

  - **Teneur du texte** :

> ***Art. 317 du CP*** *: « (D. 19/11/47 - AGG prom. 3245 du 5/12/1947 JOAEF 47, p. 1611). Quiconque, par aliments, breuvages, médicaments, manœuvres, violences ou par tout autre moyen aura procuré ou tenté de procurer l'avortement d'une femme enceinte ou supposée enceinte, qu'elle ait consenti ou non, sera puni d'un emprisonnement d'un an à cinq ans et d'une amende de 120.000 francs à 2.400.000 francs.*
>
> *L'emprisonnement sera de cinq ans à dix ans et l'amende de 1.200.000 francs à 4.800.000, s'il est établi que le coupable s'est livré habituellement aux actes visés au paragraphe précédent.*
>
> *Sera punie d'un emprisonnement de six mois à deux ans et d'une amende de 24.000 à 480.000 francs, la femme qui se sera procuré l'avortement a elle-même ou aura tenté de se le procurer, ou qui aura consenti à faire usage des moyens à elle indiqués ou administrés à cet effet.*
>
> *Les médecins, officiers de santé, sages-femmes, chirurgiens-dentistes, pharmaciens, ainsi que les étudiants en médecine, étudiants ou employés en pharmacie, herboristes, bandagistes, marchands d'instruments de chirurgie, infirmiers, infirmières, masseurs, masseuses, qui auront indiqué, favorisé ou pratiqué les moyens de procurer l'avortement, seront condamnés aux peines prévues aux paragraphes 1er et second du présent article. La suspension pendant cinq ans au moins ou l'incapacité absolue de l'exercice de leur profession seront, en outre, prononcées contre les coupables. (...).»*

  - **Peines principales** :

- **A et D** : un (01) an à cinq (05) ans d'emprisonnement et 120.000 F CFA à 2 400.000 F CFA d'amende (c'est un **délit**) ;
- **B** et **E** : cinq (05) ans à dix (10) ans d'emprisonnement et 1.200.000 F CFA à 4.800.000 F CFA d'amende (c'est un **délit**) ;

---

[140] Faustin HELIE, *op. cit.*, p. 128.

- **C** : six (06) mois à deux (02) ans d'emprisonnement et 24.000 F CFA à 480.000 F CFA d'amende (c'est un **délit**).

Compréhension : c'est le fait pour une personne de t*enter* de faire avorter[141] ou de *faire avorter* une femme enceinte ou supposée enceinte, en usant des aliments, breuvages, médicaments, manœuvres, violences ou d'autres moyens.

Attention : si les produits administrés sont nuisibles à la santé, voir ***Administration de substances nuisibles à la santé.***

Culpabilité :

- ***Élément matériel*** :
  - Le présumé auteur doit avoir fait ou tenter de faire avorter une *femme enceinte* ou *supposée* enceinte ;
  - il doit y avoir procédé en faisant usage soit d'aliments, de breuvages ou de médicaments, soit des manœuvres, violences ou tout autre moyen.
- ***Élément moral*** : il doit avoir agi avec la conscience de provoquer « l'expulsion avant terme du fœtus ou de l'embryon » que portait ou aurait porté la femme en cause.

« Atténuation et aggravation de la peine » :

- **A** : si le coupable ne s'est pas habituellement livré à ces actes, ***voir peines A*** *;*
- **B** : si le coupable se livre habituellement à ces actes, ***voir peines B*** *;*
- **C** : si la femme a consenti à l'usage des moyens à elle indiqués ou administrés à cet effet, elle sera également punie (***voir peines C)*** *;*
- **D** : si l'auteur des faits est un médecin, officier de santé, une sage-femme, un chirurgien-dentiste, pharmacien, étudiant en médecine, étudiant ou employé en pharmacie, herboriste, bandagiste, marchand d'instruments de chirurgie, infirmier, une infirmière, un masseur ou une masseuse, et si ces actes n'ont pas été commis habituellement, ***voir peine D*** *;*
- **E** : si l'auteur des faits est un médecin, officier de santé, une sage-femme, un chirurgien-dentiste, pharmacien, étudiant en médecine, étudiant ou employé en pharmacie, herboriste, bandagiste, marchand d'instruments de chirurgie, infirmier, une infirmière, un masseur ou une masseuse, et si ces actes ont été habituellement commis, ***voir peine E.***

40- AVORTEMENT SUIVI D'INFIRMITÉS

- ***Élément légal*** : articles 317, alinéa 1 et 309, alinéa 3 du Code pénal.

[141] Provoquer l'expulsion du fœtus ou de l'embryon avant son terme de viabilité (cf. Le Grand Robert de la langue française, version électronique).

- **Teneur du texte** :

> ***Art. 317 du CP*** *: « (D. 19/11/47 - AGG prom. 3245 du 5/12/1947 JOAEF 47, p. 1611). Quiconque, par aliments, breuvages, médicaments, manœuvres, violences ou par tout autre moyen aura procuré tenté de procurer l'avortement d'une femme enceinte ou supposée enceinte, qu'elle ait consenti ou non, sera puni d'un emprisonnement d'un an à cinq ans et d'une amende de 120.000 francs à 2.400.000 francs. (...). »*
>
> ***Art. 309 du CP*** *: « (...) ; Quand les violences ci-dessus exprimées auront été suivies de mutilation, amputation ou privation de l'usage d'un membre, cécité, perte d'un œil, ou autres infirmités permanentes, le coupable sera puni de la réclusion. (...). »*

- **Peine principale** : cinq (05) ans à dix (10) ans de *réclusion* (c'est un **crime**).[142]

Compréhension : c'est le fait pour une personne de causer une infirmité permanente à une femme enceinte ou supposée enceinte, en lui provoquant l'avortement[143] ou en voulant le lui provoquer par manœuvres, violences ou autre moyen.

Culpabilité :

- ***Élément matériel*** :
  - Le présumé auteur doit avoir fait ou tenté de faire avorter une femme enceinte ou supposée enceinte ;
  - il doit y avoir procédé par l'usage soit des manœuvres, soit des violences, soit de tout autre moyen (tels les coups et blessures) ;
  - ces procédés doivent avoir entrainé une infirmité permanente à la victime (la femme en cause).

- ***Élément moral*** : ici, l'agent pénal n'a pas l'intention de causer une infirmité à la victime, mais a plutôt conscience de lui provoquer l'avortement. L'infirmité permanente de la victime doit donc être imputée aux moyens de l'avortement employé par l'auteur présumé.

41- AVORTEMENT SUIVI DE MORT

- ***Élément légal*** : articles 317, alinéa 1 et 309, alinéa 4 du Code pénal.

- **Teneur du texte** :

> ***Art. 317 du CP*** *: « (D. 19/11/47 - AGG prom. 3245 du 5/12/1947 JOAEF 47, p. 1611). Quiconque, par aliments, breuvages, médicaments, manœuvres, violences ou par tout autre moyen aura procuré tenté de procurer*

[142] Art. 21, al. 2 du CP.

[143] Provoquer l'expulsion du fœtus ou l'embryon avant son terme de viabilité (cf. Le Grand Robert de la langue française, version électronique).

l'avortement d'une femme enceinte ou supposée enceinte, qu'elle ait consenti ou non, sera puni d'un emprisonnement d'un an à cinq ans et d'une amende de 120.000 francs à 2.400.000 francs. (...). »

***Art. 309 du CP** : « (...). Si les coups portés ou les blessures faites volontairement sans intention de donner la mort, l'ont pourtant occasionnée, le coupable sera puni de la peine des travaux forcés à temps. »*

- **Peine principale** : cinq (05) ans à trente (30) ans des *travaux forcés* (c'est un **crime**).[144]

Compréhension : c'est le fait pour une personne de causer la mort à une femme enceinte ou supposée enceinte, en voulant lui provoquer l'avortement[145] par usage des manœuvres, violences ou autre moyen.

Culpabilité :

 Élément matériel :
- Le présumé auteur doit avoir fait ou tenté de faire avorter une femme enceinte ou supposée enceinte ;
- il doit y avoir procédé en faisant usage soit des manœuvres, violences ou de tout autre moyen (tels les coups ou blessures) ;
- la victime doit être décédée des suites de cette opération.

 Élément moral : ici, l'agent pénal n'a pas l'intention de causer la mort à la victime, mais a plutôt conscience de lui provoquer l'avortement à l'occasion duquel celle-ci a malheureusement succombé. La mort de la victime doit résulter de la faute de l'auteur présumé des faits d'avortement.

---

[144] Art. 19 du CP.

[145] Provoquer l'expulsion du fœtus ou de l'embryon avant son terme de viabilité (cf. Le Grand Robert de la langue française, version électronique).

B

42- BIGAMIE

 Élément légal : articles 135, alinéa 1 du Code des personnes et de la famille, et 340, alinéas 1 et 4 du Code pénal.

- **Teneur du texte** :

> ***Art. 340 du CP*** : *« L. 17/2/1933. D. appl. 21/11/1933-AGG prom. 14/1/34-JOAEF 34 p. 95 et 98). Quiconque étant engagé dans les liens du mariage en aura contracté un autre avant la dissolution du précédent, sera puni d'un emprisonnement de six mois à trois ans et d'une amende de 120.000 francs à 1.200.000 francs. (...).*
>
> *Toutefois, en cas de mariage célébré selon la coutume locale, les dispositions du présent article ne sont pas applicables au citoyen ayant conservé son statut particulier. Cependant quiconque aura contracté mariage selon les règles du droit civil avant la dissolution des unions célébrées selon la coutume, sera puni des peines prévues au présent article. »*

- **Peines principales** : six (06) mois à trois (03) ans d'emprisonnement et 120.000 F CFA à 1.200.000 F CFA d'amende (c'est un **délit**).

Compréhension : c'est le fait, pour une personne mariée à l'état civil sous le régime monogamique, de contracter un second mariage sans dissoudre le premier, ou pour celui qui est marié selon la coutume (cas de la dot et du pré-mariage) de contracter mariage civil avec une autre personne sans dissoudre au préalable son mariage coutumier.

Rappel : il convient de relever que l'officier d'état civil qui aura, sciemment, célébré cette nouvelle union encourra les mêmes peines.[146]

Culpabilité :

 Le présumé auteur doit avoir été marié sous le régime monogamique ou marié selon la coutume.

 Élément matériel :

- il doit avoir contracté un nouveau mariage ou un mariage civil ;
- ce mariage doit avoir été célébré pendant que le précédent n'avait pas encore été dissous (ou pendant que le mariage coutumier n'avait pas encore été dissous).

---

[146] Cf. art. 340, alinéa 2.
Toutefois, il *semble* qu'il soit nécessaire de prouver qu'il a eu connaissance du précédent lien non dissout. Si l'auteur des faits a pu surprendre l'officier d'état civil, l'on voit mal comment appliquer cette rigueur à ce dernier.

 Élément moral : il doit l'avoir fait en connaissance de cause (de mauvaise foi).[147]

43- BLESSURES INVOLONTAIRES

✓ ***Coups et blessures involontaires***.

44- BLESSURES VOLONTAIRES

✓ *Voir* ***Coups et blessures volontaires***.

45- BLESSURES VOLONTAIRES À ENFANT[148]

 Élément légal :

- **A** : art. 312, al. 1 du CP ;
- **B** : art. 312, al. 1 et 2 du CP ;
- **C et D** : art. 312, al. 1 et 3 du CP ;
- **E** : art. 312, al. 4 du CP.

o **Teneur du texte** :

Art. 312 du CP *: « (...). (L. 19/4/1898 D. appl. 20/11/1908 — AGG prom. 29/1/1090 JOAEF 1909 p. 38). Quiconque aura volontairement fait des blessures (...) à un enfant au-dessous de l'âge de quinze ans accomplis (...), sera puni d'un emprisonnement d'un an à trois ans et d'une amende de 4.000 francs à 240.000 francs.*

S'il est résulté des blessures (...), une maladie ou une incapacité de travail de plus de vingt jours, ou s'il y a eu préméditation ou guet-apens, la peine sera de deux à cinq ans d'emprisonnement et de 4.000 francs à 480.000 francs d'amende, et le coupable pourra être privé des droits mentionnés en l'article 42 du présent code, pendant cinq ans au moins et dix ans au plus, à compter du jour où il aura subi sa peine.

Si les coupables sont les père et mère légitimes, naturels ou adoptifs ou autres ascendants légitimes, ou toutes autres personnes ayant autorité sur l'enfant ou ayant sa garde, les peines seront celles portées au paragraphe précédent, s'il n'y a eu ni maladie ou incapacité de travail de plus de vingt jours, ni préméditation ou guet-apens, et celle de la réclusion dans le cas contraire.

Si les blessures, (...), ont été suivis de mutilation, d'amputation ou de privation de l'usage d'un membre, de cécité, perte d'un œil ou autres

---

[147] Il doit avoir agi avec la conscience que son premier mariage n'était pas encore dissous, pendant qu'il contractait le second.

[148] Les dispositions du Code pénal, relatives aux *Coups volontaires à enfant*, sont abrogées par la loi n° 4-2010 du 14 juin 2010 portant protection de l'enfant en République du Congo (art. 112 et 131).

infirmités permanentes, ou s'ils ont occasionné la mort sans intention de la donner, la peine sera celle des travaux forcés à perpétuité. (...). »

- **Peines principales** :

- **A** : un (01) an à trois (03) ans d'emprisonnement et 4.000 F CFA à 240.000 F CFA d'amende (c'est un **délit**) ;
- **B et C** : deux (02) ans à cinq (05) ans d'emprisonnement et 4.000 F CFA à 480.000 F CFA d'amende (c'est un **délit**) ;
- **D** : cinq (05) ans à dix (10) ans de *réclusion* (c'est un **crime**) ;[149]
- **E** : travaux forcés à perpétuité (c'est un **crime**).

Compréhension : c'est le fait pour toute personne de faire volontairement des blessures à un enfant qui n'a pas encore atteint l'âge de quinze (15) ans.

Attention : si un mineur, de 15 ans ou plus, a été victime des coups, *voir* ***Coups à enfant***.

Culpabilité :

□ L'enfant victime doit avoir été âgé de moins de 15 ans.

□ ***Élément matériel*** : le présumé auteur doit avoir fait des blessures à cet enfant.[150]

□ ***Élément moral*** : il doit l'avoir fait volontairement (en connaissance de cause).

« Atténuation et aggravation de la peine » :

- **A** : s'il n'est résulté de ces blessures, aucune maladie ou incapacité de travail de plus de vingt (20) jours, ou s'il n'y a eu ni préméditation ou guet-apens, ***voir peines A*** ;
- **B** : s'il résulte de ces blessures, une maladie ou une incapacité de travail de plus de vingt (20) jours, ou s'il y a eu préméditation ou guet-apens, ***voir peines B*** ;
- **C** : si les coupables sont les père et mère légitimes, naturels ou adoptifs ou autres ascendants légitimes, ou toutes autres personnes ayant autorité sur l'enfant ou ayant sa garde, et s'il y a eu maladie ou incapacité de travail de plus de vingt (20) jours, ou préméditation ou guet-apens, ***voir peines C*** ;
- **D** : si les coupables sont les père et mère légitimes, naturels ou adoptifs ou autres ascendants légitimes, ou toutes autres personnes ayant autorité sur l'enfant ou ayant sa garde, et s'il n'y a eu ni maladie ou incapacité de travail de plus de vingt jours, ni préméditation ou guet-apens, ***voir peines D*** ;

---

[149] Art. 21, al. 2 du CP.

[150] Tel celui qui renverse de l'eau bouillante sur le corps de l'enfant, lui causant de ce fait des « brûlures » (*voir* ***Coups et blessures volontaires***, pour voir en quoi consistent des blessures).

- E : si les blessures ont été suivies de mutilation, d'amputation ou de privation de l'usage d'un membre, de cécité, perte d'un œil ou autres infirmités permanentes, ou s'ils ont occasionné la mort sans intention de la donner, ***voir peine E***.

46- BRIS DE CLÔTURE

- ***Élément légal*** : article 456 du Code pénal.
  - **Teneur du texte** :

Article 456 du CP : *« Quiconque aura, en tout ou en partie, comblé des fossés, détruit des clôtures, de quelques matériaux qu'elles soient faites, coupé ou arraché des haies vives ou séchées ; (...) sera puni d'un emprisonnement qui ne pourra être au-dessous d'un mois ni excéder une année, et d'une amende égale au quart des restitutions et des dommages-intérêts qui, dans aucun cas, ne pourra être au-dessous de 12.000 francs. »*

  - **Peines principales** : un (01) mois à un (01) an d'emprisonnement et 12.000 F CFA au moins (jusqu'au quart des restitutions et des dommages-intérêts) d'amende, c'est un **délit**.

Compréhension : c'est le fait pour un individu de détruire, en partie ou en totalité, la clôture de l'immeuble d'autrui, faite en dur ou en tout autre matériau.

Culpabilité :

- ***Élément matériel*** :
  - Le présumé auteur doit avoir détruit (*totalement* ou *partiellement*) la clôture d'un immeuble appartenant à autrui ;
  - la clôture en cause doit avoir été faite de quelque matériau que ce soit.[151]
- ***Élément moral*** : il doit avoir agi de mauvaise foi (volontairement).

47- BRIS DE SCELLÉS (par la négligence du gardien desdits scellés)

- ***Élément légal*** :
- **A** : art. 249 du CP ;
- **B** : art. 249 et 250 du CP.
  - **Teneur du texte** :

Art. 249 du CP : *« Lorsque des scellés apposés, soit par ordre du Gouvernement, soit par suite d'une ordonnance de justice rendue en quelque*

[151] Celui qui force les « *barreaux garnissant la fenêtre* », empêchant l'accès d'une « *maison habitée* », serait poursuivi pour *Bris de clôture* (cf. J. B. DUVERGIER, *Code pénal annoté*, édition de 1832 [en ligne] Paris, 1833, p. 77. Disponible sur Gallica : http : //gallica.bnf.fr/).

matière que ce soit, auront été brisés, les gardiens seront punis, pour simple négligence, de six jours à six mois d'emprisonnement. »

***Art. 250 du CP** : « Si le bris des scellés s'applique à des papiers et effets d'un individu prévenu ou accusé d'un crime emportant la peine de mort, des travaux forcés à perpétuité, ou de la déportation, ou qui soit condamné à l'une de ces peines, le gardien négligent sera puni de six mois à deux ans d'emprisonnement. »*

- **Peines principales** :

- **A** : six (06) jours à six (06) mois d'emprisonnement (c'est un **délit**) ;
- **B** : six (06) mois à deux (02) ans d'emprisonnement (c'est un **délit**).

Compréhension : c'est le fait, pour le gardien d'un objet (« un local ou un document ») protégé, d'occasionner, par sa négligence, la destruction ou l'enlèvement des « bandes ou cachets » apposés sur cet objet, en vue de sa conservation », par une autorité publique compétente ou par suite d'une décision de justice.[152]

Attention : si les scellés sont détruits par le gardien lui-même ou par un particulier, *voir **Bris de scellés** (par leur gardien ou par un particulier).*

Culpabilité :

 La chose, l'objet ou le document en cause doit avoir, au préalable, soit :

- été scellé (e) *par une autorité publique compétente ;*
- été scellé (e) *par suite d'une décision de justice* (« placée sous main de justice »).

 Élément matériel :

- Les scellés en cause doivent avoir été soit détruits, soit enlevés, par une personne qui n'assurait pas leur garde ;
- le gardien desdits scellés (c.-à-d., le présumé auteur des faits) doit avoir manqué d'assurer la « bonne garde » de ces scellés, à cause de sa négligence.

 Élément moral : ces faits doivent être imputables au gardien des scellés, du *fait de sa négligence*. Il n'y a pas intention coupable dans ce cas, mais une faute du gardien dans la garde des scellés.

« Atténuation et aggravation de la peine » :

- **A** : si les scellés n'étaient pas apposés sur les objets ou documents d'un prévenu ou accusé d'un crime emportant la peine des travaux forcés à

[152] Il en est ainsi fait référence à celui qui laisse détruire ou détourner « une chose placée sous main de justice » (cf. Antoine-Georges BLANCHE, *Études pratiques sur le Code pénal*, Quatrième Étude [en ligne] Paris, 1868, p. 246 et 253. Disponible sur Gallica : http : //gallica.bnf.fr/.

perpétuité ou de déportation, ou d'un condamné à l'une de ces peines (***voir peines A***) ;

- **B** : si les scellés étaient apposés sur les objets ou documents d'un prévenu ou accusé d'un crime emportant la peine des travaux forcés à perpétuité ou de déportation, ou d'un condamné à l'une de ces peines (***voir peines B***).

48- BRIS DE SCELLÉS (par leur gardien ou par un particulier)

□ ***Élément légal*** :

- **A** : art. 249[153], 251, al. 1 et 3 et art 250[154] du CP ;
- **B** : art. 249, 251 et 250 du CP.

o **Teneur du texte** :

> ***Art. 251 du CP*** *: « Quiconque aura, à dessein, brisé ou tenté de briser des scellés apposés sur les papiers ou effets de la qualité énoncée en l'article précédent, ou participé au bris des scellés où à la tentative de bris de scellés, sera puni d'un emprisonnement d'un an à trois ans.*
>
> *Si c'est le gardien lui-même qui a brisé les scellés ou participé au bris des scellés, il sera puni d'un emprisonnement de deux à cinq ans.*
>
> *Dans l'un et l'autre cas, le coupable sera condamné à une amende de 12.000 francs à 480.000 francs. Il pourra, en outre, être privé des droits mentionnés en l'article 42 du présent code, pendant cinq ans au moins et dix ans au plus, à compter du jour où il aura subi sa peine ; il pourra aussi être placé, pendant le même nombre d'années, sous la surveillance de la haute police. »*

o **Peines principales** :

- **A** : un (01) an à trois (03) ans d'emprisonnement et 12.000 F CFA à 480.000 F CFA d'amende (c'est un **délit**) ;
- **B** : deux (02) ans à cinq (05) ans d'emprisonnement et 12.000 F CFA à 480.000 F CFA d'amende (c'est un **délit**).

Compréhension : c'est le fait, pour une personne chargée de garder les objets placés « sous main de justice » ou protégés par une autorité publique compétente, ou pour toute autre personne, de détruire ou d'enlever *volontairement* des « bandes ou des cachets » appliqués sur lesdits objets, en vue de leur conservation, par ladite autorité ou à la suite d'une décision de justice.

Attention : s'il y a bris de scellés à cause de la négligence du gardien desdits scellés, *voir* ***Bris des scellés*** *(par la négligence du gardien desdits scellés).*

---

[153] Pour lire l'article 249 du CP, *voir* ***Bris des scellés (par la négligence du gardien desdits scellés).***

[154] *Idem*, pour lire l'article 250 du CP.

Culpabilité :

 La chose, l'objet ou le document en cause doit avoir, au préalable, été soit scellé (e) *par une autorité publique compétente*, soit scellé (e) *par suite d'une décision de justice.*

 Élément matériel : le présumé auteur doit avoir :

- soit détruit, soit enlevé les « bandes ou cachets » appliqués, dans les conditions citées ci-dessus,[155] sur la chose en cause ;
- soit participé à la destruction ou l'enlèvement de ces « bandes ou cachets » (scellés).

 Élément moral : il doit l'avoir fait volontairement (en connaissance de cause).

« Atténuation et aggravation de la peine » :

- **A** : si l'infraction a été commise par un particulier, ***voir peines A*** *;*
- **B** : si l'infraction est commise par le gardien des scellés lui-même, ***voir peines B***.

[155] C.-à-d., par une autorité publique compétente ou par suite d'une décision de justice.

C

49- CAMPAGNE ÉLECTORALE EN DEHORS DE LA DURÉE LÉGALE

✓ *Voir* ***Propagande électorale en dehors de la durée légale.***

50- CAPTAGE[156] « ILLICITE » DES EAUX

□ ***Élément légal*** :

- **A** : articles 11, 76 et 89 de la loi n° 13-2003 du 10 avril 2003 portant Code de l'eau.
- **B** : articles 12, 63 et 89 de la loi n° 13-2003 du 10 avril 2003 portant Code de l'eau.

o **Teneur du texte** :

Art. 89 de L. 10/04/2004 : *« Le fait de capter à titre habituel des eaux du domaine public hydraulique sans être bénéficiaire sur ce site des droits de captage visés aux articles 11 et 12, ou d'en capter des volumes excédant ceux sur lesquels portent les droits de captage est puni d'une peine d'amende de 250 000 à 2 000 000 francs CFA et d'un emprisonnement de 2 à 6 mois, ou de l'une de ces deux peines seulement. »*

o **Peines principales** :

A et B : deux (02) mois à six (06) mois d'emprisonnement et 250.000 F CFA à 2.000.000 F CFA d'amende, ou l'une de ces deux peines seulement (c'est un **délit**).

Compréhension : c'est le fait pour tout individu de prélever ou recueillir irrégulièrement les eaux du *domaine public hydraulique*[157].

Culpabilité :

1er Cas :

➢ **A** :

□ Le présumé auteur ne doit pas être un bénéficiaire du droit de captage des eaux du domaine public hydraulique.

---

[156] On entend par captage d'eau, le « *prélèvement d'eau superficielle ou souterraine en vue d'un usage déterminé* » (art. 1er de la loi n° 13-2003 du 10 avril 2003 portant Code de l'eau).

[157] L'article 6 du Code de l'eau détermine le domaine public hydraulique. En effet, il résulte de son examen que constituent le domaine public hydraulique : « les cours d'eau, lacs, étangs et lagunes, les nappes d'eau souterraine et les sources, tels que définis à l'article 13.2 de la loi n° 52-83 du 21 avril 1983 portant Code domanial et foncier et l'article 5 de la loi n° 23-82 du 7 juillet 1982 portant Code minier ».

- ***Élément matériel*** :
  - il doit avoir capté ou prélevé les eaux du domaine public hydraulique ;
  - il doit l'avoir fait de façon habituelle.
- ***Élément moral*** : il doit avoir agi volontairement. Le présumé auteur doit avoir agi avec la conscience qu'elle n'était pas bénéficiaire, sur ce site, du droit de captage d'eau.

2ème Cas :

- **B** :

- Le présumé auteur doit avoir été un bénéficiaire du droit de captage des eaux du domaine public hydraulique.
- ***Élément matériel*** : il doit avoir capté les eaux du domaine public hydraulique en dépassant les volumes autorisés, conformément au droit de captage de ces eaux.
- ***Élément moral*** : il doit avoir agi volontairement (en connaissance de cause).

51- CÉLÉBRATION DU MARIAGE RELIGIEUX « AVANT » LE MARIAGE CIVIL

- ***Élément légal*** :
- **A** : art. 199 du CP.
- **B** et **C** : art 200 du CP.

  - **Teneur du texte** :

> ***Art. 199 du CP*** : *« (Ord. 4/10/1945 D.appl. 47- 2213 du 19/11/1947-AGG prom. n° 3243 du 5/12/1947 – JOAEF 1947 p. 1609). Tout ministre d'un culte qui procédera aux cérémonies religieuses d'un mariage, sans qu'il ait été justifié d'un acte de mariage préalablement reçu par les officiers de l'Etat civil, sera pour la première fois, puni d'une amende de 4.000 à 30.000 francs. »*
>
> ***Art. 200 du CP*** : *« En cas de nouvelles contraventions de l'espèce exprimée en l'article précédent, le ministre du culte qui les aura commises sera puni, à savoir :*
>
> *- pour la première récidive, d'un emprisonnement de deux à cinq ans ;*
>
> *- et pour la seconde, de la détention. »*

  - **Peines principales** :
- **A** : 4.000 F CFA à 30.000 F CFA d'amende (c'est une **contravention**) ;
- **B** : deux (02) ans à cinq (05) ans d'emprisonnement (c'est un **délit**) ;

- **C** : cinq (05) ans à vingt (20) ans de *détention* (c'est un **crime**).[158]

Compréhension : c'est le fait pour un chef religieux (prêtre ou pasteur, par exemple) de célébrer un mariage religieux, alors que le mariage civil n'avait pas encore été célébré.[159]

Attention : le présumé auteur ne saurait valablement justifier de sa bonne foi, puisqu'il est exigé de celui qui entend célébrer ce type d'union un acte de mariage préalablement reçu de l'officier de l'État civil (art. 199 du CP).[160]

Culpabilité :

 Le présumé auteur doit avoir été un ministre du culte (tel un prêtre, un aumônier, un évêque, un diacre, un pasteur, un prophète, un berger...) légalement reconnu.

 Élément matériel :

o Il doit avoir célébré ou honoré un mariage religieux entre deux personnes ;

o les personnes en cause ne doivent pas, préalablement au mariage religieux, avoir contracté un mariage civil (c.-à-d., un mariage célébré par l'officier d'état civil).

 Élément moral : il doit avoir agi en connaissance de cause (sciemment). En effet, le ministre du culte en cause doit avoir su qu'au moment où il célébrait le mariage religieux, il n'existait aucun mariage célébré par l'officier d'état civil.

« Atténuation et aggravation de la peine » :

- **A** : si l'auteur n'a jamais été condamné pour les mêmes faits (un délinquant primaire), ***voir peines A*** ;
- **B** : si l'auteur a déjà été, une fois, condamné pour les mêmes faits (première récidive), ***voir peines B*** ;
- **C** : si l'auteur a déjà été condamné, deux fois, pour les mêmes faits (deuxième récidive), ***voir peines C***.

52- CESSION DE L'EMPLACEMENT D'AFFICHAGE PAR UN CANDIDAT AUX ÉLECTIONS

 Élément légal : article 129-3 de la loi du 24 novembre 2001 portant loi électorale en République du Congo.

---

[158] Art. 20, al. 3 du CP.

[159] Cf. Jean-Christophe CROCQ, *Guide des infractions*, 14ème éd. Dalloz, Paris, 2013, p. 615.

[160] Cependant, il pourrait en être autrement si ce chef religieux avait reçu un acte de mariage faux ou falsifié, qu'il croyait authentique.

- **Teneur du texte** :

Article 129 de L. 24/11/2001 *: « Sont punies d'une amende de 300.000 à 1.000.000 de F CFA : (...) ;* *3) la cession à un tiers par un candidat de son emplacement d'affichage ; (...). »*

- **Peine principale** : 300.000 F CFA à 1.000.000 F CFA d'amende (c'est un **délit**).

Compréhension : c'est le fait pour un candidat à une élection de céder à une autre personne (ou un autre candidat) son emplacement d'affichage.

Culpabilité :

- Le présumé auteur doit avoir été un candidat à une élection.
- ***Élément matériel*** : il doit avoir cédé à une autre personne son emplacement d'affichage.
- ***Élément moral*** : il doit l'avoir fait volontairement.

53- CHANTAGE

- ***Élément légal*** : article 400, al. 1 et 2 du CP.
  - **Teneur du texte** :

Art. 400 du CP *: « Quiconque aura extorqué par force, violence ou contrainte, la signature ou la remise d'un écrit, d'un acte, d'un titre, d'une pièce quelconque contenant ou opérant obligation, disposition ou décharge, sera puni de la peine des travaux forcés à temps.* *(L. 16/11/1912-JOAEF 1913 p. 194 et D. L. 16/7/1935 D. appl. 26/7/1939 - AGG prom. n° 3605 du 7/9/1939 - JOAEF 39 p. 1088 et 1141).* *Quiconque à l'aide de la menace écrite ou verbale, de révélations ou imputations diffamatoires, aura extorqué ou tenté d'extorquer, soit la remise de fonds ou valeurs, soit la signature ou remise des écrits énumérés ci-dessus, sera puni d'un emprisonnement d'un an à cinq ans, et d'une amende de 240.000 francs à 2.400.000 francs. (...). »*

- **Peines principales** : un (01) an à cinq (05) ans d'emprisonnement et 240.000 F CFA à 2.400.000 F CFA d'amende (c'est un **délit**).

Compréhension : c'est le fait pour une personne d'obtenir ou de tenter d'obtenir d'autrui un avantage quelconque en menaçant de révéler les faits honteux ou délictuels dont celui-ci est auteur, ou dont est auteur un de ses proches, ou de leur imputer ce genre de faits.

Attention : il n'y a pas chantage lorsqu'une « victime d'un accent menace de saisir le tribunal », si elle n'obtenait pas la réparation conclue aux termes d'une transaction. Mais, il y aurait chantage quand la victime fait la même menace en exigeant de l'auteur de l'accident le « paiement d'une somme » au-delà de ce qui avait été conclu dans la transaction.[161]

Culpabilité :

- ***Élément matériel*** :
  - Le présumé auteur doit avoir *menacé*[162] :
    - soit de révéler des faits de nature à porter atteinte à l'honneur ou à la considération d'une personne ;
    - soit d'imputer les faits de même nature à autrui.
  - Il doit, au moyen de cette *menace*[163], avoir obtenu ou tenté d'obtenir :
    - soit la *remise de fonds ou valeurs* ;
    - soit *la signature* ou la *remise* d'un *écrit*, d'un *acte*, d'un *titre*, ou d'une *pièce quelconque contenant ou opérant obligation, disposition* ou *décharge.*
- ***Élément moral*** : il doit avoir agi en connaissance de cause (avec l'intention coupable).

54- COMPLICITÉ

- ***Élément légal*** : articles 59 et 60 du Code pénal.
  - **Teneur du texte** :

> ***Art. 59 du CP-*** *« Les complices d'un crime ou d'un délit seront punis de la même peine que les auteurs mêmes de ce crime ou de ce délit sauf les cas où la loi en aurait dispose autrement. »*
>
> ***Art. 60 du CP*** *: « Seront punis comme complices d'une action qualifiée crime ou délit, ceux qui, par dons, promesses, menaces, abus d'autorité ou de pouvoir, machinations ou artifices coupables, auront provoqué à cette action ou donné des instructions pour la commettre ;*
>
> *Ceux qui auront procuré des armes, des instruments, ou tout autre moyen qui aura servi à l'action sachant qu'ils devaient y servir ;*
>
> *Ceux qui auront avec connaissance, aidé ou assisté l'auteur ou les auteurs de l'action, dans les faits qui l'auront préparée ou facilitée, ou dans ceux qui l'auront consommée, sans préjudice des peines qui seront spécialement*

---

[161] Christophe ANDRÉ, *op. cit.*, p. 257.

[162] Cette menace peut être adressée directement à la victime ou à un tiers. Ainsi, il y aurait chantage dans le cas où un individu menace « une femme », si elle « ne signe pas » ou ne remet pas la « décharge » qu'elle a reçue, de dénoncer l'infraction ou l'acte incommode commis (e) par son mari ou son enfant (cf. Christophe ANDRÉ, *op. cit.*, p. 256).

[163] Cette menace écrite ou verbale doit précéder la révélation, de telle sorte qu'il n'y aurait pas chantage quand celui « *qui a déjà révélé les imputations diffamatoires* » « *exige* » d'autrui de l'« *argent pour retirer la plainte qu'il a déjà déposée* » (cf. Jean PRADEL et Michel DANTI-JUAN, *op. cit.*, p. 567).

portées par le présent code contre les auteurs de complots ou de provocations attentatoires à la sûreté intérieure ou extérieure de l'État, même dans le cas où le crime qui était l'objet des conspirations ou des provocateurs n'aurait pas été commis.»

- o **Peine (s) principale (s)** : même (s) peine (s) que celle (s) encourue (s) par l'auteur principal, à moins que la loi en dispose autrement (la complicité d'un délit est un ***délit*** et celle d'un crime est un ***crime***).

Compréhension : c'est le fait pour une personne d'aider, d'une manière ou d'une autre, en connaissance de cause, un individu à commettre un acte illicite ou à adopter un comportement répréhensible.

Attention : au regard des dispositions de l'article 60 du CP, la complicité « exige » l'accomplissement d'un acte. Il n'y a pas de complicité par abstention.[164]

Culpabilité :

- Il faudrait que l'acte principal soit incriminé.[165]
- ***Élément matériel*** : le présumé auteur doit avoir :
  - o soit provoqué à la commission d'une infraction par l'un des moyens suivants :
    - dons, promesses, menaces, abus d'autorité ou de pouvoir ;
    - machinations ou artifices coupables.
  - o soit donné des instructions pour la commission d'une infraction en utilisant l'un de ces moyens[166] ;
  - o soit procuré des armes, des instruments ou tout autre moyen ayant servi à la commission de l'infraction ;
  - o soit aidé ou assisté l'auteur ou les auteurs d'une infraction (délit ou crime) dans les faits qui l'auront préparée ou facilitée, ou dans les faits qui l'auront consommée.[167]
- ***Élément moral*** : il doit avoir agi avec une intention coupable. Le présumé auteur doit avoir su que son aide ou son assistance contribuerait à la commission d'un délit ou d'un crime (une infraction).

---

[164] Cf. Jean PRADEL et Michel DANTI-JUAN, *op. cit.*, p. 138. L'abstention renverrait à l'infraction d'*Omission de porter secours* ou d'*Omission d'empêcher une infraction* (cf. art. 63, al. 2 du CP).

[165] Les faits dont est complice la personne soupçonnée ou poursuivie devraient constituer une infraction à la loi pénale (particulièrement un délit ou crime). En conséquence, il n'aurait pas de complicité de contravention (cf. art. 50 et 60, al. 1 du CP).

[166] Dons, promesses, menaces, abus d'autorité ou de pouvoir, machinations ou artifices coupables.

[167] Il en est ainsi de celui qui fait le guet afin de permettre à autrui d'entrer, en toute quiétude, dans un domicile et y soustraire des objets (cf. TGI, Brazzaville, corr., 6ème ch., 02 avril 2015, répertoire n° 031, inédit).

55- COMPLICITÉ D'ADULTÈRE

- ***Élément légal*** : articles 337 et 338 du Code pénal.
  - **Teneur du texte** :

> ***Art. 337 du CP*** *: « (D. 47 — 2248 du 19/11/1947-AGG prom. 3245 du 5/12/1947-JOAEF 1947 p. 1611). La femme convaincue d'adultère, et en cas de mariage célébré selon la coutume locale, celle qui sans motif grave ou hors les cas prévus par ladite coutume, aura abandonné le domicile conjugal, subira la peine de l'emprisonnement pendant trois mois au moins et deux ans au plus. (...) ».*
>
> ***Art. 338 du CP*** *: « Le complice de la femme adultère sera puni de l'emprisonnement pendant le même espace de temps et, en outre, d'une amende de 24.000 francs à 480.000 francs. Les seules preuves qui pourront être admises contre le prévenu de complicité seront, outre le flagrant délit, celles résultant de lettres ou autres pièces écrites par le prévenu. »*

- **Peines principales** : trois (03) mois à deux (02) ans d'emprisonnement et 24.000 F CFA à 480.000 F CFA d'amende (c'est un **délit**).

Compréhension : c'est le fait pour un homme d'entreprendre, en connaissance de cause, des relations sexuelles avec une femme mariée à autrui.

Attention : si la femme n'a pas consenti à l'acte sexuel, *voir **Viol***.

La complicité d'adultère s'étendrait également à toute personne qui aurait incité la femme en cause au « *commerce illicite* » ou aidé son partenaire (autre que son mari) à entreprendre des relations sexuelles avec elle.[168]

Culpabilité :

- ***Élément matériel*** :
  - Le présumé auteur doit avoir entrepris des relations sexuelles avec une femme mariée ;[169]
  - cette femme doit avoir été mariée à un autre homme, au moment des faits.
- ***Élément moral*** : il doit avoir agi en connaissance de cause (sciemment).

---

[168] Cf. Joseph Édouard BOITARD et Faustin HELIE, *op. cit.*, p. 367.

[169] Il doit avoir pénétré sexuellement, avec son sexe, la femme en cause (voir *Adultère*, pour plus de détails).

56- CONNIVENCE À ÉVASION D'UN DÉTENU (avec ou sans bris de prison, ni violence)

□ ***Élément légal*** :

- **A** : art. 237 et 238, al. 1 du CP ;
- **B** : art. 237 et 239, al. 1 du CP ;
- **C** : art. 237 et 240, al. 1 du CP ;
- **D** : art. 243 du CP ;
- **E** : art. 238, al. 2 du CP ;
- **F** : art. 239, al. 2 du CP ;
- **G** : art. 240, al. 2 du CP ;
- **H** : art. 243 du CP.

  - **Teneur du texte** :

Art. 237 du CP : *« Toutes les fois qu'une évasion de détenus aura lieu les huissiers, les commandants en chef ou en sous-ordre, soit de la gendarmerie, soit de la force armée servant d'escorte ou garnissant les postes, les concierges, gardiens, geôliers, et tous autres préposés à la conduite, au transport ou à la garde des détenus, seront punis ainsi qu'il suit : »*

Art. 238 du CP : *« Si l'évadé était prévenu de délits de police ou de crimes simplement infamants, ou condamné pour l'un de ces crimes, s'il était prisonnier de guerre, les préposés à sa garde ou conduite seront punis, en cas de négligence, d'un emprisonnement de six jours à deux mois et, en cas de connivence, d'un emprisonnement de six mois à deux ans.*

Ceux qui, n'étant pas chargés de la garde ou de la conduite du détenu, auront procuré ou facilité son évasion, seront punis de six jours à trois mois d'emprisonnement. »

Art. 239 du CP : *« Si les détenus évadés, ou l'un d'eux, étaient prévenus ou accusés d'un crime de nature à entrainer une peine afflictive à temps, ou condamnés pour l'un de ces crimes, la peine sera, contre les préposés à la garde ou conduite, en cas de négligence, un emprisonnement de deux mois à six mois, en cas de connivence, la réclusion*

Les individus non chargés de la garde des détenus, qui auront procuré ou facilité l'évasion, seront punis d'un emprisonnement de trois mois à deux ans. »

Art. 240 du CP : *« Si les évadés ou l'un d'eux, sont prévenus ou accusés de crimes de nature à entrainer la peine de mort ou des peines perpétuelles, ou s'ils sont condamnés à l'une des peines, leurs conducteurs ou gardiens seront punis d'un an à deux ans d'emprisonnement, en cas de négligence, à des travaux forcés à temps, en cas de connivence.*

Les individus non chargés de la conduite ou de la garde, qui auront facilité ou procuré l'évasion, seront punis d'un emprisonnement d'un an au moins et de cinq ans au plus. »

***Art. 243 du CP** : « Si l'évasion avec bris ou violence a été favorisée par transmission d'armes, les gardiens et les conducteurs qui y auront participé seront punis des travaux forcés à perpétuité ; les autres personnes, des travaux forcés à temps. »*

***Art. 244 du CP** : « Tous ceux qui auront connivé à l'évasion d'un détenu seront solidairement condamnés, à titre de dommages-intérêts, à tout ce que la partie civile du détenu aurait droit d'obtenir contre lui. »*

- **Peines principales** :
- **A** : six (06) mois à deux (02) ans d'emprisonnement (c'est un **délit**) ;
- **B** : cinq (05) ans à dix (10) ans de *réclusion* (c'est un **crime**) ;[170]
- **C** : cinq (05) ans à trente (30) ans des *travaux forcés* (c'est un **crime**) ;[171]
- **D** : travaux forcés à perpétuité (c'est un **crime**) ;
- **E** : six (06) jours à trois (03) mois d'emprisonnement (c'est un **délit**) ;
- **F** : trois (03) mois à deux (02) ans d'emprisonnement (c'est un **délit**) ;
- **G** : un (01) an à cinq (05) ans d'emprisonnement (c'est un **délit**) ;
- **H** : cinq (05) ans à trente (30) ans des *travaux forcés* (c'est un **crime**).[172]

Compréhension : c'est le fait pour une personne, par entente secrète avec un détenu ou par aide ou assistance, de procurer l'évasion de celui-ci de son lieu de détention.

Culpabilité :

- L'évadé doit avoir été prévenu de délits de police ou de crimes simplement infamants, ou condamné pour l'un de ces crimes, ou un prisonnier de guerre.
- ***Élément matériel*** : le présumé auteur doit avoir soit :
  - été complice[173] de l'évasion de ce détenu ;
  - laissé échapper ce détenu ou avoir procuré l'évasion du détenu par autres moyens (en corrompant son gardien ou en fournissant une arme au détenu, par exemple).
- ***Élément moral*** : il doit avoir agi en connaissance de cause (de mauvaise foi).

---

[170] Art. 21, al. 2 du CP.

[171] Art. 19 du CP.

[172] *Idem.*

[173] En aidant ou en organisant l'évasion du détenu, ou en encore en donnant des instructions en faveur de son évasion.

« Atténuation et aggravation de la peine » :

✓ **Si les coupables sont les préposés à la garde ou la conduite du détenu ou du condamné** :

- **A** : si l'évadé était prévenu de délits de police ou de crimes simplement infamants, ou condamné pour l'un de ces crimes, ou s'il était prisonnier de guerre, *les préposés à sa garde ou à sa conduite*, subiront les peines du point A (***voir peines A***) ;
- **B** : si le détenu évadé ou l'un d'eux étaient prévenus ou accusés d'un crime de nature à entrainer une peine afflictive à temps, ou condamnés pour l'un de ces crimes, la peine sera, contre les préposés à la garde ou à la conduite, celle consignée au point B (***voir peine B***) ;
- **C** : si les détenus évadés ou l'un d'eux étaient prévenus ou accusés d'un crime de nature à entrainer une peine afflictive à temps, ou condamnés pour l'un de ces crimes, la peine sera, contre les préposés à la garde ou à la conduite, celle consignée au point C (***voir peine C***) ;
- **D** : si l'évasion a eu lieu avec bris de prison ou violence et qu'elle a été favorisée par la transmission d'armes, les gardiens et les conducteurs qui y auront participé seront punis de la peine consignée au point D (***voir peine D***).

✓ **Si le coupable est un particulier** :

- **E** : si l'évadé était prévenu de délits de police ou de crimes simplement infamants, ou condamné pour l'un de ces crimes, ou s'il était prisonnier de guerre, *les particuliers complices*, subiront la peine consignée au point E (***voir peines E***) ;
- **F** : si les détenus évadés ou l'un d'eux étaient prévenus ou accusés d'un crime de nature à entrainer une peine afflictive à temps, ou condamnés pour l'un de ces crimes, la peine sera, contre les particuliers complices, celle consignée au point F (***voir peine F***) ;
- **G** : si le ou les détenus évadés étaient prévenus ou accusés d'un crime de nature à entrainer une peine afflictive à temps, ou condamnés pour l'un de ces crimes, la peine sera, contre les particuliers complices, celle consignée au point G (***voir peine G***) ;
- **H** : si l'évasion a eu lieu avec bris de prison ou violence et qu'elle a été favorisée par transmission d'armes, les particuliers qui y auront participé seront punis de la peine consignée au point H (***voir peine H***).

57- CONSOMMATION OU DÉTENTION DE TABAC ET DE SES DÉRIVÉS DANS UN ÉTABLISSEMENT PÉNITENTIAIRE OU PSYCHIATRIQUE

□ ***Élément légal*** :

A et **B** : articles 6 et 20 de la loi n° 12-2012 du 4 juillet 2012 relative à la lutte antitabac.

- **Teneur du texte** :

Art. 6 de L. 04/07/2012 : *« Sont également interdites : (...) ;*
- la consommation et la détention de ces produits dans les établissements pénitentiaires et psychiatriques ; (...). »
Art. 20 de L. 04/07/2012 : *« Sont punis d'une amende allant de 200.000 à 1.500.000 de francs CFA, les auteurs des infractions prévues aux articles 4, 5, 6 et 7 de la présente loi ; en cas de récidive l'amende passe de 1.500.000 à 3.000.000 de francs CFA. »*

- **Peines principales** :
- **A** : 200.000 F CFA à 1.500.000 F CFA d'amende (c'est un **délit**) ;
- **B** : 1.500.000 F CFA à 3.000.000 F CFA d'amende (c'est un **délit**).

Compréhension : c'est le fait pour une personne qui est soit dans un établissement pénitentiaire, soit dans un établissement psychiatrique, de fumer ou consommer, de détenir ou porter le tabac ou ses dérivés.

Culpabilité :

➢ **A** :

□ ***Élément matériel*** :
- Le présumé auteur doit avoir :
  - soit consommé le tabac ou ses dérivés[174] ;
  - soit détenu le tabac ou ses dérivés.
- Il doit l'avoir fait :
  - soit dans un établissement pénitentiaire ;
  - soit dans un établissement psychiatrique.

□ ***Élément moral*** : il doit avoir agi en connaissance de cause.

[174] Il a été indiqué, plus haut, que sont considérés comme produits du tabac : « l'ensemble des dérivés du tabac destinés à être fumés, mâchés, sucés, prisés ou chiqués dès lors qu'ils sont même partiellement constitués du tabac, les produits destinés à être fumés même s'ils ne contiennent pas de tabac, ainsi que tous les produits ayant trait à la publicité du tabac et de ses dérivés » (art. 1 de L. 04/07/2010).

« Aggravation de la peine »

➢ **B** : si l'auteur a déjà été condamné pour les faits de même nature (un récidiviste), ***voir peines B***.

58- CONTRAINTE AU MARIAGE OU PRÉ-MARIAGE SUR ENFANT

☐ ***Élément légal*** :

- **A** : art. 108 de la loi n° 4-2010 du 14 juin 2010 portant protection de l'enfant en République du Congo ;
- **B** : art. 127 de la loi n° 4-2010 du 14 juin 2010 portant protection de l'enfant en République du Congo.

- o **Teneur du texte** :

Art. 108 de L. 14/06/2010 : *« Est puni d'un emprisonnement de trois mois à deux ans et d'une amende de 150.000 à 1.500.000 de francs CFA celui qui contraint au pré-mariage ou au mariage un enfant.*

Si la contrainte émane de l'institution privée d'encadrement de l'enfant, les sanctions applicables sont celles visées à l'article 127 de la présente loi.

Si la contrainte émane de l'institution publique d'encadrement, elle répondra en vertu des dispositions en vigueur.

La mise en mouvement de l'action publique est subordonnée au dépôt préalable d'une plainte à l'initiative de toute personne ayant intérêt.

Le jugement peut porter exemption de l'exécution de la peine. »

Art. 127 de L. 14/06/2010 : *« Lorsqu'elles auront été détournées de leur objet, ou créées pour faciliter la commission des infractions sur un enfant, les institutions visées à l'article 58 de la présente loi peuvent faire l'objet de l'une des sanctions suivantes :*

- l'amende ;

- la dissolution ;

- l'interdiction d'exercer pour une durée de cinq ans ou plus, tout ou partie de l'activité professionnelle d'encadrement de l'enfant à l'occasion de laquelle l'infraction a été commise ;

- la fermeture de l'institution ;

- la confiscation et/ou destruction du matériel ayant servi à commettre l'infraction ;

- la publicité de la condamnation. »

- o **Peines principales** :

- **A** : trois (03) mois à deux (02) ans d'emprisonnement et 150.000 F CFA à 1.500.000 F CFA d'amende (c'est un **délit**) ;

- **B** : soit l'amende, soit la dissolution, soit l'interdiction d'exercer pour une durée de cinq ans ou plus, tout ou partie de l'activité professionnelle d'encadrement de l'enfant à l'occasion de laquelle l'infraction a été commise, soit la fermeture de l'institution, soit la confiscation et/ou destruction du matériel ayant servi à commettre l'infraction, et la publicité de la condamnation (c'est un **délit**).

Compréhension : c'est le fait pour une personne d'obliger ou d'exercer la violence sur un enfant afin de le déterminer au mariage ou au pré-mariage.

Culpabilité :

- ***Élément matériel*** :
  - Le présumé auteur doit avoir employé la violence ou la pression sur un enfant (un mineur) ;
  - il doit, par l'usage de ce moyen, avoir déterminé ou amené cet enfant à se soumettre au mariage ou au pré-mariage malgré lui.
- ***Élément moral*** : le présumé auteur doit avoir agi volontairement et avec la conscience que cet enfant n'a pas adhéré ou consenti librement à cette union (mariage ou pré-mariage).

« Atténuation et aggravation de la peine » :

- **A** : si la contrainte émane de toute personne autre que l'institution privée d'encadrement de l'enfant (***voir peines A***) ;
- **B** : si la contrainte émane de l'institution privée d'encadrement de l'enfant (***voir peines B***).

59- CONTRAINTE AU TEST DU VIH

✓ *Voir **Dépistage illégal du VIH**.*

60- CONTREFAÇON OU ALTÉRATION DE CLEFS

- ***Élément légal*** :
- **A** : art. 398 et 399, al. 2 du CP ;
- **B** : art. 398 et 399 du CP.
  - **Teneur du texte** :

Art. 399 du CP *: « Quiconque aura contrefait ou altéré des clefs sera condamné à un emprisonnement de trois mois à deux ans et à une amende de 6.000 francs à 36.000 francs.*

Si le coupable est un serrurier de profession, il sera puni d'un emprisonnement de deux ans à cinq ans et d'une amende de 12.000 francs à 120.000 francs.

Il pourra, en outre, être privé de tout ou partie des droits mentionnés en l'article 42 pendant cinq ans au moins et dix ans au plus, à compter du jour où il aura subi sa peine ; il pourra aussi être mis par l'arrêt ou le jugement, sous la surveillance de la haute police, pendant le même nombre d'années.

Le tout sans préjudice de plus fortes peines, s'il y échet, en cas de complicité de crime. »

- **Peines principales** :

- **A** : trois (03) mois à deux (02) ans d'emprisonnement et 6.000 F CFA à 36.000 F CFA d'amende (c'est un **délit**) ;
- **B** : deux (02) ans à cinq (05) ans d'emprisonnement et 12.000 F CFA à 120.000 F CFA d'amende (c'est un **délit**).

Compréhension : c'est le fait pour une personne de contrefaire ou d'altérer une clé, un crochet, un rossignol ou un passe partout, ou d'imiter la clef d'autrui.

Culpabilité :

- ***Élément matériel*** :
  - Le présumé auteur doit avoir soit :
    - contrefait ou altéré une clé, un crochet, un rossignol ou un passe-partout ;
    - imité une clé, un crochet, un rossignol ou un passe-partout.
  - Ces clefs[175] doivent avoir été la propriété d'autrui.
- ***Élément moral*** : il doit l'avoir fait en connaissance de cause. Le présumé auteur doit avoir agi avec l'intention coupable.

« Atténuation et aggravation de la peine » :

- **A** : si l'auteur des faits n'est pas serrurier de profession (***voir peines A***) ;
- **B** : si l'auteur des faits est serrurier de profession (***voir peines B***).

61- CONTREFAÇON OU FALSIFICATION DE CARTE DE PAIEMENT, DE CRÉDIT OU DE RETRAIT

- ***Élément légal*** **:** articles 243-1° et 239 du Règlement n° 02/03/ CEMAC /CM du 04 avril 2003, *relatif aux systèmes, moyens et incidents de paiement.*

- **Teneur du texte** :

Article 243 du R. 04/04/2003 *: « Est puni des peines prévues à l'article 239 :*

[175] « Sont qualifiés fausses clefs, tous crochets, rossignols, passe-partout, clefs imitées, contrefaites, altérées, ou qui n'ont pas été destinées par le propriétaire, locataire, aubergiste ou logeur, aux serrures, cadenas ou aux fermetures quelconques auxquelles le coupable les aura employées » (art. 398 du CP).

1°) - Celui qui contrefait ou falsifie une carte de paiement, de crédit ou de retrait ; (...). »

***Art 239 du R. 04/04/2003 :** « Est punie d'un emprisonnement de un (1) an à dix (10) ans et d'une amende de 100.000 à 10.000.000 F. CFA ou de l'une de ces deux peines seulement : (...). »*

- **Peines principales** : un (01) an à dix (10) ans d'emprisonnement et 100.000 F CFA à 10.000.000 F CFA d'amende, ou l'une de ces deux peines seulement (c'est un **délit**).

Compréhension : c'est le fait pour un individu de contrefaire ou de falsifier une carte de paiement, de crédit ou de retrait.

Attention : si une personne fait usage de cette carte, voir ***Usage de carte de paiement, de crédit ou de retrait, contrefaite ou falsifiée***.

Si une personne accepte de recevoir l'argent obtenu par l'usage de cette carte, voir ***Recel d'argent obtenu au moyen d'une carte de paiement, de crédit ou de retrait, contrefaite ou falsifiée***.

Culpabilité :

 Élément matériel :
- Le présumé auteur doit avoir soit contrefait, soit falsifié une carte ;
- cette carte doit être soit une carte de paiement, soit une carte de crédit, soit une carte de retrait.

 Élément moral : il doit l'avoir fait en connaissance de cause (sciemment).

62- CONTREFAÇON OU FALSIFICATION DE CHÈQUE

 Élément légal : article 239-1° du Règlement n° 02/03/CEMAC /CM du 04 avril 2003, *relatif aux systèmes, moyens et incidents de paiement.*

- **Teneur du texte** :

***Art 239 du R. 04/04/2003 :** « Est punie d'un emprisonnement de un (1) an à dix (10) ans et d'une amende de 100.000 à 10.000.000 F. CFA ou de l'une de ces deux peines seulement :*

1°) -Toute personne qui contrefait ou falsifie un chèque ; (...). »

- **Peines principales** : un (01) an à dix (10) ans d'emprisonnement et 100.000 F CFA à 10.000.000 F CFA d'amende, ou l'une de ces deux peines seulement (c'est un **délit**).

Compréhension : c'est le fait pour un individu de contrefaire ou fabriquer, ou de falsifier ou d'altérer un chèque.

Attention : si une personne fait usage de ce chèque, *voir* ***Usage de chèque contrefait ou falsifié***.

Si une personne accepte de recevoir le chèque en cause, *voir* ***Réception de chèque contrefait ou falsifié***.

Culpabilité :

- ***Élément matériel*** : le présumé auteur doit avoir soit contrefait, soit falsifié un chèque.
- ***Élément moral*** : il doit l'avoir fait volontairement (en connaissance de cause).

63- CORRUPTION ACTIVE

- ***Élément légal*** :
  - **A** : art. 7 et 3[176] de la loi n° 5-2009 du 22 septembre 2009 sur la corruption, la concussion et la fraude et les infractions assimilées en République du Congo ;
  - **B** : art. 7 et 4[177] de la loi n° 5-2009 du 22 septembre 2009 sur la corruption, la concussion et la fraude et les infractions assimilées en République du Congo ;
  - **C** : art. 7 et 5[178] de la loi n° 5-2009 du 22 septembre 2009 sur la corruption, la concussion et la fraude et les infractions assimilées en République du Congo ;
  - **D** : art. 7 et 6[179] de la loi n° 5-2009 du 22 septembre 2009 sur la corruption, la concussion et la fraude et les infractions assimilées en République du Congo.

  - **Teneur du texte** :

> ***Art. 2 de L. 22/09/2009*** : *« sont les actes de corruption, les commissions indues données ou reçues par des personnes investies de fonctions publiques ou privées ainsi que les agissements de celles-ci lorsqu'elles ont eu pour conséquence, soit la violation des devoirs découlant de leur qualité d'agent public, d'employé du privé, d'agent indépendant, soit l'obtention des avantages illicites de quelque nature que ce soit, pour eux-mêmes ou pour autrui.»*
>
> ***Art. 7 de L. 22/09/2009*** : *« Sera puni des mêmes peines que celles visées aux articles 3, 4, 5, 6 et 12 de la présente loi suivant les cas, prévues contre la personne corrompue, le fait pour quiconque notamment agent public,*

[176] Voir *Corruption passive,* pour lire l'art. 3 et suivant de la loi n° 5-2009 du 22 septembre 2009 sur la corruption, la concussion et la fraude et les infractions assimilées en République du Congo.
[177] *Idem*, pour lire l'art. 4 de la même loi.
[178] *Idem*, pour l'art. 5 de L. 22/09/2009.
[179] *Idem*, pour l'art. 6 L. 22/09/2009.

dirigeant ou actionnaire d'une entité du secteur privé, salarié d'une telle entité en quelque qualité que ce soit et rémunéré sous une quelconque forme, ou prestataire de service exécutant un marché au profit de cette entité ou plus généralement toute personne de société civile, d'user de promesses, offres, dons ou présents, ou de céder à des sollicitations tendant à la corruption, même s'il n'en a pas pris l'initiative, que la corruption ait ou non produit son effet, pour obtenir pour elle-même ou pour une autre personne, soit l'accomplissement ou l'abstention d'un acte, soit une des faveurs ou avantages prévus aux articles 3 et 12 de la présente loi. »

Art. 12 de L. 22/09/2009 *: « Sera puni d'un emprisonnement d'un an au moins et cinq ans au plus et d'une amende double de la valeur de la promesse agréée ou des choses reçues ou demandées, sans que ladite amende puisse être inférieure à 1.000.000 de francs CFA, le fait pour une personne de solliciter ou d'agréer des offres ou promesses, de solliciter ou recevoir des dons ou présents ou tout autre avantage indu, directement ou indirectement, pour elle-même ou pour une autre personne afin d'abuser de son influence réelle ou supposée en vue de faire obtenir ou tenter de faire obtenir d'une administration ou d'une autorité publique des décorations, médailles, distinctions ou récompenses, des places, fonctions ou emplois, des marchés ou plus généralement toute autre décision favorable ou avantage indu. »*

- **Peines principales** :

- **A** : deux (02) ans à dix (10) ans d'emprisonnement et 1.000.000 F CFA au moins d'amende (jusqu'au double de la valeur des promesses agréées ou des choses reçues ou demandées)[180] c'est un **délit** ;
- **B** : un (01) an à trois (03) ans d'emprisonnement et 600.000 F CFA à 6.000.000 F CFA d'amende (c'est un **délit**) ;
- **C** : un (01) an à trois (03) ans d'emprisonnement et 400.000 F CFA à 10.000.000 F CFA d'amende (c'est un **délit**) ;
- **D** : six (06) mois à deux (02) ans d'emprisonnement et 200.000 F CFA à 4.000.000 F CFA d'amende (c'est un **délit**).

Compréhension : c'est le fait pour toute personne de société civile de donner un avantage indu à un agent public ou celui du secteur privé, pour qu'il accomplisse ou s'abstienne d'accomplir un acte de ses fonctions ou pas, licite ou non.

Attention : si c'est l'agent public qui a sollicité ou agréé un avantage *quelconque pour faire ou refuser de faire une tâche de ses fonctions, voir* ***Corruption passive***.

Si l'avantage a été donné ou proposé à l'agent, ou reçu ou demandé par lui, afin qu'il abuse de son influence réelle ou supposée, *en vue d'obtenir ou*

[180] Si le résultat est supérieur à 1.000.000 F CFA.

tenter d'obtenir d'une administration *une décision favorable ou un avantage indu*, *voir* ***Trafic d'influence***.

Si le présumé auteur a exercé la pression ou la violence sur la victime, *voir* ***Extorsion***.

Culpabilité :

- L'avantage promis ne doit pas être sujet à salaire ;
- ***Élément matériel*** :
  - le présumé auteur doit avoir fait des promesses ou offert des dons ou présents à :
    - soit un agent public ;
    - soit une personne de société civile ;
    - soit un agent indépendant ;
  - il doit l'avoir fait :
    - soit pour qu'en contrepartie cet agent public fasse ou s'abstienne de faire un acte qui relève de ses fonctions ou son emploi ;
    - soit pour qu'il rende une décision ou donne une opinion favorable ou défavorable à une partie ;
    - soit pour qu'il fasse une déclaration mensongère sur l'origine d'une maladie ou infirmité, ou la cause d'un décès ;
    - soit pour obtenir ou tenter d'obtenir d'une administration ou d'une autorité publique des décorations, médailles, distinctions ou récompenses, des places, fonctions ou emplois, des marchés ou plus généralement toute autre décision favorable ou avantage indu.

Élément moral : il doit avoir agi avec intention coupable (avec la conscience que l'avantage offert est indu).

« Atténuation et aggravation de la peine » :

- **A** : si cet acte a été commis afin de conduire l'agent public à faire ou s'abstenir de faire un acte de ses fonctions ou de son emploi, juste ou non, mais non sujet à salaire, ou pour qu'il rende une décision ou donne une opinion favorable ou défavorable à une partie, ou encore pour qu'il certifie faussement ou dissimule l'existence de maladies ou d'infirmités ou un état de grossesse, ou pour qu'il fournisse des indications mensongères sur l'origine d'une maladie, infirmité ou la cause d'un décès ***voir peines A*** ;
- **B** : si cet acte a été commis pour que l'agent en cause accomplisse ou s'abstienne d'accomplir un acte en violation de ses devoirs, ou pour qu'il fasse ou s'abstienne de faire un acte de ses fonctions ***voir peines B*** ;
- **C** : si cet acte a été commis pour que l'agent en cause facilite par sa fonction ou par le service qu'il assure, l'accomplissement ou l'abstention d'un acte qui n'entre pas dans ses attributions personnelles, ***voir peines C*** ;

- **D** : si cet acte a été commis pour que cet agent public facilite par sa fonction ou par le service qu'il assure, l'accomplissement ou l'abstention d'un acte qui n'entre pas dans ses attributions personnelles, ***voir peines D***.

64- CORRUPTION PASSIVE

□ ***Élément légal*** :

- **A** : art. 2 et 3 de la loi n° 5-2009 du 22 septembre 2009 sur la corruption, la concussion et la fraude et les infractions assimilées en République du Congo ;
- **B** : art. 5 et 3 (1) de la loi n° 5-2009 du 22 septembre 2009 sur la corruption, la concussion et la fraude et les infractions assimilées en République du Congo ;
- **C** : art. 6 et 4 (1) de la loi n° 5-2009 du 22 septembre 2009 sur la corruption, la concussion et la fraude et les infractions assimilées en République du Congo.

o **Teneur du texte** :

Art. 2 de L. 22/09/2009 : *« sont les actes de corruption, les commissions indues données ou reçues par des personnes investies de fonctions publiques ou privées ainsi que les agissements de celles-ci lorsqu'elles ont eu pour conséquence, soit la violation des devoirs découlant de leur qualité d'agent public, d'employé du privé, d'agent indépendant, soit l'obtention des avantages illicites de quelque nature que ce soit, pour eux-mêmes ou pour autrui. »*

Art. 3 de L. 22/09/2009 : *« Est passible d'un emprisonnement de deux à dix ans et d'une amende double de la valeur des promesses agréées ou des choses reçues ou demandées, sans que ladite amende soit inférieure à 1.000.000 de francs CFA :*

1. Le fait pour toute personne investie d'un mandat électif, fonctionnaire public de l'ordre administratif ou judiciaire, militaire ou assimilé, agent ou préposé d'une administration placée sous le contrôle de la puissance publique, ou citoyen chargé d'une mission de service public de solliciter ou agréer des offres ou promesses, de solliciter ou recevoir des dons ou présents, pour faire ou s'abstenir de faire un acte de ses fonctions ou de son emploi, juste ou non, mais non sujet à salaire ;

2. le fait pour tout arbitre ou expert nommé soit par les parties, tout juré, de solliciter ou agréer des offres ou promesses, de solliciter ou recevoir des dons ou présents, pour rendre une décision ou donner une opinion favorable ou défavorable à une partie ;

3. le fait pour un médecin, chirurgien, dentiste, sage-femme, infirmier ou plus généralement, toute personne émanant des professions médicales ou paramédicales ou du secteur de la santé, de solliciter ou recevoir des dons ou présents, pour certifier faussement ou dissimuler l'existence de maladies ou d'infirmités ou un état de grossesse ou fournir des indications mensongères sur l'origine d'une maladie ou infirmité ou la cause d'un décès.»

Art. 4 de L. 22/09/2009 *: « Sera puni d'un emprisonnement d'un à trois ans et d'une amende de 600.000 à 6.000.000 de francs CFA :*

1. le fait pour une personne qui dirige ou est actionnaire d'une entité du secteur privé ou qui travaille pour une telle entité, en quelque qualité que ce soit, salariée ou rémunérée sous une quelconque forme, ou qui a un contrat de prestataire de service pour l'exécution d'une diligence au profit de cette entité, de solliciter ou agréer des offres ou promesses, de solliciter ou recevoir des dons, présents, commissions, escomptes ou primes directement ou indirectement, pour elle-même ou pour une autre personne, afin d'accomplir ou de s'abstenir d'accomplir un acte en violation de ses devoirs ; (...). »

Art. 5 de L. 22/09/2009 *: « Sera puni d'un emprisonnement d'un an à trois ans et d'une amende de 400.000 à 10.000.000 de francs CFA, le fait pour quiconque visé au paragraphe 1er de l'article 3 ci-dessus, de solliciter ou recevoir des dons ou présents, pour faciliter par sa fonction ou par le service qu'il assure, l'accomplissement ou l'abstention d'un acte qui n'entre pas dans ses attributions personnelles. »*

Art. 6 de L. 22/09/2009 *: « Sera puni d'un emprisonnement de six mois à deux ans et d'une amende de 200.000 à 4.000.000 de francs CFA, le fait pour quiconque visé au paragraphe 1er de l'article 4 ci-dessus, de solliciter ou agréer des offres ou promesses, de solliciter ou recevoir des dons ou présents, pour faciliter par sa fonction ou par le service qu'il assure, l'accomplissement ou l'abstention d'un acte qui n'entre pas dans ses attributions personnelles. »*

- **Peines principales** :

- **A** : deux (02) ans à dix (10) ans d'emprisonnement et 1.000.000 F CFA au moins d'amende (jusqu'au double de la valeur des promesses agréées ou des choses reçues ou demandées)[181] c'est un **délit** ;
- **B** : un (01) an à trois (03) ans d'emprisonnement et 400.000 F CFA à 10.000.000 F CFA d'amende (c'est un **délit**) ;
- **C** : six (06) mois à deux (02) ans d'emprisonnement et 200.000 F CFA à 4.000.000 F CFA d'amende (c'est un **délit**).

Compréhension : c'est le fait, pour un agent public ou indépendant, ou une personne de société civile, de solliciter ou d'agréer un avantage quelconque, non sujet à salaire, pour faire ou refuser de faire une tâche qui relève ou non, naturellement, de ses fonctions.

[181] *Idem.*

Attention : si c'est un particulier qui propose un avantage quelconque à l'une de ces personnes, pour qu'elle fasse ou s'abstienne de faire une tâche de ses fonctions, *voir* ***Corruption active***.

Si cet avantage vise à exploiter l'influence réelle ou supposée d'un agent public ou celui du secteur privé, *voir* ***Trafic d'influence***.

Si le présumé auteur a exercé la pression ou la violence sur la victime, *voir* ***Extorsion***.

Culpabilité :

- ***Élément matériel*** :
  - Le présumé auteur doit avoir sollicité ou agréé un avantage quelconque (argent, dons…) ;
  - cet avantage ne doit pas être sujet à salaire ;
  - il doit l'avoir fait pour, en contrepartie :
    - soit faire ou s'abstenir de faire un acte qui relève de ses fonctions ou son emploi ;
    - soit rendre une décision ou donner une opinion favorable ou défavorable à une partie ;
    - soit faire une déclaration mensongère sur l'origine d'une maladie ou infirmité ou la cause d'un décès ;
- ***Élément moral*** : il doit avoir agi avec intention coupable (avec la conscience que l'avantage sollicité ou reçu est indu).

« Atténuation et aggravation de la peine » :

- **A** : si l'auteur est une personne investie d'un mandat électif, un fonctionnaire public de l'ordre administratif ou judiciaire, un militaire ou assimilé, un agent ou préposé d'une administration placée sous le contrôle de la puissance publique, ou citoyen chargé d'une mission de service public ; s'il est un arbitre ou un expert nommé par les parties ou tout juré ; s'il est médecin, chirurgien, dentiste, sage-femme, infirmier ou une personne émanant des professions médicales ou paramédicales ou du secteur de la santé, ***voir peines A*** ;
- **B** : si l'acte à accomplir contre un avantage indu ne relève pas des fonctions personnelles de l'auteur présumé ; et si celui-ci est une personne investie d'un mandat électif, un fonctionnaire public de l'ordre administratif ou judiciaire, militaire ou assimilé, agent ou préposé d'une administration placée sous le contrôle de la puissance publique, ou citoyen chargé d'une mission de service public, ***voir peines B*** ;
- **C** : si le coupable a reçu un avantage indu pour faciliter par sa fonction ou par le service qu'il assure, l'accomplissement ou l'abstention d'un acte qui n'entre pas dans ses attributions personnelles ; et s'il est une personne qui dirige ou s'il est actionnaire d'une entité du secteur privé, s'il

travaille pour une telle entité, en quelque qualité que ce soit, salarié ou rémunéré sous une quelconque forme, ou s'il a un contrat de prestataire de service pour l'exécution d'une diligence au profit d'une entité, ***voir peines C***.

65- COUPS ET BLESSURES INVOLONTAIRES

- ***Élément légal*** :

- **A** : art. 483-2° du CP ;
- **B** : art. 320 du CP.

  - **Teneur du texte** :

> ***Art. 483 du CP*** *: « Seront punis d'une amende de 4000 à 24 000 francs inclusivement et pourront l'être, en outre, de l'emprisonnement pendant huit jours au plus : (...) ;*
>
> *Ceux qui, par maladresse, imprudence, inattention, négligence ou inobservation des règlements, auront involontairement été la cause de blessures, coups ou maladies, n'entraînant pas une incapacité de travail personnel supérieur à six jours ; (...). »*
>
> ***Article 320 du CP*** *: « (ord. 4/10/1945 D. appl. 47-2213 du 19/11/1947 AGG prom. n° 3243 du 5/12/1947 - JOAEF 1947 p. 1610 modifié par ordre n° 62-13 du 27/8/1962 JORC 1962 p. 683).*
>
> *S'il est résulté du défaut d'adresse ou de précaution, des blessures, coups ou maladies, entrainant une incapacité de travail personnel pendant plus de six jours, le coupable sera puni d'un emprisonnement de quinze jours à trois ans et d'une amende de 30.000 francs à 500.000 francs ou de l'une de ces peines seulement. »*

  - **Peines principales** :

- **A** : un (01) jour à huit (08) jours d'emprisonnement et 4.000 F CFA à 24.000 F CFA d'amende, ou la peine d'amende seulement (c'est une **contravention**) ;
- **B** : quinze (15) jours à trois (03) ans d'emprisonnement et 30.000 F CFA à 500.000 F CFA d'amende, ou l'une de ces deux peines seulement (c'est un **délit**).

Compréhension : c'est le fait pour un individu d'être involontairement[182] la cause des coups[183], des blessures ou de la maladie d'autrui.

Attention : si la victime décède de ces faits, *voir **Homicide involontaire***.

Culpabilité :

- ***Élément matériel*** : le présumé auteur doit avoir été la cause :

[182] Par imprudence, maladresse, inattention, négligence ou inobservation des règlements.

[183] Voir *Coups volontaires à enfant*, pour cerner la notion de « coups ».

- soit des coups ;
- soit de la maladie ;
- soit des blessures d'autrui.[184]

 Élément moral : ces coups, maladie ou blessures doivent avoir été la conséquence de l'imprudence, la maladresse, l'inattention ou la négligence (actes involontaires). Il n'est donc pas exigé une intention coupable de l'auteur, mais plutôt une « faute » de sa part sans laquelle il ne serait résulté de dommages à victime.[185]

« Atténuation et aggravation de la peine » :

- **A** : si ces coups, blessures ou maladie entrainent, à la victime, une incapacité personnelle de travail de moins de six (06) jours (***voir peines A***) ;
- **B** : si ces coups, blessures ou maladie entrainent, à la victime, une incapacité personnelle de travail de plus de six (06) jours (***voir peines B***).

66- COUPS ET BLESSURES VOLONTAIRES

 Élément légal :
- **A** : art. 309, al. 1 et 311, al. 1 du CP ;
- **B** : art. 309, al. 1 du CP ;
- **C** : art. 309 al. 1 et 311, al. 2 du CP.

- **Teneur du texte** :

Art. 309 du CP : *« Tout individu qui, volontairement, aura fait des blessures ou porté des coups, ou commis toute autre violence ou voie de fait, s'il est résulté de ces sortes de violences, une maladie ou incapacité de travail personnel pendant plus de vingt jours, sera puni d'un emprisonnement de deux ans à cinq ans et d'une amende de 4000 francs à 480 000 francs.*

Il pourra, en outre, être privé des droits mentionnés en l'article 42, du présent code, pendant cinq ans au moins et dix ans au plus, à compter du jour où il aura subi sa peine. (...). »

Art 311 du CP : *« Lorsque les blessures ou les coups, ou les autres violences ou voies de fait, n'auront occasionné aucune maladie ou incapacité de travail personnel mentionnée en l'article 309, le coupable sera puni d'un emprisonnement de six jours à deux ans et d'une amende de 4000 francs à 48 000 francs ou de l'une de ces deux peines seulement.*

S'il y a eu préméditation ou guet-apens, l'emprisonnement sera de deux ans à cinq ans et l'amende de 12 000 francs à 120 000 francs. »

[184] Voir Coups et blessures volontaires et Coups volontaires à enfant, pour voir en quoi consistent ces actes.
[185] Cf. Christophe ANDRÉ, *op. cit.*, p. 88).

- **Peines principales** :

- **A** : six (06) jours à deux (02) ans d'emprisonnement et 4.000 F CFA à 48.000 F CFA d'amende, ou l'une de ces deux peines seulement (c'est un **délit**) ;
- **B** : deux (02) ans à cinq (05) ans d'emprisonnement et 4.000 F CFA à 480.000 F CFA d'amende (c'est un **délit**) ;
- **C** : deux (02) ans à cinq (05) ans d'emprisonnement et 12.000 F CFA à 120.000 F CFA d'amende (c'est un **délit**).

Compréhension : c'est le fait pour une personne de porter *volontairement* atteinte à l'intégrité physique d'autrui, en lui faisant des blessures ou en lui portant des coups, ou en commettant sur la personne d'autrui toute autre violence ou voie de fait.

Attention : si la victime est un mineur, *voir **Coups ou Blessures à enfant***.

Si la victime est un ascendant de l'auteur des faits, *voir **coups et blessures à ascendant***.

Lorsque les coups et blessures ont occasionné la mort, sans intention de la donner, *voir **Coups mortels***.

Culpabilité :

 Élément matériel : le présumé auteur doit avoir soit fait des blessures,[186] soit porté des coups,[187] soit commis d'*autres violences et voies de fait,*[188] sur le corps d'autrui.

 Élément moral : il doit avoir agi volontairement (avec intention coupable).

« Atténuation et aggravation de la peine » :

- **A** : si ces actes de violence n'ont pas produit une incapacité de travail de plus de vingt (20) jours à la victime, ***voir peines A*** *;*
- **B** : si ces actes de violence ont produit une incapacité de travail de plus de vingt (20) jours à la victime, ***voir peines B*** *;*
- **C** : s'il y a eu préméditation ou guet-apens, ***voir peines C*** *;*[189]

[186] Il peut s'agir des « contusions, plaies, ecchymoses, excoriations, fractures, brûlures »… (cf. Faustin HELIE, *op. cit.*, p. 320). Il en est le cas de celui qui enfonce le tesson dans la joue d'autrui, entaillant de ce fait la peau de la victime (cf. TGI, Brazzaville, corr., 6ème ch., 19 mars 2015, répertoire n° 029, inédit).

[187] Voir *Coups volontaires à enfant*, pour voir en quoi consistent ces actes.

[188] Il s'agirait de toutes violences autres que les coups et blessures, mais qui touchent l'intégrité physique d'autrui. Tel en est le cas des « *gestes menaçants qui atteignent la personne elle-même* » (Faustin HELIE, *op. cit.*, p. 321). Il en est le cas d'une personne qui renverse de l'eau sur le corps d'autrui (voir *Violences et voies de fait*, pour d'autres cas). Il en est également le cas de celui qui crache au visage d'autrui (cf. Antoine-Georges BLANCHE *op. cit.*, p. 651).

Si la victime a été mutilée, amputée d'un membre ou privée de l'usage d'un membre, ou s'il y a eu cécité ou perte d'un œil, ou s'il y a eu autres infirmités permanentes, ***voir Coups et blessures suivis d'infirmités permanentes***.

Si, sans intention de lui donner la mort, la victime est quand même décédée des suites de ces actes de violence, ***voir coups mortels***.

67- COUPS ET BLESSURES VOLONTAIRES À ASCENDANT

 Élément légal :

- **A** : art. 312, al. 1, et art 309, al. 1 du CP ;
- **B** : art. 312, al. 1 du CP ;
- **C** : art. 312, al. 1, et art. 309, alinéa 3 du CP ;
- **D** : art. 312, al. 1, et art. 309, alinéa 4 du CP.

o **Teneur du texte** :

Art. 312 du CP : *« L'individu qui aura volontairement fait des blessures ou porté des coups à ses père et mère légitimes, naturels ou adoptifs, ou autres ascendants légitimes sera puni ainsi qu'il suit :*

- De la réclusion, si les blessures ou les coups portés n'ont occasionné aucune maladie ou incapacité de travail personnel de l'espèce mentionnée en l'article 309 ;

- Du maximum de la réclusion, s'il y a eu incapacité de travail pendant plus de vingt jours, ou préméditation ou guet-apens ;

- Des travaux forcés à temps, lorsque l'article auquel le cas se réfère prononcera la peine de la réclusion ;

- Des travaux forcés à perpétuité, si l'article prononce la peine des travaux forcés à temps. (...). »

Art. 309 du CP : *« Tout individu qui, volontairement, aura fait des blessures ou porté des coups, ou commis toute autre violence ou voie de fait, s'il est résulté de ces sortes de violences, une maladie ou incapacité de travail personnel pendant plus de vingt jours, sera puni d'un emprisonnement de deux ans à cinq ans et d'une amende de 4000 francs à 480 000 francs.*

Il pourra, en outre, être privé des droits mentionnés en l'article 42, du présent code, pendant cinq ans au moins et dix ans au plus, à compter du jour où il aura subi sa peine.

Quand les violences ci-dessus exprimées auront été suivies de mutilation, amputation ou privation de l'usage d'un membre, cécité, perte d'un œil, ou autres infirmités permanentes, le coupable sera puni de la réclusion.

---

[189] Voir *Assassinat*, pour la cerner la notion de préméditation ou guet-apens.

Si les coups portés ou les blessures faites volontairement sans intention de donner la mort l'ont pourtant occasionnée, le coupable sera puni de la peine des travaux forcés à temps. »

- o **Peines principales** :

- **A** : cinq (05) ans à dix (10) ans de *réclusion* (c'est un **crime**) ;[190]
- **B** : dix (10) ans de *réclusion* (c'est un **crime**) ;[191]
- **C** : cinq (05) ans à trente (30) ans des *travaux forcés* (c'est un **crime**) ;[192]
- **D** : travaux forcés à perpétuité (c'est un **crime**).

Compréhension : c'est le fait pour une personne de porter *volontairement* atteinte à l'intégrité physique de son père ou sa mère, ou de l'un de ses ascendants légitimes,[193] en lui faisant des blessures ou en lui portant des coups, ou en commettant autres violences ou voies de fait sur son corps.

Attention : les *coups et blessures ayant entrainé la mort, sans intention de la donner*, commis sur l'un des ascendants indiqués à l'article 312, al. 1 du CP, exposent le coupable aux *travaux forcés à perpétuité* (*voir **Coups mortels***).[194]

Culpabilité :

- ***Élément matériel*** :
  - o Le présumé auteur doit avoir :
    - soit fait des blessures :[195]
    - soit porté des coups :[196]
    - soit commis toute autre violence et voie de fait ;[197]
  - o il doit avoir posé ces actes de violence soit sur la personne de son père ou sa mère légitime, naturelle ou adoptive, soit sur celle de ses autres ascendants légitimes.
- ***Élément moral*** : il doit avoir agi volontairement (avec intention coupable).

« Atténuation et aggravation de la peine » :

- **A** : si ces actes de violence produisent une incapacité de travail de moins de vingt (20) jours à la victime, ***voir peine A*** ;

[190] Art. 21, al. 2 du CP.
[191] *Idem.*
[192] Art. 19 du CP.
[193] Cette disposition ne protège pas tous les ascendants naturels et adoptifs, mais exclusivement le père et la mère.
[194] Art. 312, al. 1 et 309, al. 4 du CP.
[195] Voir *Coups et blessures volontaires*, pour voir en quoi consistent ces actes.
[196] Voir *Coups volontaires à enfant*, pour voir en quoi consiste cette action.
[197] Voir Coups et blessures volontaires ou Violences et voies de fait, pour voir en quoi consiste cela.

- **B** : si ces actes de violence produisent une incapacité de travail de plus de vingt (20) jours *ou s'il y a préméditation ou guet-apens, **voir peine B** ;*
- **C** : si ces violences sont suivies de mutilation, amputation ou privation de l'usage d'un membre, cécité, perte d'un œil, ou autres infirmités permanentes, ***voir peine C** ;*
- **D** : si ces violences ont entrainé la mort, sans intention de la donner, à la victime (père ou mère, ou un ascendant légitime), ***voir peine D**.*

68- COUPS ET BLESSURES SUIVIS D'INFIRMITÉS PERMANENTES

□ ***Élément légal*** : art. 309, alinéa 1 et 3 du Code pénal.

- **Teneur du texte** :

***Art. 309 du CP** : « Tout individu qui, volontairement, aura fait des blessures ou porté des coups, ou commis toute autre violence ou voie de fait, s'il est résulté de ces sortes de violences, une maladie ou incapacité de travail personnel pendant plus de vingt jours, sera puni d'un emprisonnement de deux ans à cinq ans et d'une amende de 4000 francs à 480 000 francs.*   *Il pourra, en outre, être privé des droits mentionnés en l'article 42, du présent code, pendant cinq ans au moins et dix ans au plus, à compter du jour où il aura subi sa peine.*   *Quand les violences ci-dessus exprimées auront été suivies de mutilation, amputation ou privation de l'usage d'un membre, cécité, perte, d'un œil, ou autres infirmités permanentes, le coupable sera puni de la réclusion. (...). »*

- **Peine principale** : cinq (05) ans à dix (10) ans de *réclusion* (c'est un **crime**).[198]

Compréhension : c'est le fait pour une personne d'exercer *volontairement* les actes de violence (coups, blessures ou autres violences et voies de fait) sur la personne d'autrui, *avec cette circonstance* qu'il en est résulté une *infirmité permanente* à la victime.[199]

Attention : s'il résulte de ces atteintes la mort à la victime sans que l'auteur n'ait eu cette intention, *voir **Coups mortels***.

---

[198] Art. 21, al. 2 du CP.

[199] Il s'agit d'une atteinte à l'intégrité physique d'autrui entrainant comme conséquences : l'amputation d'un membre, la perte de mobilité permanente ou de l'usage d'un membre…

Culpabilité :

- ***Élément matériel*** :
  - o Le présumé auteur doit avoir commis un ou plusieurs actes de violence à savoir : les coups, les blessures ou toutes autres violences ou voies de fait, sur la victime ;[200]
  - o cet acte de violence doit avoir :
    - soit amputé un membre à la victime ;
    - soit privé la victime de l'usage d'un de ses membres ;
    - soit lui avoir causé une cécité ou diminution de la vue ;
    - soit entrainé la perte de son œil ou autres infirmités permanentes.
- ***Élément moral*** : le présumé auteur doit avoir agi *volontairement* (avec intention coupable).

69- COUPS MORTELS

- ***Élément légal*** :

- **A** : art. 309, al. 1 et 4 du CP ;
- **B** : art. 312, al. 1 et 309 al. 4 du CP.

o **Teneur du texte** :

Art. 309 du CP *: « Tout individu qui, volontairement, aura fait des blessures ou porté des coups, ou commis toute autre violence ou voie de fait, s'il est résulté de ces sortes de violences, une maladie ou incapacité de travail personnel pendant plus de vingt jours, sera puni d'un emprisonnement de deux ans à cinq ans et d'une amende de 4000 francs à 480 000 francs. (...).*   *Si les coups portés ou les blessures faites volontairement sans intention de donner la mort l'ont pourtant occasionnée, le coupable sera puni de la peine des travaux forcés à temps. »*   ***Art. 312, al 1 du CP*** *: « L'individu qui aura volontairement fait des blessures ou porté des coups à ses père et mère légitimes, naturels ou adoptifs, ou autres ascendants légitimes sera puni ainsi qu'il suit :*   *- De la réclusion, si les blessures ou les coups portés n'ont occasionné aucune maladie ou incapacité de travail personnel de l'espèce mentionnée en l'article 309 ; (...) ;*   *- Des travaux forcés à perpétuité, si l'article prononce la peine des travaux forcés à temps. »*

o **Peines principales** :

- **A** : cinq (05) ans à trente (30) ans des *travaux forcés* (c'est un **crime**) ;[201]

---

[200] Voir Coups et blessures volontaires et Coups volontaires à enfant, pour voir en quoi consistent ces actes.

[201] Art. 19 du CP.

- **B** : travaux forcés à perpétuité (c'est un **crime**).

Compréhension : c'est le fait pour une personne d'exercer volontairement les actes de violence (coups, blessures ou autres violences et voies de fait) sur autrui, occasionnant *sans le vouloir* la mort de celui-ci.

Culpabilité :

- ***Élément matériel*** :
  - o le présumé auteur doit avoir commis un ou plusieurs actes de violence à savoir : les coups, les blessures ou autres violences ou voies de fait sur autrui ;
  - o ces actes de violence doivent avoir causé ou entrainé la mort de la victime.

 Élément moral : le présumé auteur doit avoir *volontairement* commis les actes de violence sur la victime, mais la mort de celle-ci ne doit pas avoir été voulue de lui.

Il ne doit donc pas avoir projeté ou recherché la mort de la victime (il ne doit pas avoir eu *l'intention de donner la mort* à la victime). Il suffit juste d'établir une faute de sa part, sans laquelle la victime ne serait pas morte.[202]

« Atténuation et aggravation de la peine » :

- **A** : si la victime n'est pas le père ou la mère, ni un ascendant légitime du coupable, ***voir peine A*** ;
- **B** : si la victime est le père ou la mère, ou un ascendant légitime du coupable, ***voir peine B***.

70- COUPS VOLONTAIRES À ENFANT

 Élément légal **:** article 112 de la loi n° 4-2010 du 14 juin 2010 portant protection de l'enfant en République du Congo.

- o **Teneur du texte** :

Art. 112 de L. 14/06/2010 *: « Quiconque aura volontairement porté des coups à un enfant sera puni d'un emprisonnement d'un an à trois ans et d'une amende de 100.000 à 500.000 francs CFA. »*

- o **Peines principales** : un (01) an à trois (03) ans d'emprisonnement et 100.000 F CFA à 500.000 F CFA d'amende (c'est un **délit**).

Compréhension : c'est le fait pour toute personne de porter volontairement des coups à un enfant (un mineur)[203].

[202] Il ne faudrait pas que les actes de violence aient été employés dans le but de causer la mort à la victime. Cela dit, la violence doit être volontaire, mais la mort en est involontaire.

Attention : lorsque ces coups ont occasionné la mort, sans intention de la donner, *voir **Coups mortels***.

Culpabilité :

 Élément matériel : le présumé auteur doit avoir porté des coups[204] à un enfant.

 Élément moral : il doit l'avoir fait volontairement (avec conscience de porter atteinte à l'intégrité corporelle d'autrui, un enfant).

71- CRITIQUE OU CENSURE « CONTRE UNE AUTORITÉ » PUBLIQUE DANS UN « DISCOURS PASTORAL » PUBLIC

 Élément légal : article 201 du Code pénal.

- **Teneur du texte** :

Art. 201 du CP *: « Les ministres des cultes qui prononcent dans l'exercice de leur ministère, et en assemblée publique, un discours contenant la critique ou censure du Gouvernement, d'une loi, d'une ordonnance royale ou de tout autre acte de l'autorité publique, seront punis d'un emprisonnement de trois mois à deux ans. »*

- **Peine principale** : trois (03) mois à deux (02) ans d'emprisonnement (c'est un **délit**).

Compréhension : c'est le fait pour un prêtre, pasteur ou tout autre ministre du culte de prononcer un discours, en public, dans lequel il critique ou censure le gouvernement ou les actes de l'autorité publique.

Attention : si le discours contient des provocations à la désobéissance, *voir **Provocation à la désobéissance dans un discours « pastoral » public.***

Culpabilité :

 Le présumé auteur doit avoir été un ministre du culte (prêtre, évêque, pasteur, berger, apôtre ou autre chef religieux légalement reconnu).

 Élément matériel :

- Il doit avoir proféré, en public, des critiques ou censures contre le gouvernement, la loi, l'ordonnance du Président de la République ou tout autre acte de l'autorité publique ;
- il doit l'avoir fait dans l'exercice de ses fonctions ;
- il doit l'avoir fait en assemblée publique.

---

[203] Aux termes de l'art. 1er de la loi n° 4-2010 du 14 juin 2010 portant protection de l'enfant en République du Congo, « un enfant s'entend de tout être humain âgé de moins de dix-huit ans et qui n'a pas encore atteint l'âge de la majorité par disposition spéciale ».

[204] Les coups pourraient être compris comme « *un froissement violent du corps humain par un corps quelconque* » ou un objet contondant : tel un coup de poing ou un coup de fouet, une gifle, un caillou… (cf. Faustin HELIE, *op. cit.*, p. 320).

□ ***Élément moral*** : le présumé auteur doit l'avoir fait volontairement (sciemment).

72- CRITIQUE OU CENSURE « DIRIGÉE CONTRE » UNE AUTORITÉ PUBLIQUE DANS UN « ÉCRIT PASTORAL »

□ ***Élément légal*** :

- **A** : art. 204 du CP ;
- **B** : art. 205 du CP ;
- **C** : art. 206 du CP.

  - **Teneur des textes** :

Art. 204 du CP *: « Tout écrit contenant des instructions pastorales, en quelque forme que ce soit, et dans lequel un ministre du culte se sera ingéré de critiquer ou censurer, soit le Gouvernement, soit tout acte de l'autorité publique, emportera la peine du bannissement contre le ministre qui l'aura publié. »*
Art. 205 du CP *: « Si l'écrit mentionné à l'article précédent contient une provocation directe à la désobéissance aux lois ou autres actes de l'autorité publique, ou s'il tend à soulever ou armer une partie des citoyens contre les autres, le ministre qui l'aura publié sera puni de la détention. »*
Art. 206 du CP *: « Lorsque la provocation contenue dans l'écrit pastoral aura été suivie d'une sédition ou révolte dont la nature donnera lieu contre l'un ou plusieurs des coupables à une peine plus forte que celle de la déportation, cette peine, quelle qu'elle soit, sera appliquée au ministre coupable de la provocation. »*

  - **Peines principales** :

- **A** : cinq (05) ans à dix (10) ans de *Bannissement* (c'est un **crime**)[205] ;
- **B** : cinq (05) ans à vingt (20) ans de *Détention* (c'est un **crime**)[206] ;
- **C** : peine supérieure à la déportation (en fonction de la nature de la sédition ou de la révolte), c'est un **crime**.

Compréhension : c'est le fait pour un prêtre, pasteur ou tout autre ministre du culte de publier un écrit pastoral, critiquant ou censurant le gouvernement ou tout acte de l'autorité publique.

Culpabilité :

➢ **A** :

□ Le présumé auteur doit avoir été un ministre du culte (prêtre, évêque, pasteur, berger, apôtre ou autre chef religieux légalement reconnu).

[205] Art. 32 du CP.
[206] Art. 20, Al. 3 du CP.

- ***Élément matériel*** :
  - il doit avoir publié un écrit pastoral ;[207]
  - il doit dans cet écrit avoir critiqué ou censuré soit le gouvernement, soit tout acte de l'autorité publique.
- ***Élément moral*** : il doit l'avoir fait en connaissance de cause (sciemment).

« Atténuation et aggravation de la peine » :

➢ **B** : si cet écrit contient une provocation directe à la désobéissance aux lois ou autres actes de l'autorité publique (***voir peines B***) ;

➢ **C** : si cette provocation a été suivie d'une sédition ou de révolte entrainant une peine plus forte que celle de déportation (***voir peines C***).

[207] Un écrit contenant des « instructions pastorales », « en quelques formes que ce soit ».

D

73- DÉCLARATION « ILLÉGITIME » DE PATERNITÉ

□ ***Élément légal*** : articles 400, 2 et 3 du Code pénal.

o **Teneur du texte** :

> ***Art. 400 du CP*** : *« (...). (L. 16/11/1912-JOAEF 1913 p. 194 et D.L. 16/7/1935 D. appl. 26/7/1939- AGG prom. n° 3605 du 7/9/1939-JOAEF 39 p. 1088 et 1141). Quiconque à l'aide de la menace écrite ou verbale, de révélations ou imputations diffamatoires, aura extorqué ou tenté d'extorquer, soit la remise de fonds ou valeurs, soit la signature ou remise des écrits énumérés ci-dessus, sera puni d'un emprisonnement d'un an à cinq ans, et d'une amende de 240.000 francs à 2.400.000 francs.*
>
> *La même peine pourra être appliquée par le Tribunal civil saisi d'une demande en déclaration de paternité, au demandeur convaincu de mauvaise foi. (...).»*

o **Peines principales** : un (01) an à cinq (05) ans d'emprisonnement et 240.000 F CFA à 2.400.000 F CFA d'amende (c'est un **délit**).

Compréhension : c'est le fait pour une personne de saisir le tribunal civil pour revendiquer la paternité d'un enfant dont elle sait pertinemment qu'il n'est pas le père biologique.

Culpabilité :

□ ***Élément matériel*** :

o Le présumé auteur doit avoir saisi un tribunal civil par une demande de déclaration de paternité ;

o la paternité dont il réclame doit être fausse (c.-à-d., l'enfant dont il prétend être le père biologique ne doit pas être réellement le sien).

□ ***Élément moral*** : il doit avoir agi de mauvaise foi (en connaissance de cause). Le présumé auteur doit avoir su que l'enfant dont il allègue être le père « ne lui appartient pas ».

74- DÉFAUT DE DÉCLARATION DE NAISSANCE OU DE DÉCÈS

□ ***Élément légal*** : articles 45, 60, 63 et 24 de la loi n° 073/84 du 17/10/1984, portant Code de la famille.

o **Peine principale** : 2.500 F CFA à 10.000 F CFA d'amende (c'est une **contravention**).

Compréhension : c'est le fait, pour toute personne ayant assisté à l'accouchement ou ayant l'obligation de déclarer la naissance ou le décès d'une personne, de le faire hors délai légal (tardivement).

Culpabilité :

- ***Élément matériel*** :
  - Le présumé auteur doit :
    - soit *avoir déclaré* la naissance ou le décès d'une personne, *hors du délai légal* ;
    - soit *s'être abstenu de déclarer* la naissance ou la mort d'une personne, *dans le délai légal.*
  - il doit avoir qualité de le faire ;[208]
- ***Élément moral*** : il doit avoir eu connaissance à temps de cet évènement (la naissance ou la mort). Il doit donc l'avoir fait sciemment.

Rappel : l'acte de décès peut être dressé tardivement, dans un délai de 15 jours, sous réserve qu'à l'appui de sa déclaration, le déclarant produise un certificat médical ou qu'il fasse attester le décès par deux témoins (cf. art. 60, al.3 du Code des personnes et de la famille).

75- DÉGRADATION DE MONUMENTS

- ***Élément légal*** : article 257 du Code pénal.
  - **Teneur du texte** :

> ***Art. 257 du CP*** *: « Quiconque aura détruit, abattu, mutilé ou dégradé des monuments, statues et autres objets destinés à l'utilité ou à la décoration publique, et élevés par l'autorité publique ou avec son autorisation, sera puni d'un emprisonnement d'un mois à deux ans et d'une amende de 24.000 francs à 120.000 francs. »*

  - **Peines principales** : un (01) mois à deux (02) ans d'emprisonnement et 24.000 F CFA à 120.000 F CFA d'amende (c'est un **délit**).

Compréhension : c'est le fait pour un individu de « porter atteinte »[209] à « l'ornement public» ou à l'utilité publique.

---

[208] Les personnes qui ont qualité de déclarer la naissance ou la mort d'une personne sont :
- ***En cas de naissance*** : le père, la mère, les autres ascendants, les proches parents, les médecins, les sages-femmes, la matrone ou toute autre personne ayant assisté à l'accouchement.
- ***En cas de décès*** : les parents du défunt ou toute personne possédant des renseignements sur son état civil, les personnes chargées de l'administration des hôpitaux, les directeurs, régisseurs ou gardiens des établissements pénitentiaires, le Capitaine ou Commandant de bord, ou encore l'officier du lieu où le cadavre a été retrouvé (cf. art. 60 et suivants de la loi n° 073/84 du 17/10/1984, portant Code de la famille en République du Congo).

[209] En abattant, mutilant, détruisant ou en dégradant les objets destinés à la décoration ou à l'utilité publique.

Culpabilité :

- Les biens dégradés doivent avoir été élevés par l'autorité publique ou avec *son accord*[210].
- ***Élément matériel*** : le présumé auteur doit avoir détruit, abattu, mutilé ou dégradé :
  - soit des monuments ;
  - soit des statues ;
  - soit autres objets destinés à l'utilité ou la décoration publique.
- ***Élément moral*** : le présumé auteur doit avoir agi de volontairement (en connaissance de cause).

76- DÉNATURATION DE LA SUBSTANCE DES PAROLES OU DE DOCUMENTS ORALEMENT TRADUITS

- ***Élément légal*** :

- **A** : art. 367, alinéa 1 et 361, al. 1 du CP ;
- **B** : art. 367, alinéa 1 et 361, al. 2 du CP ;
- **C** : art. 367, alinéa 1 et 362, al. 1 du CP ;
- **D** : art. 367, alinéa 1 et 362, al. 2 du CP ;
- **E** : art. 367, alinéa 1 et 362, al. 3 du CP ;
- **F** : art. 367, alinéa 1 et 363 du CP ;
- **G** : art. 367, alinéa 1 et 364, al. 1 du CP ;
- **H** : art. 367, alinéa 1 et 364, al. 2 du CP ;
- **I** : art. 367, alinéa 1 et 364, al. 3 du CP.

  - **Teneur du texte** :

Art. 367 du CP : *« L'interprète qui, en matière criminelle, correctionnelle ou civile, aura de mauvaise foi dénaturé la substance des paroles ou de documents oralement traduits, sera puni des peines du faux témoignage selon les dispositions contenues dans les articles 361, 362, 363 et 364. (...). »*

Voir la note de bas de page, *pour lire les dispositions des articles 361, 362, 363 et 364 du CP.*[211]

[210] Même si la chose en cause était placée par un particulier, mais avec l'autorisation de l'autorité publique.

[211] **Art. 361 du CP** : « Quiconque sera coupable de faux témoignage en matière criminelle, soit contre l'accusé, soit en sa faveur, sera puni de la peine de la réclusion.
Si néanmoins l'accusé a été condamné à une peine plus forte que celle de la réclusion, le faux témoin qui a déposé contre lui subira la même peine. »
Art. 362 du CP : « Quiconque sera coupable de faux témoignage en matière correctionnelle, soit contre le prévenu, soit en sa faveur, sera puni d'un emprisonnement de deux ans au moins et de cinq ans au plus, et d'une amende de 12.000 francs à 480.000 francs.
Si néanmoins le prévenu a été condamné à plus de cinq années d'emprisonnement, le faux témoin qui a déposé contre lui subira la même peine.

- **Peines principales** :

- **A** : cinq (05) ans à dix (10) ans de *réclusion* (c'est un **crime**) ;[212]
- **B** : peine plus forte que la *réclusion* (c'est un **crime**) ;
- **C :** un (01) an à cinq (05) ans d'emprisonnement et 12.000 F CFA à 480.000 F CFA d'amende (c'est un **délit**) ;
- **D** : peine de plus de cinq (05) ans d'emprisonnement (c'est un **délit**) ;
- **E** : un (01) an à trois (03) ans d'emprisonnement et de 4.000 F CFA à 120.000 F CFA d'amende (c'est un **délit**) ;
- **F :** deux (02) ans à cinq (05) ans d'emprisonnement et 12.000 F CFA à 480.000 F CFA d'amende (c'est un **délit**) ;
- **G** : cinq (05) ans à trente (30) ans des *travaux forcés* (c'est un **crime**) ;[213]
- **H** : cinq (05) ans à dix (10) ans de *réclusion* (c'est un **crime**) ;
- **I** : deux (02) ans à cinq (05) ans d'un emprisonnement et 12.000 F CFA à 480.000 F CFA d'amende (c'est un **délit**).

Compréhension : c'est le fait pour une personne[214] qui fait une traduction orale d'altérer, de mauvaise foi, la substance des paroles interprétées ou ce qui a d'essentiel dans un document traduit.

Attention : si l'auteur des faits a contraint l'interprète à faire une mauvaise traduction, il sera poursuivi pour ***Subornation d'interprète***[215].

Quiconque sera coupable de faux témoignage en matière de police, soit contre le prévenu, soit en sa faveur, sera puni d'un emprisonnement d'un an au moins et de trois ans au plus et d'une amende de 4.000 francs à 120.000 francs.

Dans ces deux cas, les coupables pourront, en outre, être privés des droits mentionnés en l'article 42 du présent code, pendant cinq ans au moins et dix ans au plus, à compter du jour où ils auront subi leur peine, et être placés sous la surveillance de la haute police pendant le même nombre d'années. »

Art. 363 du CP : « Le coupable de faux témoignage, en matière civile sera puni d'un emprisonnement de deux à cinq ans et d'une amende de 12.000 francs à 480.000 francs. Il pourra l'être aussi des peines accessoires mentionnées dans l'article précédent. »

Art. 364 du CP : « Le faux témoin en matière criminelle, qui aura reçu de l'argent, une récompense quelconque ou des promesses, sera puni des travaux forcés à temps, sans préjudice de l'application du deuxième paragraphe de l'article 361.

Le faux témoin en matière correctionnelle ou civile qui aura reçu de l'argent, une récompense quelconque ou des promesses, sera puni de la réclusion.

Le faux témoin, en matière de police, qui aura reçu de l'argent, une récompense, quelconque ou des promesses, sera puni d'un emprisonnement de deux à cinq ans et d'une amende de12.000 francs à 480.000 francs.

Il pourra l'être aussi des peines accessoires mentionnées en l'article 362.

Dans tous les cas, ce que le faux témoin aura reçu sera confisqué. »

[212] Art. 21, al. 2 du CP.

[213] Art. 19 du CP.

[214] Interprète en matière criminelle, correctionnelle ou civile.

[215] Art. 367, al. 2 et 365 du CP.

Cependant, si l'interprète a reçu un avantage indu pour faire une mauvaise traduction, il sera sanctionné suivant les articles 367, al. 1 et 364, al. 1, 2, 3 et 4 du CP.

Culpabilité :

- Le présumé auteur doit avoir été un interprète (en matière criminelle, correctionnelle ou civile).
- ***Élément matériel*** : il doit avoir dénaturé la substance :
  - soit des paroles oralement traduites ;
  - soit d'un document oralement traduit.[216]
- ***Élément moral*** : il doit l'avoir fait sciemment (de mauvaise foi).

« Atténuation et aggravation de la peine » :

- **A** : si l'interprète, *en matière criminelle*, a commis ces faits pour aider ou faire du tort à l'accusé, ***voir peine A*** (art. 367, al. 1 et art. 361, al. 1 du CP) ;
- **B** : si l'interprète, *en matière criminelle*, a commis ces faits pour aider ou faire du tort à l'accusé, et si ce dernier a été condamné à une peine plus forte que celle de la réclusion, ***voir peine B*** (art. 367, al. 1 et art. 361, al. 2 du CP) ;
- **C** : si l'interprète, *en matière correctionnelle*, a commis ces faits pour aider ou faire du tort au prévenu, ***voir peine C*** (art. 367, al. 1 et art. 362, al. 1 du CP) ;
- **D** : si l'interprète, *en matière correctionnelle*, a commis ces faits pour aider ou faire du tort au prévenu et que ce dernier a été condamné à plus de cinq années d'emprisonnement, ***voir peine D*** (art. 367, al. 1 et art. 362, al. 2 du CP) ;
- **E** : si l'interprète, *en matière de police*, a commis ces faits pour aider ou faire du tort au prévenu ***voir peine E*** (art. 367, al. 1 et art. 362, al. 3 du CP) ;
- **F** : s'il l'a fait *en matière civile*, ***voir peine F*** (art. 367, al. 1 et art. 363 du CP) ;
- **G** : si l'interprète, *en matière criminelle*, a reçu de l'argent, une récompense quelconque ou des promesses, ***voir peine G*** (art. 367, al. 1 et art. 364, al. 1 du CP) ;
- **H** : si l'interprète, *en matière correctionnelle*, a reçu de l'argent, une récompense quelconque ou des promesses, ***voir peine H*** (art. 367, al. 1 et art. 364, al. 2 du CP) ;
- **I** : si l'interprète, *en matière de police*, a reçu de l'argent, une récompense quelconque ou des promesses, ***voir peine I*** (art. 367, al. 1 et art. 364, al. 3 du CP).

[216] Il doit donc avoir fait une fausse traduction ou une « traduction infidèle » des propos ou d'un écrit.

77- DÉNI DE JUSTICE

 Élément légal : article 185 du Code pénal.

- **Teneur du texte** :

Art. 185 du CP : *« Tout juge ou tribunal, tout administrateur ou autorité administrative, qui, sous quelque prétexte que ce soit, même du silence ou de l'obscurité de la loi, aura dénié de rendre la justice qu'il doit aux parties, après en avoir été requis, et qui aura persévéré dans son déni, après avertissement ou injonction de ses supérieurs hiérarchiques, pourra être poursuivi et sera puni d'une amende de 48.000 francs au moins et de 120.000 francs au plus, et de l'interdiction de l'exercice des fonctions publiques de cinq ans jusqu'à vingt ans. »*

- **Peines principales** : 48.000 F CFA à 120.000 F CFA d'amende et l'interdiction de l'exercice des fonctions de cinq (05) ans à vingt (20) ans (c'est un **délit**).

Compréhension : c'est le fait pour un juge, un tribunal, un administrateur ou une autorité administrative, de s'abstenir ou refuser de rendre la justice due aux parties, en dépit des avertissements ou injonctions de ses supérieurs hiérarchiques.

Culpabilité :

 Le présumé auteur doit avoir été soit un juge ou un tribunal, soit un administrateur ou une autorité administrative ;

 il doit au préalable avoir été requis de rendre la justice aux parties dans une procédure judiciaire ou administrative.

 Élément matériel :

- Il doit avoir refusé de rendre la justice due aux parties (« les justiciables »[217]) ;
- il doit l'avoir fait après en avoir été requis.[218]

 Élément moral : il doit avoir agi volontairement (sciemment).[219]

78- DÉNONCIATION CALOMNIEUSE

 Élément légal : article 373, al. 2 du Code pénal.

---

[217] Michel VERON, *op. cit.*, p. 429.

[218] Le présumé auteur devrait s'être « cantonné » dans son entêtement de ne pas rendre justice, en dépit des avertissements et injonctions de ses supérieurs hiérarchiques, et ce, même en cas de silence ou en cas d'obscurité de la loi.

[219] Le refus de suivre une injonction contraire aux règles déontologiques du magistrat donnerait-il lieu à des sanctions légales ?

o **Teneur du texte** :

***Art. 373 du CP** : « (Loi n° 57-780 du 11/7/1957 p. 1096). Quiconque aura, par quelque moyen que ce soit, fait une dénonciation calomnieuse contre un ou plusieurs individus, aux officiers de justice ou de police administrative ou judiciaire, ou à toute autorité ayant le pouvoir d'y donner suite ou de saisir l'autorité compétente, ou encore aux supérieurs hiérarchiques ou aux employeurs du dénoncé, sera puni d'un emprisonnement de six mois à cinq ans et d'une amende de 50.000 à 1.500.000 francs.* *Le Tribunal pourra, en outre ordonner l'insertion du jugement intégralement ou par extrait, dans un ou plusieurs journaux et aux frais du condamné.* *Si le fait dénoncé est susceptible de sanction pénale ou disciplinaire, les poursuites pourront être engagées en vertu du présent article, soit après jugement ou arrêt d'acquittement ou de relaxe, soit après ordonnance ou arrêt de non-lieu, soit après classement de la dénonciation par le magistrat, fonctionnaire, autorité supérieure ou employeur compétent pour lui donner la suite qu'elle était susceptible de comporter.* *La juridiction, saisie en vertu du présent article, sera tenue de surseoir à statuer si des poursuites concernant le fait dénoncé sont pendantes. »*

o **Peines principales** : six (06) mois à cinq (05) ans d'emprisonnement et 50.000 F CFA à 1.500.000 F CFA d'amende (c'est un **délit**).

Compréhension : c'est le fait pour un individu de dénoncer une personne déterminée à la justice ou à une autorité pouvant la sanctionner ou à celle pouvant saisir les autorités compétentes pour le faire, alors qu'il sait pertinemment que les faits dénoncés sont en totalité ou en partie faux.

Culpabilité :

 Élément matériel :

o Le présumé auteur doit avoir *dénoncé* une ou plusieurs *personnes déterminées* ;

o il doit l'avoir fait de façon *spontanée*[220] et par *tout moyen*[221] ;

o il doit avoir fait cette dénonciation aux *autorités administratives*, *judiciaires* ou *toute autorité* pouvant *directement* sanctionner cette

---

[220] Cass. Crim. 8 août 1835, n° 314.

Quand la dénonciation a été provoquée par un interrogatoire par exemple, elle prend la forme d'une déclaration. La dénonciation doit émaner de la volonté libre de son auteur (cf. Joseph Édouard BOITARD et Faustin HELIE, *op. cit.*, p. 386 et 387).

[221] Aux termes de l'art. 373, al. 1 du CP, la dénonciation peut être faite « *par quelque moyen que ce soit* ». De là suit qu'elle peut être faite soit par écrit, soit verbalement, soit par tout autre moyen.

Sous d'autres cieux, cependant, la dénonciation calomnieuse n'est retenue que si elle a été faite par écrit (cf. Gaston-Jean BOUVENET et Paul HUTIN, *Recueil annoté des textes de Droit pénal applicables en Afrique Occidentale Française*, Éditions de l'Union française, p. 72).

personne (la victime), ou celle *pouvant saisir* l'autorité compétente pour le faire ;

- cette dénonciation doit *nécessairement porter sur des faits totalement* ou *partiellement faux*.[222]

 Élément moral : le présumé auteur doit avoir agi de mauvaise foi (avec la conscience que les faits dénoncés étaient, en totalité ou en partie, mensongers).

79- DÉPISTAGE ILLÉGAL DU VIH

 Élément légal **:** article 43 de la loi n° 30-2011 du 3 juin 2011 portant lutte contre le VIH et le SIDA, et protection des droits des personnes vivant avec le VIH.

- **Teneur du texte** :

Article 43 de L. 03/06/2011 *: « Quiconque aura réalisé un test de dépistage du VIH sans le consentement libre et préalable de la personne intéressée, en dehors du dépistage dans le cadre du don de tissus, sang ou organe, sera puni d'un emprisonnement d'un mois à trois mois et d'une amende de cent mille à deux cent mille francs CFA, ou de l'une de ces peines seulement. »*

- **Peines principales** : un (01) mois à trois (03) mois d'emprisonnement et 100.000 F CFA à 200.000 F CFA d'amende, ou l'une de ces peines seulement (c'est un **délit**).

Compréhension : c'est le fait pour toute personne de réaliser un test de dépistage du VIH sur autrui, contre son gré et en dehors des cas prévus par la loi.

Culpabilité :

 Élément matériel :

- Le présumé auteur doit avoir réalisé un dépistage du VIH sur un être humain ;
- il doit l'avoir fait sans le consentement libre et préalable de cette personne (la victime) ;
- il doit avoir réalisé ce test en dehors des cas prévus par la loi.[223]

 Élément moral : il doit avoir agi de mauvaise foi (en connaissance de cause).

---

[222] Le caractère « inexact » ou faux des faits dénoncés est établi soit par décision définitive de « relaxe, soit par ordonnance ou arrêt définitif de non-lieu… » Pour les faits susceptibles d'entrainer de sanctions disciplinaires, l'appréciation de leur « fausseté » appartient aux « autorités habilitées » à prononcer lesdites sanctions (cf. Faustin HELIE, *op. cit.*, p. 373 et 374 ; art. 76-1° du Code de procédure pénale congolais).

[223] En l'absence des cas de don de tissus, de sang et d'organes, par exemple.

80- DÉPISTAGE ILLÉGAL DU VIH SUR UN DÉTENU

□ ***Élément légal*** **:** articles 35 et 43 de la loi n° 30-2011 du 3 juin 2011 portant lutte contre le VIH et le SIDA, et protection des droits des personnes vivant avec le VIH.

- **Teneur du texte** :

> ***Article 35 de L. 03/06/2011*** *: « Les détenus ont le droit de faire, gratuitement et en toute confidentialité, la démarche de dépistage volontaire du VIH.*
>
> *Aucun test concernant le VIH ne peut être administré sans le consentement libre et éclairé du détenu, et seulement dans l'optique de lui fournir des traitements, des soins et du soutien. »*
>
> ***Article 43 de L. 03/06/2011*** *: « Quiconque aura réalisé un test de dépistage du VIH sans le consentement libre et préalable de la personne intéressée, en dehors du dépistage dans le cadre du don de tissus, sang ou organe, sera puni d'un emprisonnement d'un mois à trois mois et d'une amende de cent mille à deux cent mille francs CFA, ou de l'une de ces peines seulement. »*

- **Peines principales** : un (01) mois à trois (03) mois d'emprisonnement et 100.000 F CFA à 200.000 F CFA d'amende, ou l'une de ces peines seulement (c'est un **délit**).

Compréhension : c'est le fait pour toute personne de réaliser un test de dépistage du VIH sur un détenu, contre son gré et en dehors des cas prévus par la loi.

Culpabilité :

➢ Voir éléments matériel et moral de ***Dépistage illégal du VIH.***[224]

81- DÉPLACEMENT ILLÉGAL D'ENFANT HORS DU TERRITOIRE NATIONAL

□ ***Élément légal*** : articles 2 et 3 de la loi n° 18/64 du 13 juillet 1964 réprimant la sortie illicite hors du Congo d'un enfant né de mère congolaise et d'un étranger.

- **Teneur du texte** :

> ***Art. 2 de L. 13/07/1964*** *: « Dans le cas d'une union purement civile, les enfants nés de cette union, ne peuvent être transférés hors du territoire de la République, qu'après consentement de la mère, constaté par décision du Tribunal coutumier. »*
>
> ***Art. 3 de L. 13/07/1964*** *: « Ceux qui auront emmené hors du territoire de la République du Congo un enfant congolais, né de l'union non déclarée à*

[224] La seule différence est qu'ici : la victime est un *détenu*.

l'Etat-Civil, d'une femme congolaise et d'un ressortissant étranger, sans avoir obtenu l'autorisation visée à l'article 2 ci-dessus seront punis d'un emprisonnement de deux mois à deux ans et d'une amende de 20 000 à 300 000 francs ou de l'une de ces deux peines seulement, le tout sans préjudice des peines plus graves en cas d'enlèvement de mineurs. »

- **Peines principales** : deux (02) mois à deux (02) ans d'emprisonnement et 20.000 F CFA à 300.000 F CFA d'amende, ou l'une de ses deux peines seulement (c'est un **délit**).

Compréhension : c'est le fait pour un individu de déplacer ou sortir hors du territoire national, sans décision du juge, un enfant congolais né de l'union non déclarée à l'état civil, d'une femme congolaise et d'un père étranger.

Culpabilité :

- L'enfant congolais en cause doit avoir été né d'une mère congolaise et d'un père étranger, et issu de l'union non déclarée à l'état civil (c.-à-d., sans mariage civil ou mariage non connu de la République du Congo).
- ***Élément matériel*** :
  - Le présumé auteur doit avoir emmené cet enfant hors du territoire de la République du Congo (traversé les frontières du territoire national) ;
  - il doit l'avoir fait sans autorisation préalable de justice ou à son mépris.
- ***Élément moral*** : il doit avoir agi en connaissance de cause (volontairement).

82- DESTRUCTION D'AFFICHES ÉLECTORALES

- ***Élément légal*** : article 129-4 de la loi du 24 novembre 2001 portant loi électorale en République du Congo.

  - **Teneur du texte** :

Article 129 de *: « Sont punies d'une amende de 300.000 à 1.000.000 de F CFA : (...) ;*
4) la destruction d'affiches régulièrement apposées ; (...). »

- **Peine principale** : 300.000 F CFA à 1.000.000 F CFA d'amende (c'est un **délit**).

Compréhension : c'est le fait pour une personne de détruire une affiche électorale qui était régulièrement apposée.

Culpabilité :

- L'affiche en cause doit avoir été régulièrement apposée.
- ***Élément matériel*** :
  - Le présumé auteur doit avoir détruit une ou plusieurs affiches ;

- o cette ou ces affiches doivent avoir été en relation avec les élections ;[225]

- *Élément moral* : le présumé auteur doit avoir agi volontairement.

83- DESTRUCTION D'OBJETS SAISIS

✓ *Voir* ***Détournement et destruction d'objet saisis.***

84- DESTRUCTION DE PIÈCES À CONVICTION

- ***Élément légal*** :
- **A :** art. 439, al. 2 et 4 du CP ;
- **B :** art. 439, al. 2 et 3 du CP.

  - o **Teneur du texte** :

> ***Art. 439 du CP*** *: « (...) ; Quiconque aura sciemment détruit, soustrait, recelé, dissimulé, ou altéré un document public ou privé de nature à faciliter la recherche des crimes et délits, la découverte des preuves ou le châtiment de leur auteur, sera sans préjudice des peines plus graves prévues par la loi, puni ainsi qu'il suit :*
>
> *Si les pièces détruites sont des actes de l'autorité publique ou des effets de commerce ou de banque la peine sera la réclusion ;*
>
> *S'il s'agit de toute pièce, le coupable sera puni d'un emprisonnement de deux à cinq ans et d'une amende de 24.000 à 72.000 francs. »*

  - o **Peines principales** :

- **A** : deux (02) ans à cinq (05) ans d'emprisonnement et 24.000 F CFA à 72.000 F CFA d'amende (c'est un **délit**) ;
- **B** : cinq (05) ans à dix (10) ans de *réclusion* (c'est un **crime**).[226]

Compréhension : c'est le fait pour une personne de soustraire, de détruire ou d'altérer, de dissimuler ou de receler, en connaissance de cause, un document qui facilite ou facilitait[227] la recherche d'une infraction, la découverte d'une preuve ou le châtiment d'un auteur d'une infraction.

Attention : si ces documents ne sont pas de nature à faciliter la recherche d'une infraction ou la découverte d'une preuve ou le châtiment de leur auteur, *voir* ***Destruction des registres, minutes ou actes.***

Culpabilité :

- ***Élément matériel*** :
  - o Le présumé auteur doit avoir soit soustrait, détruit ou altéré, soit recélé ou dissimulé un document public ou privé ;

---

[225] Il doit s'agir des affiches électorales.

[226] Art. 21, al. 2 du CP.

[227] Au moment des faits.

- le document en cause doit avoir été de nature à faciliter :
  - soit la recherche d'une infraction (délit ou crime) ;
  - soit la découverte des preuves sur une infraction ;
  - soit le châtiment des auteurs d'une infraction.

 Élément moral : il doit l'avoir fait en connaissance de cause (sciemment).

« Atténuation et aggravation de la peine »

- **A** : s'il s'agit de toutes pièces autres que les actes de l'autorité publique ou les effets de commerce ou de banque, ***voir peine A*** ;
- **B** : si les pièces détruites sont des actes de l'autorité publique ou des effets de commerce ou de banque, ***voir peine B***.

85- DESTRUCTION DES REGISTRES, MINUTES OU ACTES

 Élément légal :

- **A :** art. 439, al. 1 et 4 du CP ;
- **B :** art. 439, al. 1 et 3 du CP.

- **Teneur du texte** :

> ***Art. 439 du CP*** : *« Quiconque aura volontairement brûlé ou détruit, d'une manière quelconque, des registres, minutes ou actes originaux de l'autorité publique, des titres, billets, lettres de change, effets de commerce ou de banque, contenant ou opérant obligation, disposition ou décharge ; (...), sera sans préjudice des peines plus graves prévues par la loi, puni ainsi qu'il suit :*
>
> *Si les pièces détruites sont des actes de l'autorité publique ou des effets de commerce ou de banque la peine sera la réclusion ;*
>
> *S'il s'agit de toute pièce, le coupable sera puni d'un emprisonnement de deux à cinq ans et d'une amende de 24.000 à 72.000 francs. »*

- **Peines principales** :

- **A** : deux (02) ans à cinq (05) ans d'emprisonnement et de 24.000 F CFA à 72.000 F CFA d'amende (c'est un **délit**) ;
- **B** : cinq (05) ans à dix (10) ans de *réclusion* (c'est un **crime**).[228]

Compréhension : c'est le fait pour une personne de détruire ou d'altérer volontairement des documents originaux de l'autorité publique ou des titres, billets, lettres de change, effets de commerce ou de banque, contenant ou opérant obligation, disposition ou décharge.

Attention : si ces documents sont de nature à faciliter la recherche d'une infraction ou la découverte d'une preuve, ou le châtiment de son auteur, *voir* ***Destruction de pièces à conviction.***

---

[228] Art. 21, al. 2 du CP.

Culpabilité :

- ***Élément matériel*** : le présumé auteur doit avoir brûlé ou détruit, d'une manière quelconque :
  - soit des registres, minutes ou actes originaux de l'autorité publique ;
  - soit des titres, billets, lettres de change, effets de commerce ou de banque qui *contiennent ou opèrent obligation, disposition ou décharge.*
- ***Élément moral*** : il doit l'avoir fait volontairement (avec une intention coupable).

« Atténuation et aggravation de la peine »

- **A** : s'il s'agit de toutes pièces autres que les actes de l'autorité publique ou les effets de commerce ou de banque, ***voir peine A*** *;*
- **B** : si les pièces détruites sont des actes de l'autorité publique ou des effets de commerce ou de banque, ***voir peine B***.

86- DESTRUCTION OU DÉTOURNEMENT DE GAGE

- ***Élément légal*** : articles 400 al. 7 et 401, al. 1, 2 et 3 du Code pénal.
  - **Teneur du texte** :

> ***Art. 400 du CP*** *: « (...). Les peines de l'article 401 seront également applicables à tout débiteur, emprunteur ou tiers donneur de gage qui aura détruit, détourné ou tenté de détourner ou de détruire les objets par lui donnés à titre de gages. (...). »*
>
> ***Art. 401 du CP*** *: « Les autres vols non spécifiés dans la présente section, les larcins, et filouteries, ainsi que les tentatives de ces mêmes délits, seront punis d'un emprisonnement d'un an au moins et de cinq ans au plus et pourront même l'être d'une amende qui sera de 4.000 francs au moins et de 120.000 francs au plus.*
>
> *Les coupables pourront encore être interdits des droits mentionnés en l'article 42 du présent code, pendant cinq ans au moins et dix ans au plus, à compter du jour où ils auront subi leur peine.*
>
> *Ils pourront aussi être mis, par l'arrêt ou le jugement, sous la surveillance de la haute police pendant le même nombre d'années. (...). »*

  - **Peines principales** : un (01) an à cinq (05) ans d'emprisonnement et 4.000 F CFA à 120.000 F CFA d'amende (c'est un **délit**).

Compréhension : c'est le fait pour une personne de détruire ou de détourner, ou de tenter de détruire ou de détourner des objets qu'il a remis pour garantir le paiement de sa dette ou celle d'autrui.

Attention : si les objets en cause avaient été saisis, *voir* ***Détournement ou destruction d'objets saisis***.

Culpabilité :

- Le présumé auteur doit avoir été un débiteur, un emprunteur ou un tiers donneur de gage.
- ***Élément matériel*** : il doit avoir :
  - soit *détourné ou tenté de détourner* le gage donné par lui-même ;
  - soit *détruit ou tenté de détruire* une chose qu'il a mise en gage.
- ***Élément moral*** : il doit l'avoir fait en connaissance de cause (sciemment).

87- DÉTENTION ILLÉGALE D'ANIMAL SAUVAGE NON INTÉGRALEMENT PROTÉGÉ

- ***Élément légal*** : article 112 de la loi n° 37-2008 du 28 novembre 2008 sur la faune et les aires protégées.
  - **Teneur du texte** :

Art. 112 de L. 28/11/2008 *: « Sans préjudice des confiscations, restitutions, retraits de permis et licence de chasse ou dommages-intérêts, sera puni d'une amende de 10 000 F CFA à 500 000 F CFA et d'un emprisonnement de 1 à 18 mois ou de l'une de ces deux peines seulement, quiconque aura : (...) ;* *- détenu illégalement un animal sauvage non intégralement protégé. »*

  - **Peines principales** : un (01) mois à dix-huit (18) mois d'emprisonnement et 10.000 F CFA à 500.000 F CFA d'amende, ou l'une de ces peines seulement (c'est un **délit**).

Compréhension : c'est le fait pour une personne de posséder ou de garder un animal sauvage non intégralement protégé, sans observer les formalités exigées par la loi.

Culpabilité :

- L'animal en cause doit avoir été de la catégorie des animaux sauvages non intégralement protégés.[229]
- ***Élément matériel*** :
  - Le présumé auteur doit avoir *détenu*[230] cet animal sauvage ;
  - il doit l'avoir fait sans accomplir au préalable les formalités exigées par la loi.[231]

---

[229] Tels une femelle suitée, un oiseau ou un reptile en nidation (cf. art. 113, al. 1 de la loi n° 37-2008 du 28 novembre 2008 sur la faune et les aires protégées).

[230] La détention, ici, s'entend du fait de posséder (c.-à-d., être en possession de quelque chose). Ainsi, celui qui acquiert, élève ou héberge, « de façon illégale », un animal sauvage non intégralement protégé s'expose aux poursuites pénales.

□ ***Élément moral*** : l'auteur présumé doit avoir volontairement (agi en connaissance de cause).

88- DÉTOURNEMENT DE CORRESPONDANCE

✓ *Voir **Violation de correspondance.***

89- DÉTOURNEMENT DU DROIT D'USAGE DES PRODUITS FORESTIERS

□ ***Élément légal*** : article 143 de la loi n° 16-2000 du 20 novembre 2000 portant Code forestier en République du Congo.

- **Teneur du texte** :

Art. 143 de L. 20/11/2000 : *« Sont punis d'une amende de 5.000 à 100.000 F CFA, les usagers qui vendent les produits de l'exercice de leurs droits d'usage ou les emploient à une destination autre que celle pour laquelle le droit d'usage a été accordé. »*

- **Peine principale** : 5.000 F CFA à 100.000 F CFA d'amende (c'est un **délit**).

Compréhension : c'est le fait, pour un usager de produits forestiers, d'employer lesdits produits à une destination autre que celle pour laquelle le droit d'usage a été accordé.

Attention : s'il y a eu vente de produits en cause, *voir **Vente de produits de l'exercice du droit d'usage***.

Culpabilité :

□ Le présumé auteur doit avoir bénéficié d'un *droit d'usage des produits forestiers*[232].

□ ***Élément matériel*** : il doit avoir employé les produits en cause à une destination autre celle pour laquelle le droit d'usage avait été accordé.

□ ***Élément moral*** : le présumé auteur doit avoir agi volontairement (en connaissance de cause).

[231] Il existe des licences de capture qui autorisent la capture, la vente et la détention d'un animal non intégralement protégé (cf. art. 50 et 51 de la loi n° 37-2008 du 28 novembre 2008 sur la faune et les aires protégées).

[232] Pour les détails sur le droit d'usage des produits forestiers, voir *Vente des produits de l'exercice du droit d'usage*.

90- DÉTOURNEMENT, DISSIPATION OU SOUSTRACTION DE BIENS PUBLICS OU PRIVÉS

- ***Élément légal*** :

A et **B** : article 15 de la loi n° 5-2009 du 22 septembre 2009 sur la corruption, la concussion, la fraude et les infractions assimilées.

- **Teneur du texte** :

> ***Art. 15 de L. 22/09/2009*** *: « Sera puni de la réclusion pour une durée minimale de cinq ans et maximale de dix ans sans possibilité de bénéficier du produit des travaux effectués, si les choses détournées, dissipées, soustraites ou escroquées sont d'une valeur supérieure à 50.000.000 francs CFA ou d'un emprisonnement d'un an au moins et de dix ans au plus si cette valeur est inférieure à 50.000.000 francs CFA, le fait pour tout agent ou préposé d'une personne morale de droit public ou toute autre personne de soustraire, détourner ou dissiper frauduleusement à des fins n'ayant aucun rapport avec celles auxquels ils sont destinés, à son propre avantage ou à celui d'une institution ou d'un tiers, tout ou partie des deniers publics ou privés, effets ou titres en tenant lieu, biens ou toute autre chose de valeur dont il a la charge en raison de ses fonctions, ou de se faire frauduleusement remettre ou de faire remettre à un tiers lesdits deniers ou effets ou leur contre-valeur en marchandises. »*

- **Peines principales** :

- **A** : un (01) an à dix (10) ans d'emprisonnement (c'est un **délit**) ;
- **B** : cinq (05) ans à dix (10) ans de *réclusion* (c'est un **crime**).[233]

Compréhension : c'est le fait, pour une personne chargée des fonctions publiques ou un particulier, de détourner, soustraire ou dissiper, en connaissance de cause, les biens de l'État ou ceux des particuliers, qui lui avaient été confiés, à son profit ou au profit d'un tiers.[234]

Attention : si le présumé auteur s'est fait frauduleusement remettre ou a fait remettre à un tiers lesdits deniers ou effets ou leur contre-valeur en marchandises, *il s'agira d'une* **escroquerie** *« sur les biens publics »*[235].

---

[233] Art. 21, 2 du CP.

[234] On peut envisager le cas du comptable qui, ayant reçu les fonds pour payer les salariés d'une entreprise, les prête à un tiers, même s'il recouvre lesdits fonds par la suite. Cette infraction peut être également retenue contre celui qui se sert du véhicule de service pour effectuer des « voyages de longues distances » n'ayant aucun rapport avec son service.

[235] Prévue et punie par l'article 15 de la loi n° 5-2009 du 22 septembre 2009 sur la corruption, la concussion, la fraude et les infractions assimilées (cf. Cyprien GANZINO-NGOUNGA, *op. cit.*, p. 387).

Culpabilité :

 La chose ou les biens en cause doivent avoir appartenu à l'État ou à un particulier ;

 ces biens ne doivent pas avoir été la propriété d'un ascendant, d'un allié au même degré, d'un descendant, ou du conjoint ou feu conjoint du présumé auteur ;[236]

 ces biens doivent avoir été mis à *la charge* du présumé auteur, *en raison de ses fonctions.*

 Élément matériel :

- Le présumé auteur doit avoir *détourné, soustrait* ou *dissiper*, tout ou partie :
  - soit des deniers publics ou privés ;
  - soit des effets ou titres en tenant lieu ;
  - soit des biens ou de toute autre chose de valeur.[237]
- il doit l'avoir fait à des *fins n'ayant aucun rapport avec celles auxquelles ces biens étaient destinés.*

 Élément moral : il doit avoir agi avec une intention coupable (en connaissance de cause).

« Atténuation et aggravation de la peine »

- **A** : si le bien en cause est d'une valeur inférieure à 50.000.000 F CFA, ***voir peine A*** ;
- **B** : si le bien détourné est d'une valeur supérieure à 50.000.000 F CFA, ***voir peine B***.

91- DÉTOURNEMENT OU DESTRUCTION D'OBJETS SAISIS

 Élément légal :

- **A** : art. 400[238] , al. 5 et l'art. 406 du CP ;
- **B** : art. 400, al. 6 et l'art. 401 du CP.

- **Teneur du texte** :

> ***Art. 400 du CP*** *: « (...). Le saisi qui aura détruit, détourné ou tenté de détruire ou de détourner des objets saisis sur lui et confiés à sa garde, sera puni des peines portées en l'article 406.*
>
> *Il sera puni des peines portées en l'article 401, si la garde des objets saisis et qu'il aura détruits ou détournés ou tenté de détruire ou de détourner avait été confiée à un tiers. (...). »*

---

[236] Art. 380, al 1 du CP ; voir *Vol simple*, pour plus de détails sur les immunités familiales.

[237] Peu importe que le détournement, la soustraction ou la dissipation ait été faite à son propre profit ou celui d'un tiers.

[238] *Voir* ***Destruction ou détournement de gage,*** pour lire le contenu intégral de l'article 401 du CP.

Art. 406 du CP *: « (D. L. 1617/1935 - D. appl. 26/7/1935 – AGG prom. n° 3605 du 7/9/1939 - JOAEF 1939 p. 1088 et 1141).*

Quiconque aura abusé des besoins, des faiblesses ou des passions d'un mineur, pour lui faire souscrire, à son préjudice, des obligations, quittances ou décharges, pour prêt d'argent ou de choses mobilières, ou d'effets de commerce ou de tous autres effets obligatoires, sous quelque forme que cette négociation ait été faite ou déguisée, sera puni d'un emprisonnement de deux mois au moins, de deux ans au plus, et d'une amende de 240.000 francs au moins et de 2.400.000 francs au plus.

L'amende pourra, toutefois, être portée au quart des restitutions et des dommages-intérêts, s'il est supérieur au maximum prévu à l'alinéa précédent.

La disposition portée au troisième paragraphe du présent article pourra, de plus, être appliquée. »

Art 401 du CP *: « Les autres vols non spécifiés dans la présente section, les larcins, et filouteries, ainsi que les tentatives de ces mêmes délits, seront punis d'un emprisonnement d'un an au moins et de cinq ans au plus et pourront même l'être d'une amende qui sera de 4.000 francs au moins et de 120.000 francs au plus. (...). »*

- **Peines principales** :
- **A** : deux (02) mois à deux (02) ans d'emprisonnement et 240.000 F CFA à 2.400.000 F CFA d'amende (c'est un **délit**) ;
- **B** : un (01) an à cinq (05) ans d'emprisonnement et 4.000 F CFA à 120.000 F CFA d'amende (c'est un **délit**).

Compréhension : c'est le fait pour une personne de détruire ou de détourner (ou seulement de tenter de le faire) des objets saisis sur lui et confiés à sa garde ou à la garde d'un tiers.

Attention : si les objets en cause étaient mis en gage, *voir **Destruction ou détournement de gage***.

Culpabilité :

- ***Élément matériel*** :
  - Le présumé auteur doit avoir soit détourné ou tenté de détourner, soit détruit ou tenté de détruire les objets ;
  - les objets en cause doivent avoir été *saisis*[239] sur lui.
- ***Élément moral*** : il doit l'avoir fait en connaissance de cause (volontairement).

[239] Cette saisie doit néanmoins être « régulière » (c.-à-d., pratiquée à l'issue d'une procédure judiciaire). Il ne s'agit donc pas des objets volontairement remis à un tiers en garantie d'une créance (gage).

« Atténuation et aggravation de la peine » :

- **A** : si les objets en cause étaient confiés à la garde de l'auteur des faits, ***voir peines A*** ;
- **B** : si les objets en cause étaient confiés à un tiers, ***voir peines B***.

92- DÉTOURNEMENT OU ENLÈVEMENT DE MINEUR

□ ***Élément légal*** :

- **A** : article 101, al. 1 et 5 de la loi n° 4-2010 du 14 juin 2010 portant protection de l'enfant en République du Congo ;[240]
- **B** : article 101, al. 1 de la loi n° 4-2010 du 14 juin 2010 portant protection de l'enfant en République du Congo.[241]

- **Teneur du texte** :

> ***Art. 101 de L. 14/06/2010*** : *« Les coupables d'enlèvement, de détournement, de recel ou de suppression d'enfant, de substitution d'un enfant à un autre, de supposition d'enfant à une femme qui n'aura pas accouché ou de tout autre procédé illicite de séparation d'enfant d'avec sa famille, seront punis de la réclusion. (...).*
>
> *Lorsque les procédés ci-dessus auront été utilisés avec fraude ou violence, la peine sera de la réclusion. »*

- **Peines principales** :

A et B : cinq (05) ans à dix (10) ans de *réclusion* (c'est un **crime**).[242]

Compréhension : c'est le fait pour une personne de soustraire un mineur aux personnes qui ont autorité sur lui ou au lieu où il était légitimement placé, en usant ou pas de la fraude, ou en employant ou pas la violence.[243]

Attention : cette infraction peut être aussi commise sans emploi de violence, *voir* ***Détournement ou enlèvement de mineur sans violence, ni fraude***.

Toutefois, certaines circonstances dans l'intérêt de l'enfant pourraient légitimer la soustraction ou le détournement de mineur.[244]

Culpabilité :

□ La victime doit être un enfant (un mineur).

---

[240] En cas de recours à la fraude ou la violence.

[241] En l'absence de fraude, ni de violence.

[242] Art. 21, al. 2 du CP.

[243] Les dispositions précitées se présentent comme une révision des articles 354, 355 et 356 du Code pénal.

[244] « Aucun enfant ne sera soustrait à la surveillance de ses parents, que ce soit partiellement ou totalement, à moins que les circonstances ne rendent cette séparation nécessaire » (art. 80, al. 4 de la loi n° 4-2010 du 14 juin 2010 portant protection de l'enfant en République du Congo).

□ ***Élément matériel*** :

o Le présumé auteur doit avoir soit soustrait lui-même, soit fait enlever cet enfant à l'autorité ou au contrôle de ses parents, tuteurs, gardiens ou toute autre personne sous la direction ou l'autorité de laquelle il était placé ;

o il doit l'avoir fait soit en employant ou pas la *violence*, soit en recourant à la *fraude*[245].

□ ***Élément moral*** : le présumé auteur doit avoir agi avec la volonté de détourner l'enfant en cause ou avec la conscience qu'il n'avait pas le droit de le déplacer.

93- DIFFAMATION DIRIGÉE CONTRE LA MÉMOIRE D'UN MORT

□ ***Élément légal*** :

- **A** : articles 195, al. 2 ;[246] 200, 196[247], 197, 198 et 199 de la loi n° **8** du 12 novembre 2001 sur la liberté de l'information et de la communication ;
- **B** : articles 195, al. 2 ; 200, 196, 197, 198 et 199 de la loi n° **8** du 12 novembre 2001 sur la liberté de l'information et de la communication.

o **Teneur du texte** :

Art. 200 de L. 12/11/2001 : *« Les articles 197, 198 et 199 de la présente loi ne seront applicables aux diffamations ou aux injures dirigées contre la mémoire des morts que dans les cas où les auteurs de ces diffamations ou de ces injures auraient eu l'intention de porter atteinte à l'honneur et à la considération des héritiers, des époux ou des légataires universels survivants. (...). »*   ***Art. 198 de L. 12/11/2001*** : *« La diffamation commise envers les particuliers par l'un des moyens énoncés à l'article 187*[248] *sera punie d'une amende de 200.000 francs CFA à 2.000.000 francs CFA.(...). »*

o **Peines principales** :

- **A** : 200.000 F CFA à 2.000.000 F CFA d'amende (c'est un **délit**) ;
- **B** : 300.000 F CFA à 3.000.000 F CFA d'amende (c'est un **délit**).[249]

---

[245] La fraude couvre l'idée de « contraindre » ou de « tromperie ». Certains auteurs y voient « *tous les pièges employés* » pour égarer le mineur ou pour lui « *faire croire* » qu'il est attendu à tel lieu ou tel endroit par ses « *parents ou tuteurs* » (cf. Joseph Édouard BOITARD et Faustin HELIE, *op. cit*, p. 377).

[246] *Voir Diffamation envers un particulier,* pour lire cette disposition.

[247] Pour lire les dispositions des art. 196 et 197 de cette loi, *voir* ***Diffamation envers une autorité publique, un agent public, un juré ou un témoin, ou envers un corps constitué***.

[248] Pour lire les dispositions de cet article, voir *Diffamation envers une autorité publique, un agent public, un juré ou un témoin, ou envers un corps constitué.*

[249] Art. 200, 196 et 197 de la loi n° 8 du 12 novembre 2001 sur la liberté de l'information et de la communication.

Compréhension : c'est le fait pour une personne *de nuire* à l'honneur et à la considération d'un héritier, de l'époux (se) ou d'un légataire universel survivant, *en calomniant* publiquement « *un défunt* »[250].

Attention : s'il n'y a imputation d'aucun fait quelconque, *voir* ***Injure dirigée contre la mémoire d'un mort***.

Culpabilité :

 Élément matériel :

- Le présumé auteur doit avoir fait porté atteinte à l'honneur et à la considération d'un héritier, d'un époux ou d'un légataire universel survivant ;
- il doit l'avoir fait en imputant un fait quelconque à un *défunt* ;
- le présumé auteur doit l'avoir fait par le moyen :
  - soit des discours, cris ou menaces proférés dans les réunions ou lieux publics ;
  - soit des écrits, imprimés, dessins, gravures, peintures, emblèmes, images ou autres supports de l'écrit, de parole ou de l'image, vendus ou distribués, mis en vente ou exposés dans les lieux publics ;
  - soit des placards ou des exposés au regard du public.

 Élément moral : le présumé auteur doit avoir agi avec l'intention de nuire à cet héritier, époux ou légataire universel, survivant.

« Atténuation et aggravation de la peine »

- **A** : si la victime est un particulier (***voir peines A***) ;
- **B** : si la victime est une autorité publique ou un agent public (***voir peines B***).

94- DIFFAMATION ENVERS UN PARTICULIER

 Élément légal :

- **A** : articles 195, al. 2 ; 198, al. 1 ; et 187, al. 1 de la loi n° 8 du 12 novembre 2001 sur la liberté de l'information et de la communication ;
- **B** : articles 195, al. 2 ; 198, al. 2 ; et 187, al 1 de la loi n° 8 du 12 novembre 2001 sur la liberté de l'information et de la communication.

- **Teneur du texte** :

Art. 195 de L. 12/11/2001 *: « (...). Toute allégation ou imputation d'un fait qui porte atteinte à l'honneur et à la considération de la personne ou du corps auquel le fait est imputé est une diffamation. (...). »*

[250] Dire des mensonges ou faire « une fausse accusation » contre la mémoire d'un défunt, au préjudice d'un de « ses successeurs légitimes vivants ».

Art. 198 de L. 12/11/2001 : « *La diffamation commise envers les particuliers par l'un des moyens énoncés à l'article 187*[251] *sera punie d'une amende de 200.000 francs CFA à 2.000.000 francs CFA.*

La diffamation, commise par les moyens envers une personne ou un groupe de personnes en raison de leur origine ou de leur appartenance ou non appartenance à une ethnie, une nation, une race, une religion déterminée, un mouvement philosophique, sera punie d'un emprisonnement d'un mois à un an et d'une amende de 300.000 francs CFA à 3.000.000 francs CFA ou de l'une de ces deux peines seulement. »

- **Peines principales** :

- **A** : 200.000 F CFA à 2.000.000 F CFA d'amende (c'est un **délit**) ;
- **B** : un (01) mois à un (01) an d'emprisonnement et 300.000 F CFA à 3.000.000 F CFA d'amende, ou l'une de ces deux peines seulement (c'est un **délit**).

Compréhension : c'est le fait pour une personne de calomnier autrui (un particulier) publiquement.

Attention : s'il n'y a imputation d'aucun fait quelconque à la victime, *voir* ***Injure envers un particulier***.

Culpabilité :

- ***Élément matériel*** :
  - Le présumé auteur doit avoir imputé un fait quelconque à un particulier ;
  - ce fait doit avoir porté atteinte à l'honneur et à la considération de ce particulier (la victime) ;
  - le présumé auteur doit l'avoir fait par le moyen :
    - soit des discours, cris ou menaces proférés dans les réunions ou lieux publics ;
    - soit des écrits, imprimés, dessins, gravures, peintures, emblèmes, images ou autres supports de l'écrit, de parole ou de l'image, vendus ou distribués, mis en vente ou exposés dans les lieux publics ;
    - soit des placards ou des exposés au regard du public.
- ***Élément moral*** : il doit avoir agi avec une intention coupable (intention de nuire).

« Atténuation et aggravation de la peine »

- **A** : si la diffamation a été commise envers une personne ou un groupe de personnes *pour une raison autre que* celle liée à leur origine ou leur

[251] Pour lire les dispositions de cet article, voir *Diffamation envers une autorité publique, un agent public, un juré ou un témoin, ou envers un corps constitué.*

appartenance ou non appartenance à une ethnie, une nation, une race, une religion déterminée ou un mouvement philosophique (***voir peines A***) ;

- **B** : si la diffamation a été commise envers une personne ou un groupe de personnes *en raison de* leur origine ou de leur appartenance ou non-appartenance à une ethnie, une nation, une race, une religion déterminée ou un mouvement philosophique (***voir peines B***).

95- DIFFAMATION ENVERS UNE AUTORITÉ PUBLIQUE, UN AGENT PUBLIC, UN JURÉ OU UN TÉMOIN, OU ENVERS UN CORPS CONSTITUÉ

□ ***Élément légal*** : articles 195, al. 2 ;[252] 187, 196 et 197 de la loi n° 8 du 12 novembre 2001 sur la liberté de l'information et de la communication.

- **Teneur du texte** :

> ***Art. 187 de l. 12/11/2001*** *: « Seront punis comme complices d'une action qualifiée comme crime ou délit, ceux qui, soit par des discours, cris ou menaces proférés dans les réunions ou lieux publics, soit par écrits, imprimés, dessins, gravures, peintures, emblèmes, images ou tout autre support de l'écrit, de parole ou de l'image vendus ou distribués, mis en vente ou exposés dans les lieux publics, soit par des placards ou des exposés au regard du public, auront directement provoqué l'auteur ou les auteurs à commettre cette action, si la provocation a été suivie d'effet. (...).»*
>
> ***Art. 196 de L. 12/11/2001*** *: « La diffamation commise par l'un des moyens énoncés à l'article 187 envers les cours, les tribunaux, les armées de terre, de mer ou de l'air, les corps constitués et les administrations publiques, sera punie d'une amende de 300.000 francs CFA à 3.000.000 francs CFA. »*
>
> ***Art. 197 de L. 12/11/2001*** *: « Sera punie de la même peine la diffamation commise par les mêmes moyens, en raison de leurs fonctions ou de leur qualité, envers un ou plusieurs membres du pouvoir exécutif, un ou plusieurs membres du Parlement, un ou plusieurs membres de la haute cour de justice ou de la Cour suprême, un fonctionnaire public, un dépositaire ou un agent de l'autorité publique, un citoyen chargé d'un service ou d'un mandat public, temporaire ou permanent, un juré ou un témoin, en raison de sa déposition.(...). »*

- **Peine principale** : 300.000 F CFA à 3.000.000 F CFA d'amende (c'est un **délit**).

Compréhension : c'est le fait pour une personne de calomnier publiquement une autorité publique, un agent public ou un juré, à cause de ses fonctions ou de sa qualité, ou un témoin, à cause de sa déposition.

---

[252] *Voir* ***Diffamation envers un particulier,*** pour lire cette disposition.

C'est aussi le fait d'imputer publiquement un fait quelconque, portant atteinte à l'honneur et à la réputation, à une cour, un tribunal, une armée de terre, de mer ou de l'air, un corps constitué ou une administration publique.

Attention : s'il n'y a imputation d'aucun fait quelconque à la victime, *voir* ***Injure envers une autorité publique, un agent public, un juré ou un témoin, ou envers un corps constitué***.

Culpabilité :

- ***Élément matériel*** :
  - Le présumé auteur doit avoir imputé un fait quelconque à :
    - soit une cour, un tribunal, une armée de terre, de mer ou de l'air, un corps constitué ou une administration publique ;
    - soit un membre du pouvoir exécutif, un membre du Parlement, un membre de la haute cour de justice ou de la Cour suprême, un fonctionnaire public, un dépositaire ou un agent de l'autorité publique, un citoyen chargé d'un service ou d'un mandat public, temporaire ou permanent, un juré, *en raison de ses fonctions ou sa qualité* ;
    - soit un témoin, *en raison de sa déposition.*
  - Ce fait doit avoir porté atteinte à l'honneur et à la considération de cette autorité ou cet agent public, ce juré ou ce témoin, ou de ce corps constitué (la victime) ;
  - le présumé auteur doit l'avoir fait par le moyen :
    - soit des discours, cris ou menaces proférés dans les réunions ou lieux publics ;
    - soit des écrits, imprimés, dessins, gravures, peintures, emblèmes, images ou autres supports de l'écrit, de parole ou de l'image, vendus ou distribués, mis en vente ou exposés dans les lieux publics ;
    - soit des placards ou des exposés au regard du public.
- ***Élément moral*** : le présumé auteur doit avoir agi avec l'intention de nuire à la victime (porter atteinte à son honneur ou à sa réputation).

96- DIFFUSION, PUBLICATION ET REPRODUCTION DE FAUSSES NOUVELLES

- ***Élément légal*** :

- **A** : article 194, al. 1 de la loi n° 8 du 12 novembre 2001 sur la liberté de l'information et de la communication ;
- **B** : article 194, al. 1 et 2 de la loi n° 8 du 12 novembre 2001 sur la liberté de l'information et de la communication.

  - **Teneur du texte** :

> ***Art. 194 de L. 12/11/2001*** *: « La publication, la diffusion ou la reproduction, par quelque moyen que ce soit, de fausses nouvelles, des pièces fabriquées, falsifiées ou mensongères attribuées à des tiers, d'imputations diffamatoires,*

lorsque, faite de mauvaise foi, aura troublé, la paix publique ou aura été susceptible de la troubler, de nuire à l'intérêt national ou d'ébranler le moral de la nation, sera punie d'une amende de 300.000 francs CFA à 3.000.000 francs CFA.

En cas de récidive, un emprisonnement de trois mois à deux ans et une amende de 300.000 francs CFA à 3.000.000 francs CFA pourront être prononcés.

Tous les moyens ayant servi à commettre l'infraction seront saisis, le jugement ordonnera, selon le cas, leur confiscation, suppression ou destruction.

Le tribunal pourra prononcer, en outre, pendant une durée de deux ans au moins et de cinq ans au plus, l'interdiction de tout ou partie des droits civiques, civils et de famille.

Il pourra également être prononcé l'interdiction de séjour pendant une durée de deux ans au plus. »

- **Peines principales** :
- **A** : 300.000 F CFA à 3.000.000 F CFA d'amende (c'est un **délit**) ;
- **B** : trois (03) mois à deux (02) ans d'emprisonnement et 300.000 F CFA à 3.000.000 F CFA d'amende (c'est un **délit**).

Compréhension : c'est le fait pour un individu de publier, de diffuser ou de reproduire, sciemment, de fausses nouvelles ou des informations qui portent atteinte à l'honneur d'autrui, troublant ainsi la paix publique ou pouvant troubler la paix publique ou nuire à l'intérêt national, ou pouvant ébranler le moral de la nation.

Culpabilité :

- Les nouvelles ou informations diffusées doivent être fausses.
- ***Élément matériel*** :
  - Le présumé auteur doit avoir diffusé, publié ou reproduit :
    - soit de fausses nouvelles ;
    - soit de pièces fabriquées, falsifiées ou mensongères, attribuées à des tiers ;
    - soit d'imputations diffamatoires.
  - Il doit l'avoir fait par quelque moyen que ce soit ;
  - ces informations doivent avoir soit troublé la paix publique, soit été susceptibles soit de troubler la paix publique, soit de nuire à l'intérêt national, soit d'ébranler le moral de la nation.[253]
- ***Élément moral*** : le présumé auteur doit l'avoir fait en connaissance de cause (de mauvaise foi). Il doit avoir su au préalable que ces nouvelles ou informations étaient bien fausses.

[253] « *Paniques, fermeture de lieux publics, retards de moyens de transports* », intervention inutile de « secours »… (cf. Christophe ANDRÉ, *op. cit.*, p. 311).

« Atténuation et aggravation de la peine » :

- **A** : si le présumé auteur n'est pas récidiviste (***voir peines A***) ;
- **B** : si le présumé auteur a récidivé (***voir peines B***).

97- DISCRIMINATION À L'ÉGARD DES PERSONNES VIVANT AVEC LE VIH

✓ *Voir **Stigmatisation et discrimination à l'égard des personnes vivant avec le VIH**.*

98- DISTRIBUTION DE DOCUMENTS À CARACTÈRE DE PROPAGANDE ÉLECTORALE PENDANT LE JOUR DU SCRUTIN

□ ***Élément légal*** : article 131 de la loi du 24 novembre 2001 portant loi électorale en République du Congo.

o **Teneur du texte** :

> ***Art. 131 de L. 24/11/2001*** *: « Est puni d'une amende de 100.000 à 1.000.000 de francs CFA le fait de distribuer ou de faire distribuer, le jour du scrutin, des bulletins, des circulaires et autres documents ayant un caractère de propagande électorale.*
>
> *La confiscation des bulletins, des circulaires et autres documents susmentionnés est opérée par la force publique. »*
>
> ***Art. 147 de L. 24/11/2001*** *: « Sans préjudice des dispositions du Code pénal, dans tous les cas de fraude électorale prévus au présent titre, le juge peut prononcer contre les coupables l'interdiction du droit de voter et d'être éligible, pendant cinq ans, au moins, et dix ans, au plus. »*

o **Peine principale** : 100.000 F CFA à 1.000.000 F CFA d'amende (c'est un **délit**).

Compréhension : c'est le fait pour une personne de distribuer, le jour même du scrutin, tout document ayant un caractère de propagande électorale.

Culpabilité :

□ Cet acte doit avoir été commis le jour où a lieu le scrutin.

□ ***Élément matériel*** :

o Le présumé auteur doit avoir distribué un document quelconque (bulletins de vote, circulaires ou tout autre document) ;

o le document en cause doit avoir un caractère de propagande électorale.

□ ***Élément moral*** : le présumé auteur doit avoir agi volontairement.

99- DIVAGATION DES FOUS OU FURIEUX, OU D'ANIMAUX MALFAISANTS OU FÉROCES

□ ***Élément légal*** **:** article 475-7° du Code pénal.

- **Teneur du texte** :

Art. 475 du CP *: « Seront punis d'amende, depuis 1.400 francs jusqu'à 2.400 francs inclusivement : (...) ; 7° Ceux qui auraient laissé divaguer des fous ou des furieux étant sous leur garde, ou des animaux malfaisants ou féroces ; (...). »*

- **Peine principale** : 1.400 F CFA à 2.400 F CFA d'amende (c'est une **contravention**).

Compréhension : c'est le fait pour une personne de laisser errer un fou ou furieux, ou un animal malfaisant ou féroce, dont elle a l'obligation de surveiller.

Attention : si le présumé auteur a agi de mauvaise foi (avec intention coupable), *voir **Omission de porter secours** (non-assistance à la personne en danger).*

Cependant, si l'animal en cause est un chien et s'il a attaqué un passant, *voir **Excitation ou omission de retenir un chien**.*

Culpabilité :

□ ***Élément matériel*** :

- Le présumé auteur doit avoir laissé divaguer ou errer soit un *fou*, soit un *furieux*, soit un *animal malfaisant*, soit un *animal féroce* ;
- le fou ou le furieux, ou l'animal en cause doit avoir été sous sa garde.

□ ***Élément moral*** : L'auteur présumé de ces faits doit avoir fait preuve d'une négligence « blâmable » dans la garde de ces personnes ou ces animaux.[254] Il n'y a pas une intention de nuire, dans ce cas.

100- DIVULGATION DU RÉSULTAT DU TEST DE DÉPISTAGE DU VIH D'AUTRUI

□ ***Élément légal*** : articles 19 et 45 de la loi n° 30-2011 du 03 juin 2011 portant lutte contre le VIH et le SIDA et protection des droits des personnes vivant avec le VIH.

- **Teneur du texte** :

Article 19 de L. 03/06/2011 *: « Le médecin traitant ou, par délégation, tout autre membre du personnel médical ou des affaires sociales dûment formé en*

[254] L'auteur présumé de ces faits doit avoir donc failli à son obligation de surveillance.

matière de conseil et dépistage est tenu d'informer toute personne ayant fait la démarche de dépistage volontaire du résultat du test, en respect des normes professionnelles y relatives. »

Article 45 de L. 03/06/2011 *: « Tout agent de service de santé qui aura divulgué le résultat du test de dépistage du VIH d'une personne à autrui, en dehors des conditions fixées à l'article 19, sera puni d'un emprisonnement d'un mois à trois mois et d'une amende de cent mille à deux cent mille francs CFA, ou de l'une de ces peines seulement. »*

- **Peines principales** : un (01) mois à trois (03) mois d'emprisonnement et 100.000 F CFA à 200.000 F CFA d'amende, ou l'une de ces deux peines seulement (c'est un **délit**).

Compréhension : c'est le fait pour un agent de service de santé de violer les normes professionnelles, en divulguant le résultat du test de dépistage du VIH d'une personne à autrui.

Attention : *voir* ***Propagation du statut sérologique d'autrui***, si l'infraction est commise par un particulier.

Culpabilité :

- Le présumé auteur doit avoir été un agent de service de santé.
- ***Élément matériel*** : il doit avoir dévoilé au public ou communiqué à autrui les résultats du test de dépistage du VIH d'une personne.
- ***Élément moral*** : il doit avoir agi de mauvaise foi (sciemment).

E

101- EMBAUCHAGE D'UN ÉTRANGER EN SITUATION IRRÉGULIÈRE

□ ***Élément légal*** :

A, **B** et **C** : article 255-c nouveau de la loi n° 6-96 du 06 mars 1996 modifiant et complétant certaines dispositions de la loi n° 45-75 du 15 mars 1975 portant Code du travail en République du Congo.

- **Teneur du texte** :

> ***Art. 255, nouveau, du Code de travail*** *(Loi n° 6-96) : « Seront punis d'une amende de 40.000 FCFA à 150.000 FCFA et en cas de récidive d'une amende de 100.000 à 250.000 FCFA, (...) ;*
>
> *• c) toute personne qui aura employé un travailleur de nationalité étrangère démuni de carte de séjour ou d'autorisation d'emploi pour une profession autre que celle de l'emploi réellement tenu ; (...) ;*
>
> *La double récidive est punie d'un emprisonnement de 12 à 20 jours.»*

- **Peines principales** :

- **A** : 40.000 F CFA à 150.000 F CFA d'amende (c'est un **délit**) ;
- **B :** 100.000 F CFA à 250.000 F CFA d'amende (c'est un **délit**) ;
- **C** : 12 jours à 20 jours d'emprisonnement (c'est un **délit**).

Compréhension : c'est le fait pour une personne d'employer un travailleur qui n'a pas de carte de séjour ou qui n'a pas d'autorisation d'emploi pour une profession autre que celle de l'emploi réellement tenu.

Culpabilité :

□ ***Élément matériel*** :

- Le présumé auteur doit avoir employé ou embauché un travailleur, ressortissant d'un autre État ;
- ce ressortissant étranger doit avoir été démuni (privé) :
  - soit de carte de séjour ;
  - soit d'autorisation d'emploi pour une profession autre que celle de l'emploi réellement tenu.

□ ***Élément moral*** : il doit l'avoir fait en connaissance de cause (sciemment).

« Atténuation et aggravation de la peine » :

- **A** : si l'auteur des faits n'a pas récidivé, ***voir peine A*** ;
- **B** : en cas de récidive, ***voir peine B*** ;
- **C** : en cas de deuxième récidive, ***voir peine C***.

102- ÉMISSION DE CHÈQUE SANS PROVISION

□ ***Élément légal*** : article 237 du Règlement n° 02/03/CEMAC/CM du 04 avril 2003, relatif aux systèmes, moyens et incidents de paiement.

- **Teneur du texte** :

> ***Art. 237 du R. 04/04/2003*** : *« Est punie d'un emprisonnement de six (6) mois à cinq (5) ans et d'une amende de 100.000 à 2.000.000 F CFA, ou de l'une de ces deux peines seulement, toute personne qui, avec l'intention de porter atteinte aux droits d'autrui, émet un chèque sans provision. »*

- **Peines principales** : six (06) mois à cinq (05) ans d'emprisonnement et 100.000 F CFA à 2.000.000 F CFA d'amende (c'est un **délit**).

Compréhension : c'est le fait pour une personne de rédiger et signer un chèque, sachant qu'elle n'a pas du tout ou pas assez d'argent, dans son compte bancaire, pour payer le montant consigné sur ledit chèque.

Attention : si la provision a été retirée après l'émission du chèque, *voir* ***Retrait illicite de provision après émission de chèque***.

Culpabilité :

□ ***Élément matériel*** :
- Le présumé auteur doit avoir émis (rédigé et signé) un chèque ;
- il doit l'avoir fait en l'absence de provision « suffisante » ou disponible.

□ ***Élément moral*** : il doit avoir agi avec l'intention de porter atteinte aux droits du bénéficiaire de ce chèque, « le créancier ». Il doit donc avoir agi de mauvaise foi (en connaissance de cause).

103- EMPÊCHEMENT À UN MINEUR D'AVOIR DES CONTACTS AVEC SES PARENTS

✓ *Voir* ***Privation de contacts à un mineur avec ses parents***.

104- EMPOISONNEMENT

□ ***Élément légal*** **:** articles 301 et 302, al. 1 du Code pénal.

- **Teneur du texte**

> ***Art. 301 du CP*** : *« Est qualifié empoisonnement, tout attentat à la vie d'une personne, par l'effet de substances qui peuvent donner la mort plus ou moins promptement, de quelque manière que ces substances aient été employées ou administrées, et quelles qu'en aient été les suites. »*
>
> ***Art. 302 du CP*** : *« (L. 21/11/1901-D. appl. 16/9/1922 AGG prom.15/11/1922 - JOAEF1923 p. 512).*

Tout coupable d'assassinat, de parricide, et d'empoisonnement, sera puni de mort, sans préjudice de la disposition particulière contenue en l'article 13, relativement au parricide. (...). »

***Voir la note de bas de page**, pour lire les dispositions de l'article 302 du CP.*[255]

- **Peine principale** : mort (c'est un **crime**).[256]

Compréhension : c'est le fait pour une personne de donner la mort à autrui ou d'attenter à sa vie, en lui employant ou en lui administrant des substances susceptibles de donner la mort plus ou moins rapidement à un être humain.

Attention : si les substances en cause ne peuvent pas donner la mort à humain, mais sont néanmoins nuisibles à la santé, *voir **Administration des substances nuisibles à la santé**.*

Culpabilité :

- ***Élément matériel*** :
  - Le présumé auteur doit avoir *employé ou administré*[257] une substance susceptible de donner la mort[258] plus ou moins promptement à la victime[259] ;
  - la victime doit en avoir succombé (être morte) ou avoir eu des ennuis de santé, ou toutes autres suites.
- ***Élément moral*** : le présumé auteur de cet acte doit avoir agi de mauvaise foi. Les conséquences de son acte (la mort de la victime ou autres ennuis) doivent avoir été connues et voulues de lui.[260]

---

[255] **Art. 302 du CP** : « (L. 21/11/1901 - D. appl. 16/9/1922 AGG prom. 15/11/1922 - JOAEF1923 p. 512). Tout coupable d'assassinat, de parricide, et d'empoisonnement, sera puni de mort, sans préjudice de la disposition particulière contenue en l'article 13, relativement au parricide.

Toutefois, la mère, auteur principal ou complice de l'assassinat ou du meurtre de son enfant nouveau-né, sera punie dans le premier cas, des travaux forcés à perpétuité et dans le second cas, des travaux forcés à temps, mais sans que cette disposition puisse s'appliquer à ses coauteurs ou à ses complices.

(Complété par D. 47/2248 du 19/11/1947 - AGG prom. 3.245 du 5/12/1947- JOAEF 1947 p. 1611). Sera également puni de mort, quiconque se sera rendu coupable d'un meurtre commis dans un but d'anthropophagie.

Tout acte d'anthropophagie, tout trafic ou cession de chair humaine, à titre onéreux ou gratuit, sera puni des travaux forcés à temps ».

[256] Cette peine est abolie (cf. art. 8, al. 4 de la Constitution congolaise du 25 octobre 2015) ; voir *Assassinat*, pour lire le petit détail sur la peine de mort en République du Congo.

[257] L'acte d'emploi ou d'administration peut se caractériser par « *l'ingestion, l'inhalation, l'injection ou encore par la radiation* » (cf. Christophe ANDRÉ, *op. cit.*, p. 68).

[258] Cette nécessité a été également relevée par d'autres auteurs qui notent que : « *cette substance doit avoir en elle-même un caractère mortifère* » (Jean PRADEL et Michel DANTI-JUAN, *op. cit.*, p. 41).

[259] Si la victime a un lien de parenté (enfant, père ou mère) avec l'auteur des faits et si elle décède, il s'agira d'infanticide ou du parricide.

105- EMPOISONNEMENT D'ANIMAUX OU DE POISSONS D'ÉLEVAGE

□ ***Élément légal*** : article 452 du Code pénal.

- **Teneur du texte** :

Art. 452 du CP : *« Quiconque aura empoisonné des chevaux ou autres bêtes de voitures, de monture ou de charge, des bestiaux à cornes, des moutons, chèvres ou porcs, ou des poissons dans des étangs, viviers ou réservoirs, sera puni d'un empoisonnement d'un an à cinq ans et d'une amende de 4000 francs à 72 000 francs.*   *Les coupables pourront être mis, par l'arrêt ou le jugement, sous la surveillance de la haute police pendant deux ans au moins et cinq ans au plus. »*

- **Peines principales** : un (01) an à cinq (05) ans d'emprisonnement et 4.000 F CFA à 72.000 F CFA d'amende (c'est un **délit**).

Compréhension : c'est le fait pour une personne d'administrer du poison aux animaux ou aux poissons d'élevage.

Culpabilité :

□ ***Élément matériel*** : le présumé auteur doit avoir employé ou administré une *substance susceptible de causer la mort*[261] *plus ou moins rapidement* aux animaux suivants :

- chevaux ou autres bêtes de voitures, de monture ou de charge ;
- bestiaux à cornes ;
- moutons, chèvres ou porcs ;
- poissons (dans des étangs, viviers ou réservoirs).

□ ***Élément moral*** : il doit l'avoir fait de mauvaise foi (sciemment).[262]

106- ENTRETIEN D'UNE CONCUBINE DANS LA MAISON CONJUGALE

□ ***Élément légal*** **:** article 339, alinéa 1 du Code pénal.

---

[260] S'il est établi que le présumé auteur de l'empoisonnement ne savait pas que les substances administrées à la victime étaient vénéneuses ou susceptibles de lui donner la mort, il pourra être retenue contre lui l'infraction d'*Homicide involontaire,* sous réserve de prouver une négligence ou une faute blâmable de sa part (cf. Jean PRADEL et Michel DANTI-JUAN, *op. cit.*, p. 43).

[261] Le résultat est indifférent de la sanction. Peu importe que les animaux en cause aient succombé ou pas, ou qu'ils aient eu des ennuis de santé ou non (art. 301 du CP).

[262] Il semble logique que l'auteur des faits soit retenu dans les liens de prévention de cette infraction, si jamais il a commis cet acte *sans justifier d'une nécessité* (sans justifier que les animaux en cause représentaient un danger imminent pour la vie humaine, par exemple).

- **Teneur du texte** :

> ***Art. 339 du CP*** *: « Le mari qui aura entretenu une concubine dans la maison conjugale et qui aura été convaincu sur la plainte de la femme sera puni d'une amende de 24 000 à 480 000 francs. (...). »*

- **Peine principale** : 24.000 F CFA à 480.000 F CFA d'amende (c'est un **délit**).

Compréhension : c'est le fait pour un homme marié (même selon la coutume) d'entretenir des relations sexuelles avec une concubine ou toute femme autre que la sienne, dans la maison conjugale.

Attention : cette infraction ne saurait être retenue contre un mari qui a conservé son statut particulier (tel celui qui a opté pour la polygamie coutumière)[263].

Cependant, si c'est la femme qui entreprend des relations sexuelles avec un homme autre que son mari, *voir **Adultère***.

Culpabilité :

- Le présumé auteur doit avoir été un homme marié sous un régime monogamique ou un individu ayant renoncé à la polygamie coutumière.
- ***Élément matériel*** :
  - Il doit avoir entretenu une concubine ou une maîtresse, ou toute femme autre que la sienne (c.-à-d. entrepris avec elle des relations sexuelles)[264] ;
  - il doit avoir commis cet acte seulement dans la *maison conjugale*[265].
- ***Élément moral*** : il doit avoir agi volontairement (sciemment).

107- ESCROQUERIE (simple)

- ***Élément légal*** **:** article 405, alinéa 1 du Code pénal.
  - **Teneur du texte** :

> ***Art. 405 du CP*** *: « (D. 19/11/1947 - AGG prom. n° 3245 du 5/12/1947 JOAEF 1947 p. 1611). Quiconque, soit en faisant usage de faux noms ou de*

[263] **Art. 339, al. 2 du CP** : « Toutefois, en cas de mariage célébré selon la coutume locale, les dispositions du présent article ne sont pas applicables aux citoyens ayant conservé leur statut particulier, à l'exception de ceux d'entre eux qui auront renoncé à la polygamie coutumière, soit par un acte spécial, soit à l'occasion de leur mariage, lorsque celui-ci aura été célébré selon le Code civil. »

[264] Cf. Antoine-Georges BLANCHE, *Études pratiques sur le Code pénal*, Cinquième Étude, Paris, 1870, p. 236.

[265] Cette infraction sera retenue, même si l'acte est commis dans une maison appartenant au mari, mais dont *« la femme peut être contrainte » à y demeurer* (cf. Joseph Edouard BOITARD et Faustin HELIE, *op. cit.*, p. 369).

fausses qualités, soit en employant des manœuvres frauduleuses, pour persuader l'existence de fausses entreprises, d'un pouvoir ou d'un crédit imaginaire ou pour faire naître l'espérance ou la crainte d'un succès, d'un accident ou de tout autre événement chimérique, se sera fait remettre ou délivrer ou aura tenté de se faire remettre ou délivrer des fonds, des meubles ou des obligations, dispositions, billets, promesses, quittances ou décharges et aura, par un de ces moyens, escroqué ou tenté d'escroquer la totalité ou partie de la fortune d'autrui, sera puni d'un emprisonnement d'un an au moins et cinq ans au plus et d'une amende de 240 000 francs au moins et 2 400 000 francs au plus. (...). »[266]

- **Peines principales** : un (01) an à cinq (05) ans d'emprisonnement et 240.000 F CFA à 2.400.000 F CFA d'amende (c'est un **délit**).

Compréhension : c'est le fait pour une personne de se faire ou de tenter de se faire remettre une chose, en usant d'une tromperie caractérisée[267], au préjudice d'autrui.

Attention : si cette infraction est commise par une personne qui fait appel au public en vue de l'émission d'actions [...], *voir **Escroquerie aggravée***.

Culpabilité :

- La chose remise ne doit pas être la propriété d'un ascendant, d'un allié au même degré, d'un descendant, d'un conjoint ou d'un feu conjoint du présumé auteur des faits.[268]
- ***Élément matériel*** :
  - Le présumé auteur doit avoir obtenu ou tenté d'obtenir la remise d'une chose mobilière au préjudice d'autrui ;
  - il doit l'avoir fait de manière suivante :
    - soit en usant d'un *faux nom* ;[269]
    - soit en usant d'une *fausse qualité* ;[270]
    - soit en employant des *manœuvres frauduleuses* (tous moyens lui permettant de surprendre la confiance d'autrui).[271]

---

[266] Voir ***Escroquerie aggravée*** pour lire l'intégralité de l'article 405 du CP, pour l'éventualité de l'application des peines complémentaires.

[267] En usant soit d'un faux nom ou d'une fausse qualité, soit en employant des manœuvres frauduleuses ; voir les éléments constitutifs de cette infraction.

[268] Art. 380, al. 1 du CP ; voir *Vol simple* pour plus de détails sur les immunités familiales.

[269] Tel celui qui se passe pour une autre personne ou utilise un nom fictif, pour gagner la confiance de la victime. L'usage du faux nom suffit pour constituer l'infraction d'escroquerie. Il ne nécessite pas l'implication d'un tiers ou un acte matériel (cf. Jean PRADEL et Michel DANTI-JUAN, *op. cit.*, p. 515).

[270] Tel celui qui se passe pour un fonctionnaire, retraité, « célibataire », mineur, patient (...), pour obtenir un avantage quelconque (cf. Michel VERON, *op. cit.*, p. 290). Tout comme l'usage du faux nom, le simple usage de la fausse qualité suffit pour constituer l'infraction d'escroquerie (cf. TGI, Brazzaville, corr., 2ème ch., 17 juillet 2013, répertoire n° 128, inédit).

- Il doit, par l'usage de la tromperie, avoir :
  - soit persuadé autrui de l'existence de fausses entreprises, d'un pouvoir ou d'un crédit imaginaire ;
  - soit fait naître à autrui l'espérance ou la crainte d'un succès, d'un accident ou de tout autre événement chimérique.

 Élément moral : il doit avoir agi avec intention coupable (de mauvaise foi). Le présumé auteur doit avoir agi avec la connaissance que les moyens qu'il a utilisés ne visaient qu'à gagner la confiance de la victime.

108- ESCROQUERIE « AGGRAVÉE »

 Élément légal : article 405, al. 1 et 2 du Code pénal.

- **Teneur du texte** :

> ***Art. 405 du CP*** *: « (D. 19/11/1947 - AGG prom. n° 3245 du 5/12/1947 JOAEF 1947 p. 1611). Quiconque, soit en faisant usage de faux noms ou de fausses qualités, soit en employant des manœuvres frauduleuses, pour persuader l'existence de fausses entreprises, d'un pouvoir ou d'un crédit imaginaire ou pour faire naître l'espérance ou la crainte d'un succès, d'un accident ou de tout autre événement chimérique, se sera fait remettre ou délivrer ou aura tenté de se faire remettre ou délivrer des fonds, des meubles ou des obligations, dispositions, billets, promesses, quittances ou décharges et aura, par un de ces moyens, escroqué ou tenté d'escroquer la totalité ou partie de la fortune d'autrui, sera puni d'un emprisonnement d'un an au moins et cinq ans au plus et d'une amende de 240 000 francs au moins et 2 400 000 francs au plus.*
>
> *Si le délit a été commis par une personne ayant fait appel au public en vue de l'émission d'actions, obligations, bons, parts ou titres quelconques soit d'une société, soit d'une entreprise commerciale ou industrielle, l'emprisonnement pourra être porté à dix années et l'amende à 12 000 000 francs.*
>
> *Dans tous les cas, les coupables pourront être, en outre, frappés, pour dix ans au plus, de l'interdiction des droits mentionnés en l'article 42 du présent code ; ils pourront aussi être frappés de l'interdiction de séjour pendant le même nombre d'années. (...). »*

- **Peines principales** : un (01) an à dix (10) ans d'emprisonnement et 240.000 F CFA à 12.000.000 F CFA d'amende (c'est un **délit**).

---

[271] Les manœuvres ne sauront constituer l'escroquerie que si elles sont « *accompagnées d'un acte quelconque destiné à les appuyer et à leur donner du crédit* » (Faustin HELIE, *op. cit.*, p. 481). Ainsi, les allégations mensongères devraient être confortées soit par l'intervention d'un tiers, soit par la production d'une lettre, soit par un voyage ou tout autre acte matériel. Tel en est le cas de celui qui établit une fausse attestation de vente, pour amener autrui à croire à l'existence d'une parcelle de "terrain en vente" et remettre l'argent pour se l'approprier (cf. TGI, Brazzaville, corr., 2ème ch., 17 juillet 2013, précitée).

Compréhension : c'est le fait pour une personne qui fait appel au public en vue de l'émission d'actions, obligations, bons, parts ou titres quelconques soit d'une société, soit d'une entreprise commerciale ou industrielle, de se faire ou de tenter de se faire remettre une chose en usant d'une tromperie caractérisée[272], au préjudice d'autrui.

Culpabilité :

 Le présumé auteur doit avoir fait appel au public en vue de l'émission d'actions, obligations, bons, parts ou titres quelconques soit d'une société, soit d'une entreprise commerciale ou industrielle.

 La chose remise ne doit pas être la propriété d'un ascendant, d'un allié au même degré, d'un descendant, d'un conjoint ou d'un feu conjoint du présumé auteur des faits.[273]

 Élément matériel :

➢ Voir ***Escroquerie*** (simple).

 Élément moral : il doit l'avoir fait en connaissance de cause (avec intention coupable).

109- ESCROQUERIE EN MARIAGE

✓ *Voir* ***Mariage ou promesse en mariage coutumier d'une femme déjà dotée.***

110- ÉVASION DE DÉTENU (par bris de prison ou par emploi des violences)

 Élément légal **:** article 245, alinéa 1 du Code pénal.

- **Teneur du texte** :

Art. 245 du CP : *« À l'égard des détenus qui se seront évadés ou qui auront tenté de s'évader par bris de prison ou par violence, ils seront, pour ce seul fait, punis de six mois à un an d'emprisonnement et subiront cette peine immédiatement après l'expiration de celle qu'ils auront encourue pour le crime ou délit à raison duquel ils étaient détenus, ou immédiatement après l'arrêt ou jugement qui les aura acquittés ou renvoyés absous dudit crime ou délit ; le tout sans préjudice de plus fortes peines qu'ils auraient pu encourir pour d'autres crimes qu'ils auraient commis dans leurs violences.*

(Ainsi compl. D.30/6/1891- D.appi.25/4/1893AGG prom.19/7/1893-JOAEF2017/1893). Seront, en outre, réputés en état d'évasion, les individus transportés dans les colonies pénitentiaires pour y subir la peine de la réclusion, conformément au décret du 20 août 1853, qui seront restés

[272] En usant soit d'un faux nom ou d'une fausse qualité, soit en employant des manœuvres frauduleuses.

[273] Art. 380, al. 1 du CP ; voir *Vol simple*, pour plus de détails sur les immunités familiales.

pendant douze heures éloignés du lieu où ils sont détenus ou employés ou seront parvenus à se soustraire à la surveillance des agents préposés à leur garde. (...). »

- **Peine principale** : six (06) mois à un (01) an d'emprisonnement (c'est un **délit**).

Compréhension : c'est le fait pour un détenu de s'échapper ou de tenter de s'échapper de son lieu de détention, en brisant la prison ou en employant des violences.

Attention : si le gardien du détenu en cause ou toute autre personne a participé à son évasion, *voir* ***Évasion de détenu par négligence des gardiens*** ou ***Connivence à l'évasion du détenu***.

Culpabilité :

 Le présumé auteur doit avoir été légalement placé en détention préventive ou dans une prison en vue de purger sa peine.

 Élément matériel :

- Il doit s'être soit évadé (s'enfuir ou s'échapper) soit avoir tenté de s'évader de son lieu de détention ou de condamnation (lieu d'exécution de sa peine).
- il doit l'avoir fait en brisant la prison ou en usant des violences.

 Élément moral : il doit avoir agi volontairement (avec intention coupable).

111-ÉVASION D'UN CENTRE HOSPITALIER

 Élément légal : article 245, alinéas 1 et 3 du Code pénal.

- **Teneur du texte** :

Art. 245 du CP : *« A l'égard des détenus qui se seront évadés ou qui auront tenté de s'évader par bris de prison ou par violence, ils seront, pour ce seul fait, punis de six mois à un an d'emprisonnement et subiront cette peine immédiatement après l'expiration de celle qu'ils auront encourue pour le crime ou délit à raison duquel ils étaient détenus, ou immédiatement après l'arrêt ou jugement qui les aura acquittés ou renvoyés absous dudit crime ou délit ; le tout sans préjudice de plus fortes peines qu'ils auraient pu encourir pour d'autres crimes qu'ils auraient commis dans leurs violences. (...).*

Sera puni de la même peine, qui sera subie dans les mêmes conditions, tout détenu transféré dans un établissement sanitaire ou hospitalier et qui, par un moyen quelconque, s'en sera évadé ou aura tenté de s'évader. »

- **Peine principale** : six (06) mois à un (01) an d'emprisonnement (c'est un **délit**).

Compréhension : c'est le fait, pour un détenu ou un condamné, de s'échapper ou de tenter de s'échapper d'un établissement sanitaire ou hospitalier dans lequel il était admis ou transféré.

Attention : si le lieu en cause est une prison et que l'évasion a été occasionnée par bris de prison ou par emploi de violences, *voir* ***Évasion de détenu*** *(par bris de prison ou emploi des violences).*

Culpabilité :

 Le présumé auteur doit avoir été légalement placé en détention préventive ou dans une prison pour purger sa peine.

 Il doit, par la suite, avoir été transféré dans un établissement sanitaire ou hospitalier pour y recevoir des soins.

 Élément matériel : il doit s'être évadé (s'enfuir, s'échapper) dudit centre ou avoir tenté de s'en échapper.

 Élément moral : il doit avoir agi avec intention coupable (en connaissance de cause).

112- ÉVASION DE DÉTENU PAR NÉGLIGENCE DES GARDIENS

 Élément légal :

- **A** : art. 237 et 238, alinéa 1 du CP ;
- **B** : art. 237 et 239, alinéa 1 du CP ;
- **C :** art. 237 et 240, alinéa 1 du CP.

  - **Teneur du texte** :

Art. 237 du CP : *« Toutes les fois qu'une évasion de détenus aura lieu les huissiers, les commandants en chef ou en sous-ordre, soit de la gendarmerie, soit de la force armée servant d'escorte ou garnissant les postes, les concierges, gardiens, geôliers, et tous autres préposés à la conduite, au transport ou à la garde des détenus, seront punis ainsi qu'il suit : »*

Art. 238 du CP *: « Si l'évadé était prévenu de délits de police ou de crimes simplement infamants, ou condamné pour l'un de ces crimes, s'il était prisonnier de guerre, les préposés à sa garde ou conduite seront punis, en cas de négligence, d'un emprisonnement de six jours à deux mois et, en cas de connivence, d'un emprisonnement de six mois à deux ans. (...). »*

Art. 239 du CP *: « Si les détenus évadés, ou l'un d'eux, étaient prévenus ou accusés d'un crime de nature à entrainer une peine afflictive à temps, ou condamnés pour l'un de ces crimes, la peine sera, contre les préposés à la garde ou conduite, en cas de négligence, un emprisonnement de deux mois à six mois, (...). »*

Art. 240 du CP *: « Si les évadés ou l'un d'eux, sont prévenus ou accusés de crimes de nature à entrainer la peine de mort ou des peines perpétuelles, ou s'ils sont condamnés à l'une des peines, leurs conducteurs ou gardiens* *seront punis d'un an à deux ans d'emprisonnement, en cas de négligence, (...). »*

- o **Peines principales** :
- **A** : six (06) jours à deux (02) mois d'emprisonnement (c'est un **délit**) ;
- **B** : deux (02) mois à six (06) mois (c'est un **délit**) ;
- **C** : un (01) an à deux (02) ans d'emprisonnement (c'est un **délit**).

Compréhension : c'est le fait pour tout préposé à la conduite, au transport ou à la garde d'un détenu ou d'un condamné, d'occasionner par sa négligence l'évasion de ce dernier.[274]

Attention : si le gardien ou toute autre personne a fourni au détenu ou condamné les moyens de s'évader, ou si le gardien a organisé lui-même la fuite de ce détenu ou condamné, *voir **Connivence à l'évasion du détenu.***

Culpabilité :

 Le présumé auteur doit avoir été préposé à la garde, au transport ou à la conduite d'un détenu ou d'un condamné.

 Élément matériel :

- o Il doit avoir manqué d'attention ou de rigueur dans la garde ou la conduite de ce détenu ;
- o sa négligence doit avoir été la cause de la fuite ou de l'évasion du condamné ou du détenu en cause.

 Élément moral : cette infraction est la "conséquence de l'imprudence" du gardien. Ainsi, il n'y a pas intention coupable, mais une « faute préjudiciable » à la victime, engageant la responsabilité pénale de ce gardien négligent ou imprudent.

« Atténuation et aggravation de la peine » :

- **A** : si le détenu évadé était prévenu de délits de police ou de crimes *simplement infamants*[275] ou condamné pour l'une de ses infractions, ou s'il était prisonnier de guerre, ***voir peine A** ;*
- **B** : si le détenu évadé était accusé de crime de nature à entrainer une peine *afflictive à temps*[276], ou condamné pour l'une de ses infractions, ***voir peine B** ;*
- **C** : si l'évadé était accusé de crime de nature à entrainer la peine perpétuelle, ***voir peine C***.

---

[274] Il s'agit de **l'omission** d'accomplir le ***devoir de vigilance ou de prudence***. En effet, cette infraction consisterait, pour un gardien de détenu ou un "surveillant" de détenus, à manquer à son devoir de surveillance, occasionnant ainsi l'évasion d'un détenu.

[275] Tels le bannissement ou la dégradation civique (cf. art. 8 du CP).

[276] Par exemple : les travaux forcés à temps, la détention, le bannissement ou la réclusion (art. 7 du CP).

113- EXCITATION OU INCITATION DE MINEUR À LA DÉBAUCHE

□ ***Élément légal*** : articles 65 et 118 de la loi n° 4-2010 du 14 juin 2010 portant protection de l'enfant en République du Congo, et 334 bis, alinéa 2 du Code pénal.

- **Teneur des textes** :

> ***Art. 65 de L. 14/06/2010*** : *« (...). Sont interdits :*
>
> *- l'exploitation sexuelle de l'enfant sous toutes ses formes ;*
>
> *- l'incitation de l'enfant à la débauche ;*
>
> *- l'incitation ou la contrainte de l'enfant à se livrer à une activité sexuelle quelconque ;*
>
> *- l'exposition à titre gratuit ou onéreux de l'enfant à des rapports sexuels ou à toute autre pratique sexuelle ;*
>
> *- l'utilisation d'un enfant aux fins des activités sexuelles contre rémunération ou toute autre forme d'avantage ;*
>
> *- le partage, même occasionnellement, du produit des actes sexuels commis par un enfant moyennant rétribution ou la perception de subsides dudit enfant ;*
>
> *- l'offre, l'obtention, la fourniture d'un enfant à des fins de prostitution ;*
>
> *- l'organisation du tourisme sexuel mettant en cause des enfants. (...).»*
>
> ***Art. 118 de L. 14/06/2010*** : *« Est passible des peines prévues par le Code pénal, quiconque aura contrevenu aux interdictions de l'article 65 de la présente loi. »*
>
> ***Art. 334 bis du CP*** : *« La peine sera d'un emprisonnement de deux ans à cinq ans et d'une amende de 1.000.000 à 10.000.000 de francs, dans les cas où : (...).*
>
> *Sous réserve des peines plus fortes prévues par cet article ou par les dispositions réprimant le racolage public, sera puni des peines portées au premier paragraphe, quiconque aura attenté aux moeurs, soit en excitant, favorisant ou facilitant habituellement la débauche ou la corruption de la jeunesse de l'un ou l'autre sexe au-dessous de l'âge de vingt et un ans, ou, même occasionnellement, des mineurs de seize ans. Les peines prévues à l'article 334 et au présent article seront prononcées, alors même que les divers actes qui sont les éléments constitutifs des infractions auraient été accomplis dans des pays différents. »*

- **Peines principales** : deux (02) ans à cinq (05) ans d'emprisonnement et 1.000.000 F CFA à 10.000.000 F CFA d'amende (c'est un **délit**).

Compréhension : c'est le fait pour une personne d'attenter aux mœurs, en excitant, en poussant, en favorisant ou en facilitant, habituellement ou occasionnellement, la débauche[277] ou la corruption[278] des individus de moins 18 ans.

Attention : si le présumé auteur a plutôt précédé aux attouchements sexuels sur la personne d'un enfant, *voir* ***Attentat à la pudeur***.

S'il y a eu pénétration sexuelle sur l'enfant en cause, *voir* ***Pratique pédophile*** ou ***Viol***.

Culpabilité :

- ***Élément matériel*** :
  - o Le présumé auteur doit avoir incité, favorisé ou facilité :
    - soit la débauche d'un mineur ;[279]
    - soit la corruption des jeunes de moins de 18 ans.[280]
  - o il doit l'avoir fait habituellement ou occasionnellement.
- ***Élément moral*** : il doit avoir agi en connaissance de cause (avec intention coupable).

114- EXCITATION DE CHIEN OU OMISSION DE RETENIR UN CHIEN CONTRE AUTRUI

- ***Élément légal*** : article 475-7° du Code pénal.
  - o **Teneur du texte** :

Art. 475 du CP *: « Seront punis d'amende, depuis 1.400 francs jusqu'à 2.400 francs inclusivement : (...) ; 7°(...) ; ceux qui auront excité ou n'auront pas retenu leurs chiens, lorsqu'ils attaquent ou poursuivent les passants, quand même il n'en serait résulté aucun mal ni dommage ; (...). »*

  - o **Peine principale** : 1.400 F CFA à 2.400 F CFA d'amende (c'est une **contravention**).

Compréhension : c'est le fait pour une personne d'enrager et de pousser son chien à attaquer ou poursuivre un passant, ou de s'abstenir de le retenir de le faire.

Attention : cette infraction serait retenue, même s'il n'est résulté aucun dommage à la victime.[281] Cependant, si le présumé auteur n'est pas le

---

[277] « La perversion sexuelle ».
[278] « Dénaturation du sens moral ».
[279] Il en est le cas de celui qui donne de l'argent ou un avantage quelconque à une fille pour qu'elle se livre à des « actes obscènes » avec autrui.
[280] On peut envisager le cas de celui qui incite ou encourage les jeunes âgés de 17 ans à entreprendre des relations sexuelles « immorales » ou contre nature, par la projection des images ou vidéos pornographiques.
[281] Art. 475-7° du CP : « (…), quand même il n'en serait résulté aucun mal ni dommage. ».

propriétaire du chien en cause, *voir* ***Omission de porter secours*** *(non-assistance à la personne en danger)*.

Culpabilité :

- ***Élément matériel*** : le présumé auteur doit :
  - soit avoir excité ou incité un chien à attaquer ou poursuivre un passant ;
  - soit s'être abstenu ou avoir refusé de retenir son chien qui attaquait ou poursuivait un passant.
- ***Élément moral*** : il doit l'avoir fait volontairement (sciemment).

115- EXPLOITATION D'ENFANT

✓ *Voir* ***Vente d'enfant*** ou ***Traite d'enfant***.

116- EXPLOITATION ILLÉGALE DES PRODUITS FORESTIERS[282]

- ***Élément légal*** :

- **A** et **B** : art. 142 de la loi n° 16-2000 du 20 novembre 2000 portant Code forestier en République du Congo ;
- **C** : art 142, al. 2 de la loi n° 16-2000 du 20 novembre 2000 portant Code forestier en République du Congo.

  - **Teneur du texte** :

> ***Art. 142 de L. 20/11/2000*** *: « Quiconque, dans la forêt protégée, coupera, mettra à feu, mutilera, écorcera, arrachera des arbres, ou exploitera des produits forestiers accessoires, sans avoir été dûment autorisé ou sans jouir du droit d'usage, sera puni d'une amende de 10.000 à 100.000 FCFA. S'il y a eu exploitation à caractère commercial, l'auteur de l'infraction sera puni d'une amende de 100.000 à 500.000 FCFA.*
>
> *Si l'infraction a été commise dans le domaine forestier permanent, son auteur sera puni d'une amende de 100.000 à 500.000 FCFA et d'un emprisonnement d'un mois à deux ans ou l'une des deux peines seulement. »*

  - **Peines principales** :

- **A** : 10.000 F CFA à 100.000 F CFA d'amende (c'est un **délit**) ;
- **B** : 100.000 F CFA à 500.000 F CFA d'amende (c'est un **délit**) ;
- **C** : un (01) mois à deux (02) ans d'emprisonnement et 100.000 F CFA à 500.000 F CFA d'amende, ou l'une de ces deux peines seulement (c'est un **délit**).

---

[282] Il s'agit d'une infraction des eaux et forêts dont les règles de procédure sont définies par le Code forestier.

Compréhension : c'est le fait pour un individu d'abattre ou d'exploiter, sans autorisation préalable, des produits forestiers.

Culpabilité :

- ***Élément matériel*** :
  - o Le présumé auteur doit avoir :
    - ▪ soit coupé entièrement ou seulement quelques branches d'un arbre ;
    - ▪ soit brûlé cet arbre, écorcé ou l'avoir arraché ;
    - ▪ soit exploité des produits forestiers accessoires.
  - o il doit l'avoir fait sans en avoir été dûment autorisé ou sans en jouir du droit d'usage
- ***Élément moral*** : il doit avoir agi volontairement (en connaissance de cause).

« Atténuation et aggravation de la peine » :

- **A** : si l'auteur a fait une exploitation non commerciale de ces produits forestiers, ***voir peines A*** *;*
- **B** : si l'auteur des faits en a fait une exploitation commerciale, ***voir peines B*** *;*
- **C** : si l'exploitation a été faite sur les produits du domaine forestier permanent, ***voir peines C.***

117- EXPOSITION D'ENFANT À DES ACTIVITÉS ILLICITES OU DANGEREUSES POUR SA SANTÉ

✓ *Voir* ***Recrutement et soumission d'enfant à des activités illicites ou dangereuses pour sa santé.***

118- EXTORSION

- ***Élément légal*** :
- **A** : articles 11 et 3 de la loi n° 5-2009 du 22 septembre 2009 sur la corruption, la concussion et la fraude et les infractions assimilées en République du Congo ;
- **B** : articles 11 et 12 de la loi n° 5-2009 du 22 septembre 2009 sur la corruption, la concussion et la fraude et les infractions assimilées en République du Congo.

  - o **Teneur du texte** :

Art. 11 de L. 22/09/09 *: « Sera puni des mêmes peines que celles visées aux articles 3 et 12 de la présente loi contre la personne corrompue, le fait pour toute personne d'user de voies de fait, violence, menaces de violence ou contrainte, que ces manœuvres aient ou non produit leur effet, pour obtenir soit l'accomplissement ou l'abstention d'accomplissement d'un acte, soit une*

des faveurs ou un des avantages prévus aux articles 3 et 12 de la présente loi. »

***Art. 3 de L. 22/09/2009** : « Est passible d'un emprisonnement de deux à dix ans et d'une amende double de la valeur des promesses agréées ou des choses reçues ou demandées, sans que ladite amende soit inférieure à 1.000.000 de francs CFA :*

1. Le fait pour toute personne investie d'un mandat électif, fonctionnaire public de l'ordre administratif ou judiciaire, militaire ou assimilé, agent ou préposé d'une administration placée sous le contrôle de la puissance publique, ou citoyen chargé d'une mission de service public de solliciter ou agréer des offres ou promesses, de solliciter ou recevoir des dons ou présents, pour faire ou s'abstenir de faire un acte de ses fonctions ou de son emploi, juste ou non, mais non sujet à salaire ;

2. le fait pour tout arbitre ou expert nommé soit par les parties, tout juré, de solliciter ou agréer des offres ou promesses, de solliciter ou recevoir des dons ou présents, pour rendre une décision ou donner une opinion favorable ou défavorable à une partie ;

3. le fait pour un médecin, chirurgien, dentiste, sage-femme, infirmier ou plus généralement, toute personne émanant des professions médicales ou paramédicales ou du secteur de la santé, de solliciter ou recevoir des dons ou présents, pour certifier faussement ou dissimuler l'existence de maladies ou d'infirmités ou un état de grossesse ou fournir des indications mensongères sur l'origine d'une maladie ou infirmité ou la cause d'un décès.»

***Art. 12 de L. 22/09/2009** : « Sera puni d'un emprisonnement d'un an au moins et cinq ans au plus et d'une amende double de la valeur de la promesse agréée ou des choses reçues ou demandées, sans que ladite amende puisse être inférieure à 1.000.000 de francs CFA, le fait pour une personne de solliciter ou d'agréer des offres ou promesses, de solliciter ou recevoir des dons ou présents ou tout autre avantage indu, directement ou indirectement, pour elle-même ou pour une autre personne afin d'abuser de son influence réelle ou supposée en vue de faire obtenir ou tenter de faire obtenir d'une administration ou d'une autorité publique des décorations, médailles, distinctions ou récompenses, des places, fonctions ou emplois, des marchés ou plus généralement toute autre décision favorable ou avantage indu. »*

- **Peines principales** :

- **A** : deux (02) ans à dix (10) ans d'emprisonnement et 1.000.000 F CFA au moins d'amende (jusqu'au double de la valeur des biens ou crédits usés)[283] c'est un **délit** ;

[283] Si le résultat est supérieur à 1.000.000 F CFA.

- **B** : un (01) an à cinq (05) ans d'emprisonnement et 1.000.000 F CFA au moins d'amende (jusqu'au double de la valeur des biens ou crédits usés)[284] c'est un **délit**.

Compréhension : c'est le fait pour un individu d'exercer la violence ou la pression sur autrui, pour obtenir soit l'accomplissement ou l'abstention d'accomplissement d'un acte, soit une faveur ou un avantage illicite ou indu.

Attention : s'il n'y a pas eu emploi de la violence ou exercice de la pression sur la victime, *voir* soit l'infraction de ***Corruption***, soit celle de ***Trafic d'influence***.

S'il y a eu usage de la tromperie ou la ruse, *voir* ***Fraude***.

Culpabilité :

- ***Élément matériel*** :
  - Le présumé auteur doit avoir usé soit de voies de fait, soit de la violence, soit des menaces de violence, soit de la contrainte ;
  - il doit, par l'usage de ces moyens, avoir obtenu ou tenté d'obtenir :
    - soit l'accomplissement ou l'abstention d'accomplissement d'un acte ;
    - soit une faveur ou un avantage illicite ou indu.
  - Les manœuvres en cause doivent avoir produit ou non leur effet.
- ***Élément moral*** : le présumé auteur doit avoir agi avec intention coupable (volontairement).

« Atténuation et aggravation de la peine » :

- **A** : si cet acte a été commis pour :
  - soit amener la victime à faire ou à s'abstenir de faire un acte de ses fonctions ou de son emploi, juste ou non, mais non sujet à salaire,
  - soit la déterminer à rendre une décision ou à donner une opinion favorable ou défavorable à une partie,
  - soit l'amener à certifier faussement, ou à dissimuler, l'existence de maladies ou d'infirmités ou un état de grossesse, ou à fournir des indications mensongères sur l'origine d'une maladie ou infirmité ou la cause d'un décès, (***voir peines A***) ;
- **B** : si l'acte a été commis afin d'amener la victime à abuser de son influence réelle ou supposée en vue de faire obtenir ou tenter de faire obtenir d'une administration ou d'une autorité publique des décorations, médailles, distinctions ou récompenses, des places, fonctions ou emplois, des marchés ou toute autre décision favorable ou avantage indu (***voir peines B***).

[284] *Idem.*

F

119- FALSIFICATION D'ACTE DE NAISSANCE

 Élément légal : article 98, alinéa 1 et 2, de la loi n° 4-2010 du 14 juin 2010 portant protection de l'enfant en République du Congo.

- **Teneur du texte** :

Art. 98 de L 14/06/2010 *: « Quiconque fabriquera, sous le nom d'un officier d'état civil, un acte de naissance d'un enfant sera puni de la réclusion.* *Les mêmes peines seront appliquées :* *- à celui qui falsifiera l'acte de naissance d'un enfant originairement véritable, pour l'approprier à un enfant autre que celui à qui il avait été primitivement délivré ; (...). »*

- **Peine principale** : cinq (05) ans à dix (10) ans de *réclusion* (c'est un **crime**).[285]

Compréhension : c'est le fait pour un individu d'altérer ou de dénaturer le contenu d'un vrai acte de naissance délivré à un enfant, afin de l'attribuer à un autre.

Attention : si l'acte en cause a plutôt été fabriqué sous le nom d'un officier d'état civil, *voir* ***Faux Acte de Naissance***.

Culpabilité :

 L'acte de naissance falsifié doit avoir lui-même été originalement véritable (vrai ou authentique).

 Élément matériel :

- Le présumé auteur doit avoir falsifié (surchargé, altéré) ou dénaturé le contenu de cet acte de naissance, délivré à un enfant ;
- il doit avoir, de ce fait, attribué ledit acte de naissance à un autre enfant.[286]

 Élément moral : il doit avoir agi avec une intention coupable. Le présumé auteur doit avoir commis cet acte, dans le but d'attribuer l'acte de naissance en cause à un enfant autre que celui à qui il a été primitivement délivré.

---

[285] Art. 21, al. 2 du CP.

[286] La loi n'a pas donné de détails sur l'action précise qui matérialise l'*attribution de l'acte de naissance authentique à un enfant* autre que son bénéficiaire. On peut, toutefois, envisager le cas de celui qui dénature le contenu dudit acte, en remplaçant par exemple le nom d'un enfant autre que celui à qui a été délivré l'acte de naissance en cause par l'officier d'état civil.

120- FAUSSES CLÉS

✓ *Voir* ***Contrefaçon ou altération de clefs***.

121- FAUSSE DÉCLARATION D'ACCIDENT OU DE MALADIE DE TRAVAIL

□ ***Élément légal*** :

A et **B** : article 257-b nouveau de la loi n° 6-96 du 06 mars 1996 modifiant et complétant certaines dispositions de la loi n° 45-75 du 15 mars 1975 portant Code du travail en République du Congo.

- **Teneur du texte** :

> ***Art. 257 du Code du travail (Loi n° 6-96)*** : *« Seront punis d'une amende de 600.000 FCFA à 900.000 FCFA et en cas de récidive d'une amende de 900.000 à 1.100.000 FCFA : (...) ;*
>
> *• b) les personnes qui auront fait volontairement une fausse déclaration d'accident du travail ou de maladie professionnelle. (...). »*

- **Peines principales** :

- **A** : 600.000 F CFA à 900.000 F CFA d'amende (c'est un **délit**) ;
- **B** : 900.000 F CFA à 1.100.000 F CFA d'amende (c'est un **délit**).

Compréhension : c'est le fait pour une personne d'imputer, de mauvaise foi, une maladie ou un accident (fictif ou non) à l'exercice de l'emploi tenu dans une entreprise.

Culpabilité :

➢ **A** :

□ ***Élément matériel*** :

- Le présumé auteur doit avoir déclaré un accident de travail ou une maladie professionnelle ;
- cet accident ou maladie ne doit pas résulter de l'exercice d'un emploi tenu dans l'entreprise « mise en cause ».

□ ***Élément moral*** : le présumé auteur doit avoir agi volontairement (avec intention coupable).

« Aggravation de la peine » :

➢ **B** : en cas de récidive, ***voir peine B***.

122- FAUSSE INTERPRÉTATION

✓ *Voir* ***Dénaturation de la substance des paroles ou documents oralement traduits.***

123- FAUX NOM OU FAUX RENSEIGNEMENTS EN VUE DE DÉLIVRANCE D'UN ACTE DE NAISSANCE À UN ENFANT

□ ***Élément légal*** : article 97 de la loi n° 4-2010 du 14 juin 2010 portant protection de l'enfant en République du Congo.

- **Teneur du texte :**

Art. 97 de L. 14/06/2010 *: « Quiconque aura soit fait des fausses déclarations, soit fait prendre un faux nom à l'enfant, soit fourni de faux renseignements, certificats ou attestations en vue de la délivrance de l'acte de naissance d'un enfant, sera puni d'un an à deux ans d'emprisonnement et d'une amende de 24.000 à 2.400.000 de francs CFA. »*

- **Peines principales** : un (01) an à deux (02) ans d'emprisonnement et 24.000 F CFA à 2.400.000 F CFA d'amende (c'est un **délit**).

Compréhension : c'est le fait pour un individu de donner un faux nom à un enfant ou de fournir des faux renseignements ou documents, afin de délivrer un acte de naissance à l'enfant.

Culpabilité :

□ ***Élément matériel*** : le présumé auteur doit :
- soit avoir donné un faux nom (nom supposé) à un enfant ;
- soit fait de fausses déclarations[287] (devant un officier d'état civil ou une autre autorité habilitée) pour délivrer un acte de naissance à un enfant ;
- soit produit un faux certificat ou une fausse attestation, pour délivrer un acte de naissance à un enfant.

□ ***Élément moral*** : il doit avoir agi en connaissance de cause (volontairement).

124- FAUX ACTE DE NAISSANCE

□ ***Élément légal*** : article 98, alinéa 1 de la loi n° 4-2010 du 14 juin 2010 portant protection de l'enfant en République du Congo.

- **Teneur du texte** :

Art. 98 de L 14/06/2010 *: « Quiconque fabriquera, sous le nom d'un officier d'état civil, un acte de naissance d'un enfant sera puni de la réclusion. (...). »*

- **Peine principale** : cinq (05) ans à dix (10) ans de *réclusion* (c'est un **crime**).[288]

---

[287] Déclarations concernant, par exemple, l'année, le mois, le jour, l'heure et le lieu de naissance, le sexe de l'enfant et les noms et prénoms qui lui sont donnés ; ainsi que l'identité des père et mère, ou de tout déclarant ou témoin.

Compréhension : c'est le fait pour un individu de fabriquer ou de produire, « de manière à tromper », un acte de naissance sous le nom d'une autorité d'état civil.

Attention : si l'acte en cause a été originalement vrai, *voir* ***Falsification d'un Acte de Naissance***.

S'il s'agit plutôt d'un certificat de naissance, *voir* ***Faux certificat de naissance***.

Culpabilité :

- ***Élément matériel*** :
  - o Le présumé auteur doit avoir fabriqué un acte de naissance d'un enfant.
  - o Il doit l'avoir fait sous le nom d'un officier d'état civil.
- ***Élément moral*** : il doit l'avoir fait en connaissance de cause (sciemment).

125- FAUX CERTIFICAT DE NAISSANCE

 Élément légal : articles 98 et 99 de la loi n° 4-2010 du 14 juin 2010 portant protection de l'enfant en République du Congo.

- o **Teneur du texte** :

> ***Art. 98 de L. 14/06/2010*** : *« Quiconque fabriquera, sous le nom d'un officier d'état civil, un acte de naissance d'un enfant sera puni de la réclusion.*
>
> *Les mêmes peines seront appliquées :*
>
> *- à celui qui falsifiera l'acte de naissance d'un enfant originairement véritable, pour l'approprier à un enfant autre que celui à qui il avait été primitivement délivré ;*
>
> *- à tout individu qui se sera servi d'un acte de naissance ainsi fabriqué ou falsifié. »*
>
> ***Art. 99 de L. 14/06/2010*** : *« Sera puni des peines visées à l'article 98 de la présente loi, quiconque :*
>
> *- fabriquera, sous le nom d'un médecin, ou d'une sage-femme, d'une matrone ou autre officier de santé, un certificat de naissance ;*
>
> *- aura sciemment fait usage d'un tel certificat ;*
>
> *- aura établi sciemment un certificat de naissance relatant des faits matériellement inexacts ;*
>
> *- aura falsifié ou modifié le certificat de naissance originairement sincère ;*
>
> *- aura fait sciemment usage d'un certificat de naissance inexact falsifié. »*

---

[288] Art. 21, al. 2 du CP.

- **Peine principale** : cinq (05) ans à dix (10) ans de *réclusion* (c'est un **crime**).[289]

Compréhension : c'est le fait pour un individu de falsifier ou de produire un certificat de naissance non vrai, sous le nom d'un médecin, d'une sage-femme, d'une matrone ou d'un autre officier de santé.

Attention : si l'acte fabriqué est un acte de naissance, *voir **Faux Acte de Naissance**.*

Culpabilité :

- ***Élément matériel*** :
  - Le présumé auteur doit avoir falsifié ou produit, de manière à tromper, un certificat de naissance ;
  - il doit l'avoir fait sous le nom d'un médecin, d'une sage-femme, d'une matrone ou d'un autre officier de santé.
- ***Élément moral*** : il doit l'avoir fait sciemment (avec une intention coupable).

126- FAUX CERTIFICATS OU FAUSSES ATTESTATIONS

- ***Élément légal*** : article 161, alinéa 5-1° du Code pénal.
  - **Teneur du texte** :

> ***Art. 161 du CP*** *: « (...) ; Sera puni d'un emprisonnement de six mois à deux ans et de 40.000 à 400.000 francs d'amende, ou de l'une de ces deux peines seulement, sans préjudice de l'application, le cas échéant, des peines plus fortes, prévues par le présent Code, et les lois spéciales, quiconque :*
>
> *1° Aura établi sciemment une attestation ou un certificat faisant état de faits matériellement inexacts ; (...). »*

- **Peines principales** : six (06) mois à deux (02) ans d'emprisonnement et 40.000 F CFA à 400.000 F CFA d'amende, ou l'une de ces deux peines seulement (c'est un **délit**).

Compréhension : c'est le fait pour un individu d'établir intentionnellement une attestation ou un certificat faisant état des faits matériellement inexacts (contraire à la réalité).

Attention : si le document en cause est un certificat de naissance, *voir **Faux Certificat de naissance***.

Ceux qui se seront servis de ce faux certificat ou de fausses attestations encourront les mêmes sanctions (*voir **Usage de faux certificat ou de fausse attestation***)[290].

[289] Art. 21, al. 2 du CP.

Culpabilité :

- ***Élément matériel*** :
  - Le présumé auteur doit avoir établi une attestation ou un certificat ;
  - cette attestation ou ce certificat doit avoir été mensonger (c.-à-d., comporter ou contenir de fausses informations).
- ***Élément moral*** : il doit l'avoir fait sciemment (avec intention coupable).

127- FAUX EN ÉCRITURE PRIVÉE

- ***Élément légal*** : articles 150 et 147, alinéa 1 du Code pénal.
  - **Teneur du texte** :

> ***Art. 150 du CP*** : *« Tout individu qui aura, de l'une des manières exprimées en l'article 147, commis un faux en écriture privée sera puni de la réclusion. »*
>
> ***Art. 147 du CP*** : *« Seront punis des travaux forcés à temps, toutes autres personnes qui auront commis un faux en écriture authentique et publique, ou en écriture de commerce ou de banque :*
>
> *- soit par contrefaçon ou altération d'écritures ou de signature ;*
>
> *- soit par fabrication de conventions, dispositions, obligations ou décharges, ou par leur insertion après coup dans ces actes ;*
>
> *- soit par addition ou altération de clauses, de déclarations ou de faits que ces actes avaient pour objet de recevoir et de constater. (...). »*

  - **Peine principale** : cinq (05) ans à dix (10) ans de *réclusion* (c'est un **crime**).[291]

Compréhension : c'est le fait pour une personne d'altérer, sciemment, de quelque manière, la vérité dans un écrit ou un autre support « *ayant une valeur juridique* »[292] (document sous seing privé), préjudiciant ainsi autrui.

Culpabilité :

- Le document en cause doit avoir établi ou été susceptible d'établir la preuve d'un droit ou d'un fait ayant des conséquences juridiques.[293]
- ***Élément matériel*** : le présumé auteur doit avoir :
  - soit contrefait ou altéré l'écriture ou la signature dans un acte sous seing privé ;

---

[290] Art. 161, al. 5 (3°) du CP.

[291] Art. 21, al. 2 du CP.

[292] Gérard CORNU, *op. cit.*, p. 449.

[293] Ce document doit être employé dans le but de servir de preuve « *d'un droit ou d'un fait ayant des conséquences juridiques* » (cf. Cyprien GANZINO-NGOUNGA, *op. cit.*, p. 632).

o soit fabriqué des conventions, dispositions, obligations ou décharges, ou les avoir insérées après coup dans l'acte en cause ;

o soit ajouté ou altéré de clauses, de déclarations ou de faits que l'acte sous seing privé avait pour objet de recevoir et de constater.

 Élément moral : il doit avoir agi avec une intention frauduleuse (de mauvaise foi).[294]

128- FAUX EN ÉCRITURE PUBLIQUE

 Élément légal :

- **A** : article 145 du CP ;
- **B** : article 146 du CP ;
- **C** : article 147, al. 1 du CP ;
- **D** : article 147 du CP.

o **Teneur du texte** :

Art. 145 du CP : *« Tout fonctionnaire ou officier public qui, dans l'exercice de ses fonctions, aura commis un faux :*

- soit par fausses signatures,

- soit par altération des actes, écritures ou signatures,

- soit par supposition de personnes,

- soit par des écritures faites ou intercalées sur des registres ou d'autres actes publics, depuis leur confection ou clôture,

Sera puni des travaux forcés à perpétuité. »

Art. 146 du CP : *« Sera puni des travaux forcés à perpétuité, tout fonctionnaire ou officier public qui, en rédigeant des actes de son Ministère, en aura frauduleusement dénaturé la substance ou les circonstances, soit en écrivant des conventions autres que celles qui auraient été tracées ou dictées par les parties, soit en constatant comme vrais des faits faux, ou comme avoués des faits qui ne l'étaient pas. »*

Art. 147 du CP : *« Seront punis des travaux forcés à temps, toutes autres personnes qui auront commis un faux en écriture authentique et publique, ou en écriture de commerce ou de banque :*

- soit par contrefaçon ou altération d'écritures ou de signature ;

- soit par fabrication de conventions, dispositions, obligations ou décharges, ou par leur insertion après coup dans ces actes ;

- soit par addition ou altération de clauses, de déclarations ou de faits que ces actes avaient pour objet de recevoir et de constater.

[294] « Il n'y a point de faux punissable quand l'altération a été commise sans intention de nuire » (Faustin HELIE, *op. cit.*, p. 162). Aussi, ne peut-on pas retenir le faux contre un notaire qui a établi, *de bonne foi*, un acte sur la base des informations qui étaient en réalité fausses (cf. TGI, Brazzaville, corr., 6ème ch., 06 février 2014, répertoire n° 033, inédit).

> *(Compl. L. 9/3/1928 - D. appl. 21/1/1931 6 Art. 242 AGG. 10/3/1931 - JOAEF 1931 p. 236).*
>
> *Seront punis de la même peine, tous administrateurs ou comptables militaires qui portent sciemment sur les rôles, les états de situation ou de revue, un nombre d'hommes, de chevaux ou de journées de présence au-delà de l'effectif réel, qui exagèrent le montant des consommations ou commettent tous autres faux dans leurs comptes ; »*

- **Peines principales** :

- **A et B** : travaux forcés à perpétuité (c'est un **crime**) ;
- **C et D** : cinq (05) ans à trente (30) ans des *travaux forcés* (c'est un **crime**).

Compréhension : c'est le fait pour une personne d'altérer, sciemment, de quelque manière, la vérité dans un écrit ou un autre support public, avec une intention de nuire à autrui.

Culpabilité :

 L'acte argué de faux doit être soit un acte authentique, soit un acte public, soit un effet de commerce.[295]

✓ **Si le présumé auteur est un fonctionnaire ou un officier public** :

 Élément matériel : il doit avoir :

- **A** :
  - soit contrefait ou altéré l'acte, l'écriture ou la signature dans l'acte public en cause ;
  - soit apposé une fausse signature sur cet acte ;
  - soit supposé des personnes dans l'acte en cause ;
  - soit fait ou intercalé des écritures sur des registres ou autres actes publics, depuis leur confection ou clôture.
- **B** :
  - soit, en rédigeant des actes de son ministère, dénaturé leur substance ou leurs circonstances ;
  - soit écrit des conventions autres que celles qui auraient été tracées ou dictées par les parties ;
  - soit constaté comme vrais, dans l'acte en cause, des faits faux, ou comme avoués des faits qui ne l'étaient pas.
- Il doit avoir commis l'un de ces actes dans l'exercice de ses fonctions.

 Élément moral : il doit avoir agi avec une intention frauduleuse (c.-à-d., l'intention de nuire à autrui).[296]

---

[295] Un document qui doit « établir » ou être susceptible d'établir : « la preuve » d'un droit ou d'un fait ayant des « conséquences juridiques » (voir *Faux en écriture privée*, Culpabilité).

✓ **Si l'auteur des faits est une personne autre qu'un fonctionnaire ou un particulier** :

➢ **C** :

 Élément matériel : il doit avoir :

- soit contrefait ou altéré l'écriture ou la signature dans un acte sous seing privé ;
- soit fabriqué des conventions, dispositions, obligations ou décharges, ou les avoir insérées après coup dans l'acte en cause ;
- soit ajouté ou altéré de clauses, de déclarations ou de faits que l'acte sous seing privé avait pour objet de recevoir et de constater.

 Élément moral : il doit avoir agi avec une intention frauduleuse (intention de nuire à autrui).

✓ **Si l'auteur des faits est un administrateur ou un comptable militaire** :

➢ **D** :

 Élément matériel : il doit avoir :

- soit porté sur les rôles, les états de situation ou de revue, un nombre d'hommes, de chevaux ou de journées de présence au-delà de l'effectif réel ;
- soit exagéré le montant des consommations ou commis tous autres faux dans ses comptes.

 Élément moral : il doit avoir agi avec une intention frauduleuse (intention de nuire à autrui).[297]

129- FRAUDE

 Élément légal : article 10 de la loi n° 5-2009 du 22 septembre 2009 sur la corruption, la concussion et la fraude et les infractions assimilées en République du Congo.

- **Teneur du texte** :

Art. 10 de L. 22/09/09 *: « Sera reconnu coupable de fraude et puni d'un emprisonnement d'un an à cinq ans et d'une amende égale au moins au double de la valeur en deniers, de l'avantage procuré ou des droits éludés, toute personne qui, pour se procurer un avantage matériel ou moral indu, aura :*

[296] Le faux en écriture privée ou publique ne peut être puni, si l'auteur n'était pas « animé » de l'intention de nuire (voir élément moral de *Faux en écriture privée*).
[297] *Idem.*

- soit par l'usage de tromperie, d'artifices ou de moyens déloyaux, modifié les circonstances de fait d'un produit, denrée ou marchandise pour surprendre le consentement du consommateur ;

- soit par quelque ruse, éludé le paiement des droits imposés sur un produit, marchandise ou denrée en vue d'échapper à la loi ou aux règlements sur la fiscalité. »

- **Peines principales** : un (01) an à cinq (05) ans d'emprisonnement et une amende égale au moins au double de la valeur en deniers, de l'avantage procuré ou des droits éludés (c'est un **délit**).

Compréhension : c'est le fait pour une personne d'user de la tromperie ou la ruse, afin de se procurer un avantage matériel ou moral, indu.

Culpabilité :

1er Cas :

- ***Élément matériel*** :
  - Le présumé auteur doit avoir modifié les circonstances de fait d'un produit, d'une denrée ou d'une marchandise ;
  - il doit l'avoir fait en recourant soit à la tromperie, soit aux artifices, soit aux moyens déloyaux.
- ***Élément moral*** : le présumé auteur doit avoir agi avec intention coupable. Il doit l'avoir fait dans le but de surprendre le consentement du consommateur.

2ème Cas :

- ***Élément matériel*** :
  - Le présumé auteur doit avoir éludé ou s'être soustrait au paiement des droits imposés sur un produit, une marchandise ou une denrée ;
  - il doit l'avoir fait au moyen d'une ruse quelconque.
- ***Élément moral*** : il doit avoir agi avec intention coupable. Il doit l'avoir fait dans le but d'échapper à la loi ou aux règlements sur la fiscalité.

H

130-HÉBERGEMENT DE MALFAITEURS

□ ***Élément légal*** : article 61, alinéa 1 du Code pénal.

- **Teneur du texte** :

> ***Art. 61 du CP*** *: « Ceux qui connaissant la conduite criminelle des malfaiteurs exerçant des violences contre la sûreté de l'Etat, la paix publique, les personnes ou les propriétés, leur fournissent habituellement logement, lieu de retraite ou de réunion, seront punis comme leurs complices.*
>
> *(...) Sont exceptés des dispositions de l'alinéa précédent les parents ou alliés du criminel, jusqu'au quatrième degré exclusivement. »*

- **Peine (s) principale (s)** : même (s) peine (s) que celle (s) qu'encourrait le malfaiteur hébergé (c'est un **délit** ou **un crime**).

Compréhension : c'est le fait pour une personne d'avoir l'habitude d'héberger un malfaiteur, ou de lui offrir un lieu de retraite ou de réunion avec ses coopérants.

Attention : si le présumé auteur a plutôt caché ou mis un malfaiteur à l'abri des recherches ou poursuites, *voir* ***Recel de criminels***.

Culpabilité :

□ Le présumé auteur ne doit pas être un parent ou allié au quatrième degré du délinquant ou malfaiteur en cause.[298]

□ ***Élément matériel*** :

- Il doit avoir fourni soit un logement, soit un lieu de retraite, soit un lieu de réunion aux malfaiteurs[299] ;
- il doit l'avoir fait habituellement.

□ ***Élément moral*** : il doit avoir su que la ou les personnes hébergées, abritées, ou à qui ou auxquelles il a fourni un lieu de réunion ont une conduite criminelle. Le présumé auteur doit donc avoir agi de mauvaise foi (sciemment).

131-HOMICIDE INVOLONTAIRE

□ ***Élément légal*** : article 319 du Code pénal.

---

[298] Art. 61, al. 2 du CP.

[299] Il s'agit d'un ou des individus qui exercent des violences contre la sûreté de l'État, la paix publique, les personnes ou les propriétés (art. 61, al. 1 du CP).

o **Teneur du texte** :

Art. 319 du CP *: « (D.L. 16/7/1935 et 30/10/1935 D. appl. 26/7/1939 – AGG prom. n° 3065 du 7/9/1939 – JOAEF 1939 p. 1088, rectificatif p. 1141, modifié par ord. n° 62-13 du 27/8/1962 JORC 1962 p. 683). « Quiconque, par maladresse, imprudence, inattention, négligence ou inobservation des règlements, aura commis involontairement un homicide ou en aura été involontairement la cause, sera puni d'un emprisonnement de trois mois à cinq ans et d'une amende 24.000 francs à 720.000 francs. »*

o **Peines principales** : trois (03) mois à cinq (05) ans d'emprisonnement et 24.000 F CFA à 720.000 F CFA d'amende (c'est un **délit**).

Compréhension : c'est le fait pour une personne de causer involontairement la mort ou de se rendre involontairement responsable de la mort d'autrui.

Attention : la conséquence de la faute du présumé auteur des faits ne doit pas être voulue de lui (la mort de la victime doit être involontaire).

Si la mort de la victime a été recherchée ou projetée, *voir **Meurtre*** ou ***Assassinat***.

Culpabilité :

 Élément matériel : le présumé auteur doit avoir :

o soit causé la mort à autrui ;
o soit été la cause de la mort d'autrui.[300]

 Élément moral : il n'y a pas l'intention de tuer, dans cette infraction. Le présumé auteur doit juste avoir commis une faute, sans laquelle la victime ne serait pas morte. Ainsi, cette faute décrira soit sa maladresse, soit son imprudence, soit son inattention, soit sa négligence, soit l'inobservation des règlements.[301]

132- HOMICIDE VOLONTAIRE

✓ *Voir **Meurtre.***

[300] Tel serait le cas d'un objet mal attaché qui se détache et cause la mort à un humain. Le propriétaire de cet objet ou du moins celui qui l'a fixé ainsi en sera responsable.

[301] Pour retenir cette infraction, il faut pouvoir établir dans la faute de la personne poursuivie, « un défaut de précaution ou une conduite morale blâmable se traduisant par une indifférence aux règles morales » (A. DECOCQ, Droit pénal général, 1971, n° 207, cité par Jean PRADEL et Michel DANTI-JUAN, *op. cit.*, p. 75).

I

133- IMPORTATION, PRODUCTION, UTILISATION OU VENTE, ILLICITE, DE STUPÉFIANTS

□ ***Élément légal* :**

A et **B** : articles 59 et 84 de la loi n° 003/91 du 23 avril 1991 sur la protection de l'environnement.

- **Teneur du texte :**

Art. 59 de L. 23/04/1991 *: « La production, l'importation, le commerce et l'utilisation des stupéfiants sont interdits, sauf autorisation expresse du Ministre Chargé de l'Environnement. »* ***Art. 84 de L. 23/04/1991*** *: « Quiconque aura enfreint aux dispositions des articles 57 et 59 est passible d'une amende de 100 000 F à 10 000 000F et d'une peine privative de liberté d'un mois à cinq ans. En cas de récidive, cette peine est portée au double. »*

- **Peines principales** :

- **A** : un (01) mois à cinq (05) ans d'emprisonnement et 100.000 F CFA à 10.000.000 F CFA d'amende (c'est un **délit**) ;
- **B** : deux (02) mois à dix (10) ans d'emprisonnement et 200.000 F CFA à 20.000.000 F CFA d'amende (c'est un **délit**).

Compréhension : c'est le fait pour toute personne de produire, d'importer, de vendre ou d'utiliser les stupéfiants.

Culpabilité :

➢ **A** :

□ ***Élément matériel*** :

- Le présumé auteur doit avoir soit produit (fabriqué), soit importé,[302] soit vendu, soit utilisé[303] les stupéfiants ;
- il doit l'avoir fait sans avoir reçu, au préalable, l'autorisation expresse du « Ministre Chargé de l'Environnement ».

□ ***Élément moral*** : le présumé auteur doit avoir agi volontairement (en connaissance de cause).

« Aggravation de la peine »

➢ **B** : en cas de récidive, ***voir peine B***.

---

[302] Tel celui qui ferait entrer dans le territoire national de la drogue.

[303] Tel celui qui consomme une drogue ou celui qui s'en sert dans des préparations quelconques.

134- INCENDIE INVOLONTAIRE (de biens mobiliers ou immobiliers d'autrui)

□ ***Élément légal*** :

- **A** : art. 483-4° du CP ;
- **B** : art. 483-4°, 319 bis et 483-2 du CP ;
- **C** : art. 483-4°, 320 bis et 320 du CP ;
- **D** : art. 483-4° et 319 du CP ;
- **E** : art. 138 de la loi n° 16-2000 du 20 novembre 2000 portant Code forestier en République du Congo.[304]

o **Teneur du texte** :

> ***Art. 483 du CP*** : *« Seront punis d'une amende de 4000 à 24 000 francs inclusivement et pourront l'être, en outre, de l'emprisonnement pendant huit jours au plus : (...) ;*
>
> *4°- Ceux qui auront causé l'incendie des propriétés mobilières ou immobilières d'autrui, soit par la vétusté ou le défaut de réparation, soit de nettoyage des fours, cheminées, forges, maisons et usines prochaines ou par des feux allumés dans les champs à moins de 100 mètres des maisons, édifices, forêts, bruyères, bois, vergers, plantations, haies, meules, tas de grains, ou par des feux ou lumières portés ou laissés sans précaution suffisante, ou par des pièces d'artifice allumées ou tirées par négligence ou imprudence ; (...). »*
>
> ***Art. 320 bis du CP*** : *« (L.54-1167 du 22/11/1954 rendant applic. O.M loi 50-597 du 30/5/1950- AGG prom. n° 3855 du 30/11/1954 - JOAEF 1954 p. 1937). Si dans les cas prévus à l'article 483 (4°) du présent code, un incendie involontairement provoqué, entraine la mort ou provoque les blessures d'une ou plusieurs personnes, il sera fait application des peines prévues pour l'homicide ou les blessures par impudence. »*

o **Peines principales** :

- **A et B** : un (01) jour à huit (08) jours d'emprisonnement et 4.000 F CFA à 24 000 F CFA d'amende, ou seulement la peine d'amende (c'est une **contravention**) ;
- **C** : quinze (15) jours à trois (03) ans d'emprisonnement et 30.000 F CFA à 500.000 F CFA d'amende, ou l'une de ces deux peines seulement (c'est un **délit**) ;

---

[304] « Quiconque aura, par imprudence, négligence, inattention ou inobservation des règlements pris en application de la présente loi, cause un incendie dans le domaine forestier permanent, sera puni d'une amende de 20.000 à 200.000 FCFA et d'un emprisonnement d'un an maximum ou l'une de ces deux peines seulement.
Si l'incendie a été allumé volontairement, la peine d'emprisonnement sera alors prononcée.
Si l'incendie volontaire a causé des pertes en vies humaines, les peines prévues par le Code pénal seront appliquées » (art. 138 de la loi n° 16-2000 du 20 novembre 2000 portant Code forestier en République du Congo).

- **D** : trois (03) mois à cinq (05) ans d'emprisonnement et 24.000 F CFA à 720.000 F CFA d'amende (c'est un **délit**) ;[305]
- **E** : un (01) jour à un (01) an d'emprisonnement et 20.000 F CFA à 200.000 F CFA d'amende (c'est un **délit**).

Compréhension : c'est le fait pour un individu de propager involontairement le feu sur le bien d'autrui ou d'être la cause de l'incendie d'un bien appartenant à autrui.

Attention : si c'est un édifice, navire, bateau, magasin ou chantier, qui a été incendié, *voir* ***Incendie volontaire d'un édifice, navire, bateau, magasin ou chantier*** *(habité ou servant d'habitation).*

Si c'est une voiture ou un wagon qui a été incendié (e), *voir* ***Incendie de voitures ou wagons*** *(contenant de marchandises ou non).*

Culpabilité :

 Élément matériel :

- Le présumé auteur doit *avoir causé* l'incendie ou *été la cause* de l'incendie d'un bien *mobilier* ou *immobilier appartenant à autrui* ;
- cet incendie doit avoir été causé :
  - soit par la vétusté ou le défaut de réparation ;
  - soit par le défaut de nettoyage des fours, cheminées, forges, maisons et usines prochaines ;
  - soit par des feux allumés dans les champs à moins de 100 mètres des maisons, édifices, forêts, bruyères, bois, vergers, plantations, haies, meules, tas de grains ;
  - soit par des feux ou lumières portés ou laissés sans précaution suffisante ;
  - soit par des pièces d'artifice allumées ou tirées par négligence ou imprudence.

 Élément moral : il n'y a pas, dans le présent cas, intention ou volonté d'incendier ou de détruire la chose d'autrui. L'auteur présumé de ces faits est responsable à cause de sa « négligence » ou son « imprudence », ou de son défaut de précaution.

« Atténuation et aggravation de la peine » :

- **A** : si cet incendie n'a causé aucun dommage corporel, ni la mort à la victime, ***voir peine A*** *;*
- **B** : si cet incendie provoque des blessures n'entrainant pas, à la victime, une incapacité du travail personnel de plus de six (06) jours, ***voir peine B*** *;*[306]

[305] Application des dispositions combinées des articles 483, 320bis et 319 du Code pénal.
[306] Voir Blessures involontaires.

- **C** : si cet incendie provoque des blessures entrainant, à la victime, une incapacité du travail personnel de plus de six (06) jours, ***voir peine C*** ;[307]
- **D** : si cet incendie a causé la mort à la victime (***voir peine D***) ;[308]
- **E** : si c'est le domaine forestier permanent qui a été involontairement incendié, ***voir peines E***.

135- INCENDIE VOLONTAIRE DU BIEN PROPRE IMMOBILIER AU PRÉJUDICE D'AUTRUI

☐ ***Élément légal*** :
- **A** : art. 434, al. 3 et 4 du CP ;
- **B** : art. 434, al. 3, 4 et 8 du CP.

  - **Teneur du texte** :

> ***Art. 434 du CP*** : *« (...) ; Quiconque aura volontairement mis le feu à des édifices, navires, bateaux, magasins, chantiers, lorsqu'ils ne sont ni habités ni servant à l'habitation, ou à des forêts, bois, taillis ou récoltes sur pied, lorsque ces objets ne lui appartiennent pas, sera puni de la peine des travaux forcés à perpétuité.*
>
> *Celui qui, en mettant ou en faisant mettre le feu à l'un des objets énumérés dans le paragraphe précédent et à lui-même appartenant aura volontairement causé un préjudice quelconque à autrui, sera puni des travaux forcés à temps ; sera puni de la même peine celui qui aura mis le feu sur l'ordre du propriétaire. (...).*
>
> *Dans tous les cas, si l'incendie a occasionné la mort d'une ou plusieurs personnes se trouvant dans les lieux incendiés au moment où il a éclaté, la peine sera la mort. »*

  - **Peines principales** :
- **A** : cinq (05) ans à trente (30) ans des *travaux forcés* (c'est un **crime**) ;[309]
- **B** : mort (c'est un **crime**).[310]

Compréhension : c'est le fait pour un individu de causer préjudice à autrui en incendiant *volontairement* un édifice, navire, bateau, magasin ou chantier, qui lui appartient ou pas, non habité ou ne servant pas d'habitation.

Attention : si c'est un édifice, navire, bateau, magasin ou chantier, qui a été incendié, *voir* ***Incendie volontaire d'un édifice, navire, bateau, magasin ou chantier*** *(habité ou servant d'habitation)*.

---

307 *Idem.*
308 Voir *Homicide involontaire*.
309 Art. 19 du CP.
310 Cette peine est abolie (cf. art. 8, al. 4 de la Constitution congolaise du 25 octobre 2015) ; voir *Assassinat*, pour lire le petit détail sur la peine de mort en République du Congo.

Si c'est un bien mobilier ou une maison, même non habité(e), qui a été incendié(e), par imprudence ou négligence, *voir* ***Incendie involontaire*** *(de biens mobiliers ou immobiliers d'autrui).*

Culpabilité :

➢ **A** :

 Le bien incendié ne doit ni avoir été habité, ni avoir servi d'habitation ;[311]

 ce bien doit avoir été soit la propriété du présumé auteur, soit celle d'autrui (mais sur ordre du propriétaire).[312]

 Élément matériel :

- Le présumé auteur doit avoir incendié soit un édifice, soit un navire, soit un bateau, soit un magasin, soit un chantier (un bien immobilier) ;
- cet acte doit avoir causé préjudice à autrui.[313]

 Élément moral : le présumé auteur doit l'avoir fait volontairement (avec intention coupable).

« Aggravation de la peine » :

➢ **B** : si cet incendie cause la mort à autrui, ***voir peine B***.

136- INCENDIE VOLONTAIRE D'UN ÉDIFICE, NAVIRE, BATEAU, MAGASIN OU D'UN CHANTIER (habité ou servant d'habitation)

 Élément légal : article 434, alinéa 1 du Code pénal.

- **Teneur du texte** :

Art. 434 du CP *: « Quiconque aura volontairement mis le feu à des édifices, navires, bateaux, magasins, chantiers, quand ils sont habités, ou servent à l'habitation, qu'ils appartiennent ou n'appartiennent pas à l'auteur du crime, sera puni de mort. (...). »*

- **Peine principale** : mort (c'est un **crime**).[314]

[311] Au moment des faits.

[312] Tel est le cas du propriétaire qui donne ordre à son « domestique » de mettre feu à son propre navire ou son magasin, afin de « dépouiller une compagnie d'assurance » (cf. Joseph Édouard BOITARD et Faustin HELIE, *op. cit.*, p. 443).

[313] On peut envisager le cas de celui qui, pour déshériter ses ayants droit ou pour nuire à ses ayants cause, brûle un bien de son patrimoine (son bateau, magasin…). De même, celui qui incendie volontairement son magasin (situé dans le même immeuble qu'un autre) et « cause de ce fait» l'incendie des biens d'autrui, « par extension du feu ».

[314] Cette peine est abolie, voir *Assassinat* pour plus de détails.

Compréhension : c'est le fait pour un individu de mettre volontairement feu à un édifice, navire, bateau, magasin ou chantier, habité ou servant d'habitation, lui appartenant ou pas.

Attention : si cet acte a été commis avec l'intention de causer préjudice à autrui, *voir* ***Incendie volontaire du bien propre immobilier, au préjudice d'autrui***.

Culpabilité :

- Le bien en cause doit soit être habité, soit servir d'habitation.
- ***Élément matériel*** : le présumé auteur doit avoir incendié (avoir mis feu) soit un édifice, soit un navire, soit un bateau, soit un magasin, soit un chantier ;
- ***Élément moral*** : le présumé auteur doit avoir agi volontairement (avec intention coupable).

137- INCENDIE DE VOITURES OU WAGONS (contenant des marchandises ou non)

- ***Élément légal*** :

- **A** : art. 434, al. 5 du CP ;
- **B** : art. 434, al. 6 du CP ;
- **C** : art. 434, al. 8 du CP.

  - **Teneur du texte** :

> ***Art. 434 du CP*** *: « (...) ; Quiconque aura volontairement mis le feu, soit à des pailles ou récoltes en tas ou en meules, soit des bois disposés en tas ou en stères, soit à des voitures ou wagons chargés ou non chargés de marchandises, ou autres objets mobiliers ne faisant point partie d'un convoi contenant des personnes, si ces objets ne lui appartiennent pas, sera puni des travaux forcés à temps ;*
>
> *Celui qui, en mettant ou en faisant mettre le feu à l'un des objets énumérés dans le paragraphe précédent et à lui-même appartenant aura volontairement causé un préjudice quelconque à autrui, sera puni de la réclusion ; sera puni de la même peine celui qui aura mis le feu sur l'ordre du propriétaire. (...).*
>
> *Dans tous les cas, si l'incendie a occasionné la mort d'une ou plusieurs personnes se trouvant dans les lieux incendiés au moment où il a éclaté, la peine sera la mort. »*

  - **Peines principales** :

- **A** : cinq (05) ans à trente (30) ans des *travaux forcés* (c'est un **crime**).[315]

---

[315] Art. 19 du CP.

- **B** : cinq (05) ans à dix (10) ans de *réclusion* (c'est un **crime**).[316]
- **C** : mort (c'est un **crime**).[317]

Compréhension : c'est le fait pour un individu de mettre volontairement feu à une voiture ou un wagon, contenant ou non de marchandises, et ne faisant pas partie d'un convoi contenant des personnes.

Attention : si c'est un édifice, navire, bateau, magasin ou chantier, qui a été incendié, *voir* ***Incendie volontaire d'un édifice, navire, bateau, magasin ou chantier*** *(habité ou servant d'habitation).*

Si c'est un bien mobilier ou une maison, même non habité(e), qui a été incendié(e), par imprudence ou négligence, *voir* ***Incendie involontaire*** *(de biens mobiliers ou immobiliers d'autrui).*

Culpabilité :

➢ **A** :

 La voiture ou le wagon en cause ne doit pas avoir fait partie d'un convoi contenant des personnes ;[318]

 cette voiture ou ce wagon doit avoir été chargé ou non de marchandises.

 Élément matériel : le présumé auteur doit avoir incendié soit une voiture, soit un wagon.

 Élément moral : le présumé auteur doit avoir agi volontairement (avec intention coupable).

« Aggravation de la peine »

➢ **B** : si, par cet acte, le présumé auteur a causé un préjudice quelconque à autrui, ***voir peine B*** *;*

➢ **C** : si l'incendie a causé la mort à autrui, ***voir peine C***.

138- INFANTICIDE

 Élément légal :

- **A** : art. 300, 295 et 304 du CP ;
- **B** : art. 300, 296 et 302, al. 1 du CP ;
- **C et D** : art. 300 et 302, al. 2 du CP ;
- **E** : art. 300 et 302, al. 3 du CP.

---

[316] Art. 21, al. 2 du CP.

[317] Cette peine est abolie, voir *Assassinat* pour plus de détails.

[318] Au moment des faits.

- **Teneur du texte** :

Art. 300 du CP *: « (L. 21/11/1901 - D. appl. 16/9/1922-AGG prom. 15/11/1922- JOAEF 1923 p.512). L'infanticide est le meurtre ou l'assassinat d'un enfant nouveau-né. »*
Art. 302 du CP *: « (L. 21/11/1901-D. appl. 16/9/1922 AGG prom.15/11/1922 - JOAEF1923 p.512). Tout coupable d'assassinat, de parricide, et d'empoisonnement, sera puni de mort, sans préjudice de la disposition particulière contenue en l'article 13, relativement au parricide.*
Toutefois, la mère, auteur principal ou complice de l'assassinat ou du meurtre de son enfant nouveau-né, sera punie dans le premier cas, des travaux forcés à perpétuité et dans le second cas, des travaux forcés à temps, mais sans que cette disposition puisse s'appliquer à ses coauteurs ou à ses complices.
(Complété par D. 47/2248 du 19/11/1947- AGG prom. 3.245 du 5/12/1947- JOAEF 1947 p.1611). Sera également puni de mort, quiconque se sera rendu coupable d'un meurtre commis dans un but d'anthropophagie. (...). »
Art. 304 du CP : *« Le meurtre emportera la peine de mort, lorsqu'il aura précédé, accompagné ou suivi un autre crime.*
(...) ; En tout autre cas, le coupable de meurtre sera puni des travaux forcés à perpétuité. »

- **Peines principales** :

- **A** et **C** : travaux forcés à perpétuité (c'est un **crime**) ;
- **B** et **E** : mort (c'est un **crime**) ;[319]
- **D** : cinq (05) ans à trente (30) ans des *travaux forcés* (c'est un **crime**).[320]

Compréhension : c'est le fait pour une personne de donner volontairement la mort à un nouveau-né.

Culpabilité :

 Élément matériel : le présumé auteur doit avoir ôté la vie à un nouveau-né.[321]

 Élément moral : il doit l'avoir fait intentionnellement (volontairement, sciemment).

---

[319] Cette peine est abolie, voir *Assassinat* pour plus de détails.

[320] Art. 19 du CP.

[321] L'enfant peut être considéré comme nouveau-né : pendant le « délai légal » où sa naissance doit être « déclarée » à l'état civil (cf. Faustin HELIE, *op. cit.*, p. 309). En conséquence, aussi longtemps que le « délai fixé » pour « déclarer la naissance » d'un enfant n'est pas venu de s'expirer, celui-ci serait considéré comme nouveau-né. Cette période est, en effet, en République du Congo, d'un (01) mois, délai franc (cf. art 45, al. 1 de la loi n° 073/84 du 17/10/1984 portant Code de la famille). Ainsi, un nouveau-né serait un « nourrisson » de 1 à 30 jours.

« Atténuation et aggravation de la peine » :

- **A** : si cet acte a été commis sans préméditation, ni guet-apens, *par toute personne autre que le père ou la mère* de ce nouveau-né, ***voir peine A*** ;[322]
- **B** : si cet acte a été commis avec préméditation ou guet-apens, *par toute personne autre que le père ou la mère* de ce nouveau-né, ***voir peine B*** ;
- **C** : si cet acte a été prémédité ou commis avec guet-apens, *par le père ou la mère* de la victime ou *avec sa* complicité, ***voir peine C*** ;
- **D** : si cet acte n'a pas été prémédité, ni commis avec guet-apens, *par le père ou la mère* de la victime *ou avec* sa complicité, ***voir peine D*** ;
- **E** : si l'infanticide a été commis pour se nourrir de la chair (*anthropophagie)* de la victime, le nouveau-né, ***voir peine E***.

139-INJURE DIRIGÉE CONTRE LA MÉMOIRE D'UN MORT

□ ***Élément légal*** :

- **A** : articles 195, al. 1 ;[323] 200, 197 et 198 de la loi n° 8 du 12 novembre 2001 sur la liberté de l'information et de la communication ;
- **B** : articles 195, al. 1 ;[324] 200, 197 et 199 de la loi n° 8 du 12 novembre 2001 sur la liberté de l'information et de la communication.

o **Teneur du texte** :

Art. 200 de L. 12/11/2001 : *« Les articles 197, 198 et 199 de la présente loi ne seront applicables aux diffamations ou aux injures dirigées contre la mémoire des morts que dans les cas où les auteurs de ces diffamations ou de ces injures auraient eu l'intention de porter atteinte à l'honneur et à la considération des héritiers, des époux ou des légataires universels survivants. (...). »*

Art. 199 de L. 12/11/2001 : *« L'injure commise envers les particuliers, lorsqu'elle n'aura été précédée de provocation, sera punie d'une amende de 100.000 francs CFA à 1.000.000 francs CFA. (...). »*

Art. 196 de L. 12/11/2001 : *« La diffamation commise par l'un des moyens énoncés à l'article 187 envers les cours, les tribunaux, les armées de terre, de mer ou de l'air, les corps constitués et les administrations publiques, sera punie d'une amende de 300.000 francs CFA à 3.000.000 francs CFA. »*

Art. 197 de L. 12/11/2001 : *« Sera punie de la même peine la diffamation commise par les mêmes moyens, en raison de leurs fonctions ou de leur qualité, envers un ou plusieurs membres du pouvoir exécutif, un ou plusieurs membres du Parlement, un ou plusieurs membres de la haute cour de justice ou de la Cour suprême, un fonctionnaire public, un dépositaire ou un*

322 C'est le *Meurtre* du nouveau-né.
323 *Voir* ***Injure envers un particulier,*** pour lire cette disposition.
324 *Idem.*

agent de l'autorité publique, un citoyen chargé d'un service ou d'un mandat public, temporaire ou permanent, un juré ou un témoin, en raison de sa déposition. (...). »

- **Peines principales** :

- **A** : 100.000 F CFA à 1.000.000 F CFA d'amende (c'est un **délit**) ;
- **B** : 300.000 F CFA à 3.000.000 F CFA d'amende (c'est un **délit**).

Compréhension : c'est le fait pour une personne, de nuire à l'honneur et à la considération des héritiers ou des légataires survivants, en outrageant, en méprisant ou en invectivant, publiquement, « la mémoire » d'un défunt.

Attention : s'il y a imputation d'un fait quelconque, *voir* ***Diffamation dirigée contre la mémoire d'un mort***.

Culpabilité :

- ***Élément matériel*** :
  - Le présumé auteur doit avoir porté atteinte à l'honneur et à la considération d'un héritier, d'un époux ou d'un légataire universel, survivant ;
  - il doit l'avoir fait en prononçant, *contre la mémoire d'un défunt*, soit une expression outrageante, soit un terme de mépris, soit une invective ;
  - il doit l'avoir fait par le moyen :
    - soit des discours, cris ou menaces proférés dans les réunions ou lieux publics ;
    - soit des écrits, imprimés, dessins, gravures, peintures, emblèmes, images ou autres supports de l'écrit, de parole ou de l'image vendus ou distribués, mis en vente ou exposés dans les lieux publics ;
    - soit des placards ou des exposés au regard du public.
- ***Élément moral*** : le présumé auteur doit avoir agi avec l'intention de porter atteinte à l'honneur et à la considération des héritiers, des époux ou des légataires universels survivants.

« Atténuation et aggravation de la peine » :

- **A** : si la victime est un particulier (***voir peines A***).
- **B** : si la victime est une autorité publique ou un agent public (***voir peines B***).

140- INJURE ENVERS UN PARTICULIER

- ***Élément légal*** :

- **A** : articles 195, al. 1 ; 198, al. 1 ; 199, al. 1 ; et 187, al. 1, de la loi n° 8 du 12 novembre 2001 sur la liberté de l'information et de la communication ;
- **B** : articles 195, al. 1 ; 198, al. 1 ; 199, al. 2 ; et 187 de la loi n° 8 du 12 novembre 2001 sur la liberté de l'information et de la communication.

- **Teneur du texte** :

Art. 195 de L. 12/11/2001 *: « Toute expression outrageante, terme de mépris ou invective, qui ne renferme l'imputation d'aucun fait, est une injure. (...). »*   ***Art. 198 de L. 12/11/2001*** *: « La diffamation commise envers les particuliers par l'un des moyens énoncés à l'article 187*[325] *sera punie d'une amende de 200.000 francs CFA à 2.000.000 francs CFA. (...). »*   ***Art. 199 de L. 12/11/2001*** *: « L'injure commise, de la même manière envers les particuliers, lorsqu'elle n'aura été précédée de provocation, sera punie d'une amende de 100.000 francs CFA à 1.000.000 francs CFA.*   *Le maximum de peine d'emprisonnement sera d'un an et celui de l'amende de 1.500.000 francs CFA si l'injure a été commise, dans les conditions prévues à l'alinéa précédent envers une personne ou un groupe de personnes en raison de leur origine ou de leur appartenance ou non-appartenance à une ethnie, une nation, une race, une religion déterminée, un mouvement philosophique. »*

- **Peines principales** :

- **A** : 100.000 F CFA à 1.000.000 F CFA d'amende (c'est un **délit**) ;
- **B** : un (01) jour à (01) an d'emprisonnement et 1 F CFA à 1.500.000 F CFA d'amende (c'est un **délit**).

Compréhension : c'est le fait pour une personne, sans avoir été provoquée, d'outrager, de mépriser ou d'invectiver publiquement un particulier.

Attention : s'il y a imputation d'un fait quelque à la victime, *voir **Diffamation envers un particulier***.

Culpabilité :

 Le présumé auteur ne doit pas, préalablement à cet acte, avoir été provoqué.

 Élément matériel :

- Il doit avoir adressé, à un *particulier*, soit une expression outrageante, soit un terme de mépris, soit une invective ;
- cet acte ne doit pas attribuer à la victime un fait qui porte atteinte à son honneur ;
- le présumé auteur doit l'avoir fait par le moyen :
  - soit des discours, cris ou menaces proférés dans les réunions ou lieux publics ;
  - soit des écrits, imprimés, dessins, gravures, peintures, emblèmes, images ou autres supports de l'écrit, de parole ou de l'image vendus ou distribués, mis en vente ou exposés dans les lieux publics ;
  - soit des placards ou des exposés au regard du public.

[325] Pour lire les dispositions de cet article, voir *Diffamation envers une autorité publique, un agent public, un juré ou un témoin, ou envers un corps constitué*.

□ ***Élément moral*** : le présumé auteur doit avoir agi volontairement (avec intention coupable).

« Atténuation et aggravation de la peine » :

- **A** : si l'injure été commise envers une personne ou un groupe de personnes pour une raison autre que celle liée à leur origine ou leur appartenance ou non appartenant à une ethnie, une nation, une race, une religion déterminée ou un mouvement philosophique (***voir peines A***) ;
- **B** : si l'injure a été commise envers une personne ou un groupe de personnes en raison de leur origine ou de leur appartenance ou non appartenant à une ethnie, une nation, une race, une religion déterminée ou un mouvement philosophique (***voir peines B***).

141- INJURE ENVERS UNE AUTORITÉ PUBLIQUE, UN AGENT PUBLIC, UN JURÉ OU UN TÉMOIN, OU ENVERS UN CORPS CONSTITUÉ

□ ***Élément légal*** : articles 195, al. 1 ;[326] 192, 191, 187, 196 et 197 de la loi n° 8 du 12 novembre 2001 sur la liberté de l'information et de la communication.

- **Teneur du texte** :

Art. 191 de L. 12/11/2001 *: « L'offense au Président de la République par l'un des moyens énoncés à l'article 187*[327] *est punie d'une amende de 300.000 francs CFA à 3.000.000 francs CFA. (...). »*
Art. 192 de L. 12/11/2001 *: « L'injure commise par les mêmes moyens envers les corps ou les personnes désignées aux articles 196*[328] *et 197*[329] *de la présente loi sera punie d'une amende de 150.000 francs CFA à 1.500.000 francs CFA. »*

- **Peine principale** : 150.000 F CFA à 1.500.000 F CFA d'amende (c'est un **délit**).

Compréhension : c'est le fait pour une personne d'outrager, de mépriser ou d'invectiver, publiquement, une autorité publique, un agent public, un juré ou un témoin.

C'est également le fait de tenir, publiquement, des « propos injurieux », contre une cour, un tribunal, une armée de terre, de mer ou de l'air, un corps constitué ou une administration publique.

---

[326] *Voir* ***Injure envers un particulier,*** pour lire cette disposition.
[327] Pour lire cette disposition, voir *Diffamation envers une autorité publique, un agent public, un juré ou un témoin, ou envers un corps constitué.*
[328] *Idem.*
[329] *Idem.*

Attention : s'il y a imputation d'un fait quelconque à la victime ou au corps en cause, *voir **Diffamation envers une autorité publique, un agent public, un juré ou un témoin, ou envers un corps constitué***.

Culpabilité :

- ***Élément matériel*** :
  - Le présumé auteur doit avoir adressé soit une expression outrageante, soit un terme de mépris, soit une invective à :
    - soit une cour, un tribunal, une armée de terre, de mer ou de l'air, un corps constitué ou une administration publique ;
    - soit un membre du pouvoir exécutif, un membre du Parlement, un membre de la haute cour de justice ou de la Cour suprême, un fonctionnaire public, un dépositaire ou un agent de l'autorité publique, un citoyen chargé d'un service ou d'un mandat public, temporaire ou permanent, un juré ou un témoin.
  - Cet acte ne doit pas imputer à la victime un fait qui porte atteinte à son honneur ;
  - le présumé auteur doit l'avoir fait par le moyen :
    - soit des discours, cris ou menaces proférés dans les réunions ou lieux publics ;
    - soit des écrits, imprimés, dessins, gravures, peintures, emblèmes, images ou autres supports de l'écrit, de parole ou de l'image vendus ou distribués, mis en vente ou exposés dans les lieux publics ;
    - soit des placards ou des exposés au regard du public.
- ***Élément moral*** : le présumé auteur doit avoir agi volontairement (avec intention coupable).

142- INSCRIPTION ILLÉGALE OU OMMISION EXPRESSE D'INSCRIRE DES PERSONNES LOGÉES SUR LES REGISTRES (Logeur ou aubergiste)

- ***Élément légal*** : article 154, alinéa 3 du Code pénal.
  - **Teneur du texte** :

> ***Art. 154 du CP*** *: « (...). Les logeurs et aubergistes qui, sciemment, inscriront sur leurs registres, sous des noms faux ou supposés, les personnes logées chez eux ou qui, de connivence avec elles, auront omis de les inscrire, seront punis d'un emprisonnement de six jours au moins et de trois mois au plus. »*

  - **Peine principale** : six (06) jours à trois (03) mois d'emprisonnement (c'est un **délit**).

Compréhension : c'est le fait pour un logeur ou un aubergiste d'inscrire, *sciemment,* sous les noms faux ou supposés, ou d'omettre d'inscrire sur son registre, les personnes qu'il a logées, ceci de connivence avec elles.

Culpabilité :

- Le présumé auteur doit avoir été un logeur ou un aubergiste.
- ***Élément matériel*** : il doit avoir :
  - soit inscrit, sous les noms faux ou supposés, sur son registre, les personnes qu'il a logées ;
  - soit omis de les inscrire sur lesdits registres.
- ***Élément moral*** : le présumé auteur doit avoir agi avec intention coupable :
  - dans le premier cas, il doit l'avoir fait en connaissance de cause ;
  - dans le second cas, il doit avoir agi *de connivence* (« par entente secrète ») avec ces personnes logées.

143- INTRODUCTION NOCTURNE DANS UNE FORÊT AVEC UN INSTRUMENT DE DESTRUCTION D'ARBRES

- ***Élément légal*** : article 144 de la loi n° 16-2000 du 20 novembre 2000 portant Code forestier.
  - **Teneur du texte** :

Art. 144 de L. 20/11/2000 *: « Quiconque aura été trouvé de nuit dans une forêt classée, hors de route, de chemin de fer, avec, hache, scie ou autre instrument de même nature, sera puni d'une amende de 10.000 à 50.000 FCFA et à la confiscation desdits instruments. »*

  - **Peines principales** : 10.000 F CFA à 50.000 F CFA d'amende et confiscation des instruments incriminés (c'est un **délit**).

Compréhension : c'est le fait pour une personne d'entrer avec une hache, une scie ou un instrument de même nature, pendant la nuit, dans une forêt classée, hors de route ou de chemin de fer.

Culpabilité :

- ***Élément matériel*** :
  - Le présumé auteur doit s'être introduit dans une forêt classée, hors de route ou de chemin de fer ;
  - il doit l'avoir fait *pendant la nuit* ;[330]
  - il doit avoir porté sur elle soit une hache, soit une scie ou un instrument de même nature.
- ***Élément moral*** : il doit avoir agi volontairement.

---

[330] L'article 43 du CPP semble fixer la durée ou le moment de la nuit. En effet, il résulte de cet article qu'en l'absence de cas exceptionnels, « les perquisitions et les visites domiciliaires ne peuvent être commencées avant 5 heures et après 19 heures ». « Toutefois, les magistrats (…) et les officiers de police judiciaire peuvent entrer, à toute heure du jour et de la nuit » dans certains lieux ouverts ou « utilisés par le public, en vue d'y constater toutes infractions. » Il se dégagerait de ces dispositions que la nuit durerait de 20h à 4h59.

J

144- JET D'IMMONDICES, DE PIERRES OU D'AUTRES CORPS DURS

□ ***Élément légal*** : article 475-8° du Code pénal.

- **Teneur du texte** :

> ***Art. 475 du CP*** *: « Seront punis d'amende, depuis 1.400 francs jusqu'à 2.400 francs inclusivement : (...) ;*
>
> *8°- (Ord. 4/10/1945-D. appl. n° 47- 2213 du 1911/1947- AGG prom. n° 3243 du 5/12/47-JOAEF 1947 p. 1710). Ceux qui auraient jeté des pierres ou d'autres corps durs ou des immondices contre les maisons, édifices et clôtures d'autrui, ou dans les jardins ou enclos ; (...). »*

- **Peine principale** : 1.400 F CFA à 2.400 F CFA d'amende (c'est une **contravention**).

Compréhension : c'est le fait pour personne de jeter les immondices, les pierres ou autres corps durs contre les maisons ou édifices, ou contre les clôtures d'autrui.

Attention : si ces immondices ou ces objets sont abandonnés en ces lieux, alors qu'ils sont susceptibles de préjudicier aux hommes ou aux biens, *voir* ***Abandon de déchets susceptibles de préjudicier aux hommes ou aux biens*** ; s'ils sont jetés sur autrui, *voir* ***Violences et voies de fait***.

Culpabilité :

□ Les biens contre lesquels sont jetés ces immondices ou ces corps durs doivent appartenir à autrui.

□ ***Élément matériel*** :

- Le présumé auteur doit avoir jeté soit les ordures ou débris de toutes sortes, soit les pierres ou autres corps durs ;
- Il doit les avoir jetés soit contre les maisons, soit contre les édifices, soit contre les clôtures, soit dans les jardins ou enclos d'autrui.

□ ***Élément moral*** : le présumé auteur doit l'avoir fait volontairement (sciemment).

M

145- MARIAGE OU PRÉ-MARIAGE FORCÉ, CONTRE UN ENFANT

✓ *Voir* ***Contrainte au mariage ou pré-mariage, sur enfant.***

146- MARIAGE OU PROMESSE EN MARIAGE COUTUMIER D'UNE FEMME DÉJÀ DOTÉE

□ ***Élément légal*** : article 405, alinéa 1 et 4 du Code pénal.

- **Teneur du texte** :

> ***Art. 405 du CP*** : *« Quiconque, soit en faisant usage de faux noms ou de fausses qualités, soit en employant des manœuvres frauduleuses, pour persuader l'existence de fausses entreprises, d'un pouvoir ou d'un crédit imaginaire ou pour faire naître l'espérance ou la crainte d'un succès, d'un accident ou de tout autre événement chimérique, se sera fait remettre ou délivrer ou aura tenté de se faire remettre ou délivrer des fonds, des meubles ou des obligations, dispositions, billets, promesses, quittances ou décharges et aura, par un de ces moyens, escroqué ou tenté d'escroquer la totalité ou partie de la fortune d'autrui, sera puni d'un emprisonnement d'un an au moins et cinq ans au plus et d'une amende de 240 000 francs au moins et 2 400 000 francs au plus.(...).*
>
> *Les peines prévues au premier alinéa du présent article seront également applicables à quiconque aura, dans le cas de mariage devant être célébré selon la coutume locale, donné ou promis en mariage une fille dont, selon la coutume, il ne pouvait pas, ou plus disposer, et perçu ou tenté de percevoir tout ou partie de la dot fixée par la coutume. »*

- **Peines principales** : un (01) an à cinq (05) ans d'emprisonnement et 240.000 F CFA à 2.400.000 F CFA d'amende (c'est un **délit**).

Compréhension : c'est le fait pour une personne de donner ou de promettre en mariage, coutumier, une femme qui a déjà été dotée par un autre homme.

Culpabilité :

□ ***Élément matériel*** :

- Le présumé auteur doit avoir *soit donné en mariage coutumier, soit promis en mariage coutumier une femme* ;
- la femme en cause doit avoir déjà été dotée par un autre homme ;
- le présumé auteur doit avoir soit perçu, soit tenté de percevoir tout ou partie de la dot fixée par la coutume locale.

□ ***Élément moral*** : il doit avoir agi de mauvaise foi (sciemment).

147- MENACE ÉCRITE DE MORT SANS CONDITION

- ***Élément légal*** : articles 305 et 306 du Code pénal.
  - **Teneur du texte** :

> ***Art. 305 du CP*** *: « Quiconque aura menacé par écrit, anonyme ou signé, d'assassinat, d'empoisonnement ou de tout autre attentat contre les personnes, qui seraient punissables de la peine de mort, des travaux forcés à perpétuité ou de la déportation, sera, dans le cas où la menace aurait été faite avec ordre de déposer une somme d'argent dans un lieu indiqué, ou de remplir toute autre condition sera puni d'un emprisonnement de deux ans à cinq ans et d'une amende de 36.000 francs à 240.000 francs. (...). »*
>
> ***Art. 306 du CP*** *: « Si cette menace n'a été accompagnée d'aucun ordre ou condition, la peine sera d'un emprisonnement d'une année au moins et de trois ans au plus, et d'une amende de 24.000 francs à 144.000 francs.*
>
> *Dans ce cas, comme dans celui de l'article précédent, la peine de la surveillance pourra être prononcée contre le coupable. »*

  - **Peines principales** : un (01) an à trois (03) ans d'emprisonnement et 24.000 F CFA à 144.000 F CFA d'amende (c'est un **délit**).

Compréhension : c'est le fait pour un individu d'inspirer à autrui la crainte d'une atteinte projetée contre sa vie ou celle de sa famille, par une annonce écrite, sans astreindre sa victime à remplir une condition quelconque.

Attention : si le présumé auteur a demandé à la victime de remplir une condition quelconque, *voir* ***Menace écrite de mort sous condition***.

Si la menace n'est pas écrite, *voir* ***Menace verbale de mort sous condition***.

Culpabilité :

- ***Élément matériel*** :
  - Le présumé auteur doit avoir promis d'attenter à la vie d'autrui (une personne humaine) ;
  - il doit l'avoir fait par écrit, signé ou non ;
  - cette menace doit avoir été faite sans demander à la victime de remplir une condition quelconque, ou sans la soumettre à un ordre ;
  - cette atteinte projetée doit être punie, par la loi pénale nationale, soit des travaux forcés à perpétuité, soit de déportation.[331]
- ***Élément moral*** : le présumé auteur doit avoir agi avec « intention de nuire ».

[331] La condition relative à la peine de mort n'étant plus à relever, en raison de l'abolition de celle-ci par la constitution congolaise du 25 octobre 2015 (art. 8, al. 4).

148- MENACE ÉCRITE DE MORT SOUS CONDITION

- ***Élément légal*** **:** article 305 du Code pénal.
  - **Teneur du texte** :

> ***Art. 305 du CP*** *: « Quiconque aura menacé par écrit, anonyme ou signé, d'assassinat, d'empoisonnement ou de tout autre attentat contre les personnes, qui seraient punissables de la peine de mort, des travaux forcés à perpétuité ou de la déportation, sera, dans le cas où la menace aurait été faite avec ordre de déposer une somme d'argent dans un lieu indiqué, ou de remplir toute autre condition sera puni d'un emprisonnement de deux ans à cinq ans et d'une amende de 36.000 francs à 240.000 francs.*
>
> *Le coupable pourra, en outre, être privé des droits mentionnés en l'article 42 du présent code, pendant cinq ans au moins et dix ans au plus, à compter du jour où il aura subi sa peine.*
>
> *Le coupable pourra être mis sous la surveillance de la haute police, pendant cinq ans au moins et dix ans au plus, à dater du jour où il aura subi sa peine. »*

  - **Peines principales** : deux (02) ans à cinq (05) ans d'emprisonnement et 36.000 F CFA à 240.000 F CFA d'amende (c'est le **délit**).

Compréhension : c'est le fait pour un individu d'inspirer à une personne la crainte d'une atteinte projetée contre sa vie ou celle de sa famille, par une annonce écrite, exigeant de sa victime qu'elle remplisse une certaine condition.

Attention : si le présumé auteur n'a demandé à la victime de remplir aucune condition, *voir **Menace écrite de mort sans condition***.

Si la menace n'est pas écrite, *voir **Menace verbale de mort sous condition.***

Si c'est plutôt une atteinte à l'intégrité physique d'autrui qui est projetée, *voir **Menace écrite ou verbale d'atteintes à l'intégrité corporelle d'autrui***.

Culpabilité :

- ***Élément matériel*** :
  - Le présumé auteur doit avoir promis d'attenter à la vie d'autrui (un humain) ;
  - il doit l'avoir fait par écrit, signé ou non ;
  - cette menace doit avoir été faite avec *l'ordre de déposer une somme d'argent* à un lieu indiqué ou de *remplir une condition quelconque* ;

- o cette atteinte projetée doit être punie par la loi pénale nationale soit de mort, soit des travaux forcés à perpétuité ou soit de déportation.[332]

 Élément moral : l'auteur présumé doit avoir agi avec intention de nuire.

149- MENACE OU VIOLENCE ENVERS UN AGENT D'ADMINISTRATION DE PÊCHE

 Élément légal : article 84 de la loi n° 02-2000 du 1er février 2000 portant organisation de la pêche maritime.

- o **Teneur du texte** :

Art. 84 de L. 01/02/2000 : *« Quiconque aura menacé un agent de l'administration des pêches, dans l'exercice de ses fonctions ou fait obstacle à son action est passible d'une amende de 1 à 5 millions de francs CFA. »*

- o **Peine principale** : 1.000.000 F CFA à 5.000.000 F CFA d'amende (c'est un **délit**).

Compréhension : c'est le fait pour un individu de menacer ou de faire obstacle à l'action ou la mission d'un agent d'administration de la pêche, en fonction.

Rappel : pour cette catégorie d'infractions, le ministère public ne pourra engager des poursuites judiciaires que sur plainte préalable de l'autorité de la pêche maritime.[333] Aussi, ces infractions ne sont-elles poursuivies que suivant la procédure de flagrant délit.[334]

Attention : si le présumé auteur a menacé de mort ou de violences corporelles cet agent, *voir* ***Menace écrite de mort sous condition ou sans condition,*** ou ***Menace d'atteintes corporelles***.

Culpabilité :

 La victime doit avoir été un agent d'administration de la pêche.

 Élément matériel :

- o Le présumé auteur doit avoir :
  - ▪ soit menacé (par écrit ou oralement) cet agent ;
  - ▪ soit fait obstacle à son action légitime ou sa mission.
- o Il doit l'avoir fait pendant que cet agent était encore en fonction.

 Élément moral : il doit avoir agi avec intention de nuire.

---

[332] *Idem.*

[333] Art. 79 de la loi n° 02-2000 du 1er février 2000 portant organisation de la pêche maritime.

[334] Ar. 80 de la loi n° 02-2000 du 1er février 2000 portant organisation de la pêche maritime.

150- MENACE VERBALE DE MORT SOUS CONDITION

□ ***Élément légal*** : articles 305[335] et 307 du Code pénal.

- **Teneur du texte** :

Art. 307 du CP : *« Si la menace faite avec ordre ou sous condition a été verbale, le coupable sera puni d'un emprisonnement de six mois à deux ans et d'une amende de 6.000 à 72.000 francs. Dans ce cas, comme dans celui des précédents articles, la peine de la surveillance pourra être prononcée contre le coupable. »*

- **Peines principales** : six (06) mois à deux (02) ans d'emprisonnement et 6.000 F CFA à 72.000 F CFA d'amende (c'est un **délit**) .

Compréhension : c'est le fait pour un individu d'inspirer à une personne la crainte d'une atteinte projetée contre sa vie ou celle de sa famille, par une annonce verbale, tout en l'exigeant de remplir une certaine condition.

Attention : si le présumé auteur a fait cette menace par écrit, *voir **Menace écrite de mort sous condition*** ou ***sans condition***.

Culpabilité :

□ ***Élément matériel*** :
- Le présumé auteur doit avoir promis d'attenter à la vie d'un Être humain ;
- il doit l'avoir fait verbalement ;
- cette menace doit avoir été faite avec *l'ordre de déposer une somme d'argent* à un lieu indiqué ou de *remplir une condition quelconque* ; [336]
- cette atteinte projetée doit être punie par la loi pénale nationale soit des travaux forcés à perpétuité ou soit par la déportation. [337]

□ ***Élément moral*** : l'auteur présumé de ces faits doit avoir agi volontairement, avec une intention coupable.

151- MENACE VERBALE OU ÉCRITE D'ATTEINTES À L'INTÉGRITÉ CORPORELLE SOUS CONDITION

□ ***Élément légal*** : article 308 du Code pénal.

---

[335] *Voir Menace écrite de mort sans condition*, pour lire cet article (art. 305 du CP).

[336] Il en est ainsi de celui qui demande verbalement à autrui de ne plus « mettre les pieds dans sa parcelle », sinon il le tuerait (cf. TGI, Brazzaville, corr., 6ème ch., 25 juin 2015, rôle n° 002, répertoire n° 068, inédit).

[337] La condition relative à la peine de mort n'étant plus à relever, en raison de l'abolition de celle-ci par la constitution congolaise du 25 octobre 2015 (art. 8, al. 4).

o **Teneur du texte** :

Art. 308 du CP *: « Quiconque aura menacé, verbalement ou par écrit, de voies de fait ou de violences non prévues par l'article 305, si la menace a été faite avec ordre ou sous condition, sera puni d'un emprisonnement de six jours à trois mois et d'une amende de 4.000 à 24.000 francs, ou de l'une de ces deux peines seulement. »*

o **Peines principales** : six (06) jours à trois (03) mois d'emprisonnement et 4.000 F CFA à 24.000 F CFA d'amende, ou l'une de ces deux peines seulement (c'est un **délit**).

Compréhension : c'est le fait pour un individu de promettre, par écrit ou verbalement, à autrui, une agression corporelle ou des violences ou voies de fait, contre sa personne, si elle ne remplit pas une certaine condition ou ne défère pas à un ordre.

Culpabilité :

 Élément matériel :

o Le présumé auteur doit avoir promis d'exercer des violences ou voies de fait (de porter les coups ou faire des blessures ou autres violences corporelles à autrui) ;

o il doit l'avoir fait verbalement ou par écrit ;

o cette menace doit avoir été faite avec *l'ordre de déposer une somme d'argent* à un lieu quelconque ou de *remplir une condition quelconque.*

 Élément moral : l'auteur présumé de ces faits doit avoir agi en connaissance de cause (avec intention de nuire).

152- MEURTRE

 Élément légal :

- **A** : article 295 et 304, al. 3 du Code pénal ;
- **B** : articles 295 et art. 304, al. 1 du Code pénal ;
- **C** : articles 295 et art. 304, al. 2 du Code pénal.

o **Teneur du texte** :

Art. 295 du CP *: « L'homicide commis volontairement est qualifié meurtre. »* ***Art. 304 du CP :*** *« Le meurtre emportera la peine de mort, lorsqu'il aura précédé, accompagné ou suivi un autre crime.* *Le meurtre emportera également la peine de mort, lorsqu'il aura eu pour objet, soit de préparer, faciliter ou exécuter un délit, soit de favoriser la fuite ou d'assurer l'impunité des auteurs ou complices de ce délit.* *En tout autre cas, le coupable de meurtre sera puni des travaux forcés à perpétuité. »*

- **Peines principales** :
- **A** : travaux forcés à perpétuité (c'est un **crime**) ;
- **B :** mort (c'est un **crime**) ;[338]
- **C :** mort (c'est un **crime**).[339]

Compréhension : c'est le fait pour une personne de donner *volontairement*[340] la mort à autrui.

Attention : quand cette infraction est commise avec préméditation ou guet-apens, ou sur certaines personnes, sa nature et les sanctions changent.[341]

Culpabilité :

➢ **A** :

□ ***Élément matériel*** : le présumé auteur doit avoir ôté la vie à Être humain (victime).

□ ***Élément moral*** : il doit avoir agi volontairement (la conséquence de son acte, la mort de la victime, doit être voulue d'elle).

« Aggravation de la peine »

➢ **B** : si cet acte est commis dans le but soit de préparer, faciliter ou exécuter un délit, soit de favoriser la fuite ou d'assurer l'impunité des auteurs ou complices de ce délit ***(voir peine B)*** *;*

➢ **C** : lorsque cet acte a précédé, accompagné ou suivi un autre crime ***(voir peine C)***.

153- MISE EN ÉTAT DE GROSSESSE D'UNE ENFANT

□ ***Élément légal*** :

- **A** : art. 117, al. 1 de la loi n° 4-2010 du 14 juin 2010 portant protection de l'enfant en République du Congo ;
- **B** : Art 117, al. 1 et 2 de la loi n° 4-2010 du 14 juin 2010 portant protection de l'enfant en République du Congo.

- **Teneur du texte** :

Art. 117 de L. 14/06/2010 *: « Est puni d'un emprisonnement de six mois à trois ans et/ou d'une amende de 250.000 à 1.000.000 de francs CFA, quiconque en l'absence de toute reconnaissance par les parents comme futur époux, aura mis en état de grossesse une enfant.*

338 Cette peine est abolie (cf. art. 8, al. 4 de la Constitution congolaise du 25 octobre 2015). Voir *Assassinat*, pour lire le petit détail sur la peine de mort en République du Congo.

339 *Idem.*

340 À défaut de cet élément, l'homicide serait involontaire (voir élément moral d'*Homicide involontaire*).

341 *Voir Assassinat*, si l'homicide est commis avec préméditation ou guet-apens ; voir *Parricide, infanticide*, s'il est commis sur un ascendant ou un nouveau-né.

La peine est doublée si l'infraction a été commise par une personne ayant une autorité ou une direction de droit ou de fait sur l'enfant.

Toutefois, ces peines ne sont pas applicables à l'enfant, auteur d'une grossesse.

Il est en outre fait obligation à l'auteur de la grossesse d'en assumer les charges y afférentes. »

- **Peines principales** :

- **A** : six (06) mois à trois (03) ans d'emprisonnement 250.000 F CFA à 1.000.000 F CFA d'amende, ou l'une de ces deux peines seulement (c'est un **délit**) ;
- **B** : double des peines visées au point **A** (c.-à-d., douze (12) mois à six (06) ans d'emprisonnement et 500.000 F CFA à 2.000.000 F CFA d'amende, ou l'une de cas deux peines seulement), c'est un **délit**.

Compréhension : c'est le fait, pour tout individu qui n'est pas reconnu des parents d'une enfant comme son futur mari, de mettre celle-ci en état de grossesse.

Culpabilité :

➢ **A** :

 L'auteur des faits ne doit pas avoir été au préalable reconnu des parents de la mineure (victime) comme son futur mari.

 Élément matériel : il doit avoir mis en état de grossesse cette enfant.

 Élément moral : il doit avoir agi en connaissance de cause (sciemment).

« Aggravation de la peine »

➢ **B** : si l'infraction a été commise par une personne qui a autorité ou direction de droit ou de fait sur l'enfant en cause (***voir peine B***).

154- MISE OU RÉCEPTION D'UNE PERSONNE EN GAGE

 Élément légal : article 341, alinéa 4 du Code pénal.

- **Teneur du texte** :

Art. 341 du CP : *« (...). Quiconque aura mis ou reçu une personne en gage, quel qu'en soit le motif, sera puni d'un emprisonnement d'un mois à deux ans et d'une amende de 12.000 à 120.000 francs, ou de l'une de ces deux peines seulement. La peine d'emprisonnement pourra être portée à cinq ans si la personne mise ou reçue en gage est âgée de moins de quinze ans. Les coupables pourront en outre, dans tous les cas être privés de droits mentionnés à l'article 42 du présent code, pendant cinq ans au moins et dix ans au plus. »*

- **Peines principales** :

- **A** : un (01) mois à deux (02) ans d'emprisonnement et 12.000 F CFA à 120.000 F CFA d'amende, ou l'une de ces deux peines seulement (c'est un **délit**) ;
- **B** : un (01) mois à cinq (05) ans d'emprisonnement et 12.000 F CFA à 120.000 F CFA d'amende, ou l'une de ces deux peines seulement (c'est un **délit**).

Compréhension : c'est le fait pour un individu de mettre ou de recevoir une personne en garantie d'une créance ou d'une autre obligation.[342]

Culpabilité :

➢ **A** :

 Élément matériel : l'auteur présumé doit avoir mis ou reçu un être humain en gage.

 Élément moral : il doit l'avoir fait sciemment. En effet, le présumé auteur doit avoir agi en connaissance de ce que la personne qu'il a confiée à autrui ou reçue d'autrui servait de garantie (gage).

« Aggravation de la peine »

➢ **B** : si la personne mise ou reçue en gage est un mineur de moins de 15 ans, ***voir peines B***.

[342] Il peut en être le cas de celui qui, pour garantir le paiement d'une dette, remet une personne à son créancier.

N

155- NON-ASSISTANCE À PERSONNE EN DANGER

✓ *Voir* ***Omission de porter secours***

156- NON-OBSTACLE À LA COMMISSION D'UNE INFRACTION (CERTAINS DÉLITS ET TOUT CRIME)

✓ *Voir* ***Omission d'empêcher une infraction.***

157- NON-REPRÉSENTATION D'ENFANT

□ ***Élément légal*** **:** article 101, alinéa 4 de la loi n° 4-2010 du 14 juin 2010 portant protection de l'enfant en République du Congo.

- **Teneur du texte** :

> ***Art. 101 de L. 14/06/2015*** *: « (...). Sera puni de la réclusion, celui qui, étant chargé de la garde d'un enfant, ne le représente point aux personnes qui ont le droit de le réclamer. (...). »*

- **Peine principale** : Cinq (05) ans à dix (10) ans de *réclusion* (c'est un **crime**).[343]

Compréhension : c'est le fait pour une personne, qui a la garde d'un enfant, de s'abstenir ou de refuser de présenter cet enfant à ceux qui ont le droit de le réclamer.

Culpabilité :

□ Le présumé auteur doit avoir assuré la garde de l'enfant en cause.

□ ***Élément matériel*** : le présumé auteur doit avoir refusé de présenter ou de remettre cet enfant à toute personne qui a le droit de le réclamer ou le revendiquer.

□ ***Élément moral*** : il doit avoir agi de mauvaise foi (sciemment).

158- NUISANCE SONORE

□ ***Élément légal*** : articles 60 et 85 de la loi n° 003/91 du 23 avril 1991 sur la protection de l'environnement.

- **Teneur du texte** :

> ***Art. 60 de L. 23/04/1991*** *: « Est interdit tout bruit causant une gêne pour le voisinage ou nuisible à la santé de l'homme. »*

---

[343] Art. 21, al. 2 du CP.

Art. 85 de L. 23/04/1991 : *« Est puni d'une amende de 10 000 F à 500 000 F et d'une peine privative de liberté de deux (2) jours à un mois quiconque émet délibérément du bruit en contravention aux dispositions de la présente loi. »*

- **Peines principales** : deux (02) jours à un (01) mois d'emprisonnement et 10.000 F CFA à 500.000 F CFA d'amende (c'est un **délit**).

Compréhension : c'est le fait pour toute personne d'émettre délibérément du *bruit*[344] *qui gêne le voisinage, ou qui est nuisible à la santé humaine.*

Culpabilité :

 Élément matériel :
- Le présumé auteur doit avoir émis des bruits ;
- ces bruits doivent avoir été soit de nature à déranger le voisinage, soit de nature à nuire à la santé d'autrui ;
- ces bruits doivent avoir été produits de jour ou de nuit[345].

 Élément moral : le présumé auteur doit l'avoir fait délibérément (sciemment, volontairement).

---

[344] La loi congolaise, sur la protection de l'environnement, renseigne également sur les types de bruits répréhensibles. En effet, « Sont interdits, même à l'intérieur des propriétés, des habitations ou de leurs dépendances, les bruits excessifs qui proviennent des phonographes, magnétophones, appareils de radiodiffusion et de télévision, haut-parleurs, instruments de musique, tirs d'artifice, pétards, armes à feu, travaux industriels, commerciaux ou ménagers, sauf autorisation de l'autorité compétente » (art. 61 de L. 23/04/1991).
« Sont interdits en toute circonstance les bruits provenant :
- d'appareils avertisseurs à sons rauques et stridents de véhicules automobiles ;
- de moteurs de véhicule dépourvus d'un dispositif silencieux efficace ;
- des sifflets, sirènes et appareils bruyants ;
- des tapages nocturnes.

Cette interdiction ne s'applique pas aux ambulances et aux véhicules de police en cas de nécessité » (art. 62 de L. 23/04/1991).
« Sont interdites les parades et musiques foraines sauf autorisation expresse de l'autorité compétente » (art. 63 de L. 23/04/1991).
Cependant, les bruits maintenus à un seuil tolérable ne sauraient être reprochables. Il est nécessaire de prendre « des dispositions pour isoler les ateliers bruyants, insonoriser les locaux ou mettre en œuvre des techniques ou tout autre moyen approprié pour y parvenir » (art. 64 de L. 23/04/1991).

[345] Il y a tapage nocturne lorsque les bruits ont été produits durant la nuit (c.-à-d., après le coucher et avant le lever du soleil) ; voir *Introduction nocturne dans une forêt avec un instrument de destruction d'arbres,* pour les éclaircissements sur la *notion de **nuit***.

O

159- OBSTACLE AU TRAITEMENT MÉDICAL D'UNE PERSONNE VIVANT AVEC LE VIH

✓ *Voir* ***Opposition ou interruption du traitement médical d'une personne vivant avec le VIH.***

160- OMISSION D'AFFICHER UN AVIS INTERDISANT LA VENTE DE TABAC ET DE SES DÉRIVÉS AUX MINEURS, AUX FEMMES EN ÉTAT DE GESTATION ET AUX MALADES MENTAUX

□ ***Élément légal*** **:**

A et **B :** articles 5 et 20 de la loi n° 12-2012 du 4 juillet 2012 relative à la lutte antitabac.

- **Teneur du texte** :

Art. 5 *: « Les vendeurs de tabac et de ses dérivés sont tenus d'afficher visiblement dans leurs points de vente un avis interdisant la vente de tabac et de ses dérivés aux mineurs, aux femmes en état de gestation et aux malades mentaux. »*
Art. 20 de L. 04/07/2012 *: « Sont punis d'une amende allant de 200.000 à 1.500.000 de francs CFA, les auteurs des infractions prévues aux articles 4, 5, 6 et 7 de la présente loi ; en cas de récidive l'amende passe de 1.500.000 à 3.000.000 de francs CFA. »*

- **Peines principales** :

- **A** : 200.000 F CFA à 1.500.000 F CFA d'amende (c'est un **délit**) ;
- **B** : 1.500.000 F CFA à 3.000.000 F CFA d'amende (c'est un **délit**).

Compréhension : c'est le fait pour un vendeur de tabac d'omettre d'afficher visiblement dans son lieu de vente que : « *il est interdit de vendre le tabac ainsi que ses dérivés aux mineurs, aux femmes enceintes et aux malades mentaux* ».

Culpabilité :

➢ **A** :

□ Le présumé auteur doit avoir été un vendeur de tabac.

□ ***Élément matériel*** : il doit avoir omis ou refusé d'afficher un *avis qui défend la vente de tabac et de ses dérivés* aux *mineurs*, aux *femmes en état de gestation* et aux *malades mentaux*.

□ ***Élément moral*** : il doit l'avoir fait soit par négligence, soit volontairement (sciemment).

« Aggravation de la peine »

- **B** : en cas de récidive, ***voir peine B***.

161-OMISSION D'EMPÊCHER UNE INFRACTION

- ***Élément légal*** : article 63, alinéa 1 du Code pénal.
  - **Teneur du texte** :

Art. 63 du CP : *« (Ord. 25/6/1945- D. appl. n° 47-735 du 17/4/47 AGG prom. n° 1.222 du 10/5/47 - JOAEF 1947 p. 689). Sans préjudice d'application, le cas échéant, des peines plus fortes prévues par le présent code et les lois spéciales, sera puni d'un emprisonnement d'un mois à trois ans et d'une amende de 24.000 à 1.000.000 de francs ou de l'une de ces deux peines seulement, quiconque, pouvant empêcher par son action immédiate, sans risque pour lui ou pour un tiers, soit un fait qualifié crime, soit un délit contre l'intégrité corporelle de la personne, s'abstient volontairement de le faire. (...). »*

  - **Peines principales** : un (01) mois à trois (03) ans d'emprisonnement et 24.000 F CFA à 1.000.000 F CFA d'amende, ou l'une de ces deux peines seulement (c'est un **délit**).

Compréhension : c'est le fait pour une personne de s'abstenir volontairement d'empêcher immédiatement tout crime ou un délit contre l'intégrité corporelle d'autrui, alors qu'elle ne s'exposait à aucun risque et n'en exposerait personne, au cas où elle appelait le secours.

Attention : si ces faits exposent autrui à un danger imminent, *voir **Omission de porter secours** (non-assistance à la personne en danger).*

Culpabilité :

- Le présumé auteur doit avoir été en mesure d'empêcher immédiatement une infraction, sans s'exposer lui-même au danger ou en exposer un tiers.
- ***Élément matériel*** :
  - Il doit s'être abstenu d'empêcher directement[346] ou indirectement[347] la commission d'une infraction ;
  - cette infraction doit être soit tout crime, soit seulement le délit d'atteinte à l'intégrité corporelle de la personne humaine.
- ***Élément moral*** : il doit l'avoir fait volontairement (sciemment).

[346] Par son action personnelle.

[347] En appelant le secours ou en dénonçant ces actes criminels aux autorités de police, par exemple.

162- OMISSION DE PORTER SECOURS (non-assistance à personne en danger)

- ***Élément légal*** : article 63, alinéa 1 et 2 du Code pénal.
  - **Teneur du texte** :

> ***Art. 63 du CP*** : *« (Ord. 25/6/1945- D. appl. n° 47-735 du 17/4/47 AGG prom. n° 1.222 du 10/5/47 - JOAEF 1947 p. 689). Sans préjudice d'application, le cas échéant, des peines plus fortes prévues par le présent code et les lois spéciales, sera puni d'un emprisonnement d'un mois à trois ans et d'une amende de 24.000 à 1.000.000 de francs ou de l'une de ces deux peines seulement, quiconque, pouvant empêcher par son action immédiate, sans risque pour lui ou pour un tiers, soit un fait qualifié crime, soit un délit contre l'intégrité corporelle de la personne, s'abstient volontairement de le faire.*
>
> *Sera puni des mêmes peines quiconque s'abstient volontairement de porter à une personne en péril l'assistance que, sans risque pour lui, ni pour les tiers, il pouvait lui prêter, soit par son action personnelle, soit en provoquant un secours. (...). »*

- **Peines principales** : un (01) mois à trois (03) ans d'emprisonnement et 24.000 F CFA à 1.000.000 F CFA d'amende, ou l'une de ces deux peines seulement (c'est un **délit**).

Compréhension : c'est le fait pour une personne de s'abstenir volontairement de porter de l'assistance soit par son action personnelle, soit en provoquant un secours, à une personne en péril (danger), alors qu'elle ne risquait rien ni pour elle-même, ni pour les tiers[348].

Attention : s'il s'agit d'une infraction qui est sur le point de se commettre, *voir* ***Omission d'empêcher une infraction***.[349]

Culpabilité :

- La victime doit avoir été en péril, en danger[350].
- Le présumé auteur doit avoir été capable (sans risquer sa vie ou celle d'autrui) de lui[351] porter son assistance.
- ***Élément matériel*** : il doit s'être abstenu de venir en aide à la victime (lui porter secours).[352]

---

[348] Si l'assistance qu'on entend porter, en provoquant le secours, représente un danger pour autrui, l'abstention ne saurait constituer un fait répréhensible au plan pénal.

[349] Dans l'infraction de *Non-assistance à la personne en danger*, il n'y aurait pas nécessairement une infraction à prévenir, mais « tout risque à épargner à la victime ». Dans l'*Omission d'empêcher une infraction*, il doit y avoir des « faits constitutifs d'infraction », dont on doit « empêcher la commission ».

[350] Ce péril bien qu'indéterminé devrait être imminent (cf. Michel VERON, *op, cit.*, p. 122).

[351] À la victime.

□ ***Élément moral*** : il doit l'avoir fait volontairement (sciemment).[353]

163- OPPOSITION OU INTERRUPTION DU TRAITEMENT MÉDICAL D'UNE PERSONNE VIVANT AVEC LE VIH

□ ***Élément légal*** **:** article 50 de la loi n° 30-2011 du 03 juin 2011 portant lutte contre le VIH et le SIDA et protection des droits des personnes vivant avec le VIH.

- **Teneur du texte** :

Art. 50 de L. 03/06/2011 *: « Toute personne qui se sera opposée ou aura tenté de s'opposer au traitement médical d'une personne vivant avec le VIH ou qui aura interrompu ce traitement, sera punie de la peine d'un an à trois ans d'emprisonnement et d'une amende de trois cent mille à six cent mille francs CFA, ou de l'une de ces peines seulement. »*

- **Peines principales** : un (01) an à trois (03) ans d'emprisonnement et 300.000 F CFA à 600.000 F CFA d'amende, ou l'une de ces deux peines seulement (c'est un **délit**).

Compréhension : c'est le fait pour une personne de s'opposer ou de tenter de s'opposer au traitement médical, ou d'interrompre le traitement médical d'une personne vivant avec le VIH.

Attention : si c'est l'accès aux antirétroviraux ou la prise en charge des maladies opportunistes qui est refusé (e), *voir* ***Refus de fournir des soins nécessaires à un séropositif ou un sidéen***.

Culpabilité :

□ ***Élément matériel*** : le présumé auteur doit :
- soit s'être opposé ou avoir tenté de s'opposer au traitement médical d'une personne vivant avec le VIH ;
- soit avoir interrompu ce traitement.

□ ***Élément moral*** : il doit avoir agi en connaissance de cause (sciemment).[354]

164- ORGANISATION DES ÉVÈNEMENTS ALÉATOIRES

✓ *Voir* ***Tenue illicite de maisons de jeux de hasard fréquentées par les enfants, ou organisation des événements aléatoires.***

---

[352] Tel est le cas d'un secouriste qui assiste se noyer un enfant à qui il pouvait bien sauver la vie, sans risquer la sienne.

[353] « Action par omission » (abstention volontaire).

[354] Il semble que le présumé auteur de ces faits devrait avoir l'intention de nuire à la personne vivant avec le VIH. Retiendra-t-on cette infraction à l'encontre de celui qui s'oppose ou qui interrompt un traitement médical avéré nocif à la santé d'un séropositif ?

165- OUTRAGE PUBLIC À LA PUDEUR

- ***Élément légal*** : art. 330 du CP.
  - **Teneur du texte** :

Art. 330 du CP *: « Toute personne qui aura commis un outrage public à la pudeur sera punie d'un emprisonnement de trois mois à deux ans et d'une amende de 4.000 francs à 48.000 francs. »*[355]

  - **Peines principales** : trois (03) mois à deux (02) ans d'emprisonnement et 4.000 F CFA à 48.000 F CFA d'amende (c'est un **délit**).

Compréhension : c'est le fait pour une personne de commettre publiquement tout acte impudique ou obscène qui, sans choquer particulièrement une personne déterminée, « *est de nature à blesser les regards et la pudeur de ceux qui en sont témoins* ».[356]

Attention : cette infraction exclut toute pénétration sexuelle.

Dans les cas où il y a « pénétration par le sexe dans le sexe » sur une victime de plus de 12 ans, sans son consentement, ou sur un enfant de moins de treize (13) ans, *voir **Viol.***

En cas de pénétration sexuelle consensuelle, de quelque nature que ce soit, sur un enfant, *voir **Pratique pédophile**.*

La peine applicable à l'auteur d'attentat à la pudeur varie selon qu'il a été commis, avec ou sans violence, sur la personne d'un mineur de moins ou de plus de 13 ans (*voir **Attentat à la pudeur, sans violence, sur mineur*** ou ***Attentat avec à la pudeur avec violence***).

Culpabilité :

- ***Élément matériel*** :
  - Le présumé auteur doit avoir commis tout acte impudique ;[357]
  - cet acte doit avoir été commis en public ou dans un lieu qui frappe le regard du public.[358]

---

[355] L'article 113 de la loi n° 4-2010 du 14 juin 2010 portant protection de l'enfant en République du Congo renvoie aux dispositions du Code pénal, quand l'attentat à la pudeur a été commis sur ou en présence de l'enfant.

[356] Joseph Édouard BOITARD et Faustin HELIE, *op. cit.,* p. 360.

Il s'agit, en effet, du fait d'attenter à la pudeur du public.

[357] Tel celui « exhibe ses parties sexuelles dans la rue » ou au vu du public (cf. Michel Romaric AZALOU, *Qualification des infractions courantes,* 3ème éd., Cotonou, 2014, p. 278). On peut, donc, envisager le cas d'une personne qui se masturbe en public.

[358] Il en est le cas, lorsque cet acte est commis dans « une chambre » située au deuxième ou troisième niveau d'un immeuble dont « les fenêtres » donnent accès à la vue du public. Il peut s'agir aussi « des lieux tantôt publics, tantôt privés ». Ainsi, celui qui commet un acte

- ***Élément moral*** : il doit avoir agi en connaissance de ce qu'il pose un acte attentatoire aux mœurs ou à la pudeur de ceux qui en ont été témoins.[359]

166- OUTRAGE À MAGISTRAT

- ***Élément légal*** :
- **A** : art. 222, al. 1 du Code pénal ;
- **B** : art. 222 du Code pénal ;
- **C** et **D** : art. 222, al. 1, et 223 du Code pénal.

   - **Teneur du texte** :

> ***Art. 222 du CP*** *: « Lorsqu'un ou plusieurs magistrats de l'ordre administratif ou judiciaire, lorsqu'un ou plusieurs jurés, auront reçu, dans l'exercice de leurs fonctions ou à l'occasion de cet exercice, quelques outrages, par paroles, par écrit ou dessin non rendus publics, tendant, dans ces divers cas, à inculper leur honneur ou leur délicatesse, celui qui leur aura adressé cet outrage, sera puni d'un emprisonnement de quinze jours à deux ans.*
>
> *Si l'outrage par paroles a eu à l'audience d'une cour ou d'un tribunal, l'emprisonnement sera de deux à cinq ans. »*
>
> ***Art. 223 du CP*** *: « (L. 11/6/1954 - AGG prom. 2.197 D.P.L.C du 6/7/1954 - JOAEF 1954 p. 1027).*
>
> *L'outrage fait par gestes ou par menaces ou par envoi d'objets quelconques, dans l'exercice ou à l'occasion de l'exercice de ses fonctions, sera puni d'un mois à six mois d'emprisonnement et si l'outrage a eu lieu à l'audience d'une Cour ou d'un Tribunal, il sera puni d'un emprisonnement d'un mois à deux ans. »*
>
> ***Art. 226 du CP*** *: « Dans le cas des articles 222, 223 et 225, l'offenseur pourra être, outre l'emprisonnement condamné à faire réparation, soit à la première audience, soit par écrit, et le temps de l'emprisonnement prononcé contre lui ne sera compté qu'à dater du jour où la réparation aura eu lieu. »*

   - **Peines principales** :

- **A** : quinze (15) jours à deux (02) ans d'emprisonnement (c'est un **délit**) ;
- **B** : deux (02) ans à cinq (05) ans d'emprisonnement (c'est un **délit**) ;
- **C** : un (01) mois à six (06) mois d'emprisonnement (c'est un **délit**) ;
- **D** : un (01) mois à deux (02) ans d'emprisonnement (c'est un **délit**).

Compréhension : c'est le fait pour une personne d'injurier ou d'offenser un magistrat par gestes ou paroles, ou par écrits ou dessins non publiés, ou

---

impudique dans un restaurant pendant qu'il était ouvert au public commettrait un attentat à la « pudeur publique » (cf. Antoine-Georges BLANCHE, *op. cit.*, p. 66).

[359] Il en est le cas d'une femme qui, pour « humilier » une autre, la « dénude en pleine rue » au vu de tous.

encore par menace ou par envoi d'un objet quelconque tendant à porter atteinte à son honneur ou sa délicatesse.

Attention : s'il y a injure ou imputation d'un fait quelconque envers un fonctionnaire ou agent public, ou un membre du Gouvernement, du Parlement, de la haute cour de justice ou de la *Cour suprême*, ou un corps constitué, *voir* ***Injure*** ou ***Diffamation, envers une autorité publique, un agent public, un juré ou un témoin, ou envers un corps constitué***.

Culpabilité :

- ***Élément matériel*** :
  - Le présumé auteur doit avoir injurié ou bafoué l'honneur ou la délicatesse d'un magistrat ;
  - il doit l'avoir fait :
    - soit par paroles, par gestes, par écrit ou dessin non publié ;
    - soit par menaces ou par envoi d'un objet quelconque.
- ***Élément moral*** : il doit avoir agi volontairement.

« Aggravation et atténuation de la peine » :

- **A** : si cet outrage n'a pas été commis à l'audience d'une Cour ou d'un Tribunal, ***voir peine A*** ;
- **B** : si cet outrage a été fait *par parole* et *à l'audience* d'une Cour ou d'un Tribunal, ***voir peine B*** ;
- **C** : si cet outrage a été fait par *gestes,* par *menaces* ou par *envoi d'objet quelconque,* dans l'exercice ou à l'occasion de l'exercice des fonctions de ce magistrat, mais *en dehors de l'audience* d'une Cour ou d'un Tribunal, ***voir peine C*** ;
- **D** : si cet outrage a été fait par *gestes,* par *menaces* ou par *envoi d'objet quelconque,* dans l'exercice ou à l'occasion de l'exercice des fonctions de ce magistrat, et *à l'audience* d'une Cour ou d'un Tribunal, ***voir peines D***.

P

167- PARRICIDE

□ ***Élément légal*** : articles 299 et 302 du Code pénal.

- **Teneur du texte** :

> ***Art. 299 du CP*** : *« Est qualifié parricide, le meurtre des pères ou mères légitimes, naturels ou adoptifs, ou de tout autre ascendant légitime. »*
>
> ***Art. 302 du CP*** : *« (L. 21/11/1901-D.appl. 16/9/1922 AGG prom.15/11/1922 –JOAEF 1923 p. 512).*
>
> *Tout coupable d'assassinat, de parricide, et d'empoisonnement, sera puni de mort, sans préjudice de la disposition particulière contenue en l'article 13, relativement au parricide. (...). »*

- **Peine principale** : mort (c'est un **crime**).[360]

Compréhension : c'est le fait pour une personne de tuer un de ses ascendants légitimes, ou son père ou sa mère naturel (le) ou adoptif (ve).

Attention : si la victime n'est pas l'une des personnes visées à l'art. 299 du CP, voir ***Meurtre ou Assassinat***.

Si l'acte reproché résulte de l'imprudence de l'agent, voir ***Homicide involontaire***.

Culpabilité :

□ ***Élément matériel*** : le présumé auteur doit, par son *propre acte*[361], avoir tué :

- soit n'importe lequel d'entre ses ascendants légitimes,
- soit nécessairement son père ou sa mère naturel(le) ;
- soit nécessairement son père ou sa mère adoptif(ve).

□ ***Élément moral*** : il doit avoir agi volontairement (en connaissance de cause).

168- PARTICIPATION D'UNE AUTORITÉ ADMINISTRATIVE À LA PROPAGANDE ÉLECTORALE

□ ***Élément légal*** : article 128 de la loi du 24 novembre 2001 portant loi électorale en République du Congo.

---

[360] Cette peine est abolie ; voir *Assassinat*, pour plus de détails.

[361] L'auteur présumé de ces faits doit lui-même avoir commis l'acte réprimé.

- **Teneur du texte** :

Art. 128 de L. 24/11/2001 : *« Toute autorité administrative qui, d'une manière quelconque, a participé à la propagande électorale est punie d'une amende de 100.000 F CFA, sans préjudice des sanctions disciplinaires prévues par le statut général de la fonction publique relatives aux manquements à l'obligation de réserve. »*

- **Peine principale** : 100.000 F CFA d'amende (c'est un **délit**).

Compréhension : c'est le fait pour une autorité administrative de participer, d'une manière quelconque, à la propagande électorale.

Culpabilité :

- Le présumé auteur doit avoir été une autorité administrative.
- ***Élément matériel*** :
  - Il doit avoir participé à la propagande électorale ;
  - il doit l'avoir fait de quelque manière que ce soit.
- ***Élément moral*** : il doit avoir agi en connaissance de cause.

169- PÉDOPORNOGRAPHIE

✓ *Voir **Pratique pédophile**.*

170- PÉNÉTRATION SEXUELLE SANS VIOLENCE SUR MINEUR

✓ *Voir **Pratique pédophile**.*

Attention : s'il y a eu rapport sexuel[362] avec une enfant, par violence, contrainte ou surprise, l'auteur sera poursuivi pour ***Viol*** (cf. art. 113 de L. 14/06/2010 et 332, al. 1 du CP).

171- PILLAGE

- ***Élément légal*** **:** articles 440 du Code pénal et 1er de la loi n° 5/63 du 13 janvier 1963 sur les pillages et les dévastations.

- **Teneur des textes** :

Art. 440 du CP : *« Tout pillage, tout dégât de denrées ou marchandises, effets, propriétés mobilières commis en réunion ou en bande et a force ouverte, sera puni des travaux forcés à temps ; chacun des coupables sera en outre condamné à une amende de 48.000 francs à 1.200.000 francs. »* ***Art. 1er L. 13/01/1963*** : *« Les crimes de pillage et de dévastation prévus par l'article 440 du Code pénal sont punis de mort. »*

- **Peine principale** : mort (c'est un **crime**).[363]

[362] Conjonction de sexes : masculin et féminin.

Compréhension : c'est le fait pour tout individu de s'emparer des biens d'autrui, en réunion ou en groupe et avec « violence irrésistible ».

Culpabilité :

- ***Élément matériel*** :
  - Le présumé auteur doit s'être emparé des biens d'autrui.
  - il doit l'avoir fait :
    - soit en réunion[364] et à force ouverte[365] ;
    - soit en bande[366] et à force ouverte.
- ***Élément moral*** : il doit l'avoir fait avec intention coupable. Le présumé auteur doit avoir eu la volonté de s'emparer des biens d'autrui.[367]

172- PORT PUBLIC D'UN COSTUME SEMBLABLE AUX UNIFORMES DES AGENTS DES FORCES DE L'ORDRE

- ***Élément légal*** : art. 260 du CP.
  - **Teneur du texte** :

> ***Art. 260 du CP*** *: « (L. 54-1215 du 6/12/1954 - AGG prom. 4092 du 20/12/1954 -JOAEF 1955 p. 77). Sera puni d'une amende de 20.000 francs à 200.000 francs et pourra l'être d'un emprisonnement de dix jours à six mois, quiconque aura publiquement revêtu un costume présentant une ressemblance de nature à causer une méprise dans l'esprit du public avec les uniformes de la gendarmerie, de la police de l'État ou de la Préfecture de police, tels qu'ils ont été définis par les textes réglementaires ou par ordonnances du Préfet de police.*
>
> *Les dispositions ci-dessus seront applicables, en temps de guerre, à quiconque aura publiquement revêtu un costume présentant une ressemblance de nature à causer une méprise dans l'esprit du public avec un uniforme militaire. »*

---

363 Loi n° 5/63 du 13 janvier 1963 sur les pillages et les dévastations abroge les peines prévues par l'article 400 et 442 du Code pénal relatif au pillage (art. 4). Cependant, la peine de mort est abolie (cf. art. 8, al. 4 de la Constitution congolaise du 25 octobre 2015) ; v*oir Assassinat*, pour plus de détails.

364 La ***réunion*** suppose « des rassemblements fortuits et purement accidentels formés sous l'impulsion d'une cause instantanée » (Faustin Hélie, *op. cit.*, p. 557.)

365 Constitue une action menée ***à force ouverte***, « celle au cours de laquelle les participants manifestent leur supériorité physique ou leur pouvoir de contrainte par un déploiement de force ne permettant pas la résistance ou étant simplement de nature à engendrer la crainte » (Rennes 24 février 1976, III Ch. n° 271, Durant C/M.P. Sté "Atlantique Viandes surgélation").

366 La ***bande*** s'entend de la « *réunion même accidentelle* » d'au moins trois personnes (cf. Faustin HELIE, *op. cit.*, p. 558.).

367 Il semble que le pillage commis par des individus parents ou alliés de la victime ne donnera lieu qu'à des réparations civiles (cf. art. 380, al. 1 du CP).

- **Peines principales** : 20.000 F CFA à 200.000 F CFA d'amende et dix (10) jours à six (06) mois d'emprisonnement, ou seulement de la peine d'amende (c'est un **délit**).

Compréhension : c'est le fait pour un individu de porter publiquement un costume qui ressemble aux uniformes des agents des forces de l'ordre, de sorte à amener le public à le confondre à ces agents.

Culpabilité :

- ***Élément matériel*** :
  - Le présumé auteur doit avoir porté un costume qui ressemble aux uniformes des forces de l'ordre (les gendarmes ou la police, ou la Préfecture de police) ;[368]
  - il doit l'avoir fait publiquement ;
  - la ressemblance établie doit être de nature à créer une confusion dans l'esprit du public (amener, par exemple, le public à confondre l'auteur présumé avec les agents des forces de l'ordre).
- ***Élément moral*** : le présumé auteur doit avoir agi en connaissance de cause (sciemment).

173- PORT ILLÉGAL D'UN COSTUME, UNIFORME, OU D'UNE DÉCORATION D'AUTRUI

- ***Élément légal*** : article 259, alinéa 1 du Code pénal.
  - **Teneur du texte** :

***Art. 259 du CP** : « Toute personne qui aura publiquement porté un costume, un uniforme ou une décoration qui ne lui appartiendrait pas, sera punie d'un emprisonnement de six mois à deux ans. (...). »*

- **Peine principale** : six (06) mois à deux (02) ans d'emprisonnement (c'est un **délit**).

Compréhension : c'est le fait pour un individu de porter en public un costume, un uniforme ou une décoration qui ne lui appartient pas.

Culpabilité :

- ***Élément matériel*** :
  - Le présumé auteur doit avoir porté :
    - soit un costume,
    - soit un uniforme,
    - soit une décoration d'autrui.[369]

---

[368] On peut envisager le cas de celui qui porte un pantalon "pentagone".

[369] Contrairement au port public d'un costume identique à celui des agents des forces de l'ordre, qui porte sur une tenue qui n'est pas réellement celle attribuée à ces agents, le port

- Ce costume ou cet uniforme, ou cette décoration doit avoir été lié (e) ou attaché (e) à une fonction ou une profession ;[370]
- l'objet ou la tenue en cause ne doit pas lui avoir appartenu (e) ;
- il doit l'avoir fait publiquement.

 Élément moral : le présumé auteur doit avoir agi volontairement (en connaissance de cause). Il doit avoir agi en connaissance de ce qu'il n'en avait pas le droit.

174- PRATIQUES DE SORCELLERIE, MAGIE OU CHARLATANISME

 Élément légal : articles 264 et 405 du Code pénal.

- **Teneur du texte** :

> ***Art. 264 du CP*** *: « (D. 47 - 2248 du 19/11/1947 – AGG prom. n° 3245 du 5/1/1947-JOAEF 1947 p. 161 1).*
>
> *Sera puni de peines prévues à l'article 405, premier alinéa du présent code, quiconque aura participé à une transaction commerciale, ayant pour objet l'achat ou la vente d'ossements humains ou se sera livré à des pratiques de sorcellerie, magie ou charlatanisme susceptibles de troubler l'ordre public et de porter atteinte aux personnes ou à la propriété. »*
>
> *(Voir* ***Escroquerie,*** *pour voir le contenu du l'article 405 du CP)*

- **Peines principales** : un (01) an à cinq (05) ans d'emprisonnement et 240.000 F CFA à 2.400.000 F CFA d'amende (c'est un **délit**).

Compréhension : c'est le fait pour une personne de poser tout acte « mystique » ou de « pratique traditionnelle », pouvant troubler l'ordre public et porter atteinte aux personnes ou aux biens.

Culpabilité :

 Élément matériel :

- Le présumé auteur doit avoir :
  - soit commis tout acte de sorcellerie ;
  - soit commis tout acte de magie ;
  - soit commis tout acte de charlatanisme.[371]

---

illégal de costume porte sur une vraie tenue et non une imitation. Ainsi, celui qui se vêtirait de la robe d'avocat, pour être libre de consulter un dossier au greffe d'un tribunal, s'exposerait à la prévention de l'infraction de port illégal d'un costume (cf. Cass. crim. 05 novembre 1997, Bull. crim., n° 377, p. 1267).

[370] Le fait de porter publiquement un habit privé de son père ne saurait constituer une infraction. Mais, porter la tenue militaire ou les galants, même s'ils sont dotés ou décernés à son père, exposerait l'auteur aux poursuites pénales.

[371] La loi n'a pas défini l'acte de sorcellerie, de magie ou de charlatanisme. Cependant, Emmanuel MOUNYOL à MBOUSSI fait remarquer que ces actes consistent en le port des « fétiches ou gris-gris », ou même en les paroles prononcées, « au sens lugubre », contre

o Cet acte doit avoir été susceptible de « nuire » à la paix publique et de porter atteinte aux personnes ou aux biens.

 Élément moral : le présumé auteur doit avoir agi volontairement (avec intention coupable).

175- PRATIQUE PÉDOPHILE

 Élément légal : articles 67 et 121 de la loi n° 4-2010 du 14 juin 2010 portant protection de l'enfant en République du Congo.

o **Teneur du texte** :

> ***Art. 67 de L. 14/06/2010*** *: « Est interdite, toute pratique pédophile.*
>
> *Une pratique pédophile s'entend de tout acte de pénétration sexuelle ou d'agression sexuelle, de quelque nature que ce soit, commis sur la personne d'un enfant, de toute exposition ou exploitation de photographies, films ou dessins à caractère pornographique mettant en scène un ou plusieurs enfants. »*
>
> ***Art. 121 de L. 14/06/2010*** *: « Tout contrevenant aux dispositions de l'article 67 de la présente loi sera puni d'un emprisonnement de trois ans à cinq ans et d'une amende de 1.000.000 à 10.000.000 de francs CFA. »*

o **Peines principales** : trois (03) ans à cinq (05) ans d'emprisonnement et 1.000.000 F CFA à 10.000.000 F CFA d'amende (c'est un **délit**).

Compréhension : c'est le fait pour une personne d'agresser sexuellement un enfant ou d'entreprendre des relations sexuelles avec un enfant, ou d'introduire dans son sexe un objet quelconque, ou de le soumettre à la fellation ou la sodomie, ou encore d'exposer ou d'exploiter une représentation pornographique mettant en scène au moins un enfant.[372]

Attention : s'il y a eu « conjonction sexuelle illicite » (« pénétration par le sexe dans le sexe », non consensuelle) avec une enfant, voir ***Viol***.

S'il n'y a eu que des attouchements sexuels, voir ***Attentat à la pudeur avec*** *ou* ***sans violence***.

---

autrui lui entrainant ainsi une maladie et par la suite la mort (cf. Éric Rosny [dir.], *Justice et sorcellerie : colloque international de Yaoundé [17-19 mars 2005]*, Karthala, Paris, 2006, p. 231). De là, on peut envisager le cas de celui qui, pour faire avorter une femme enceinte, place sur son ventre une pièce d'argent en plus d'un tissu et fait disparaître d'un clac de la main le fœtus qu'elle portait.

[372] Avant 2010, celui qui pénétrait un mineur (garçon) par voie anale était sanctionné conformément aux dispositions de l'art. 331, al. 2 du CP (***voir Acte contre nature)***. Cependant, la « loi Potignon », notamment les dispositions des articles 67 et 121, en donnent un autre sens, en interdisant et en sanctionnant toute pénétration sexuelle, de quelque nature que ce soit, commise sur un enfant.

Culpabilité :

- ***Élément matériel*** : le présumé auteur doit avoir :
  - soit *agressé sexuellement*[373] un enfant (mineur de 18 ans) ;
  - soit entrepris des relations sexuelles avec un enfant (sans « violence, contrainte, menace ou surprise ») ;[374]
  - soit avoir commis tout autre acte de « *pénétration sexuelle* »[375] sur la personne d'un enfant ;[376]
  - soit enregistré ou diffusé une image à caractère pornographique mettant en scène un enfant.[377]
- ***Élément moral*** : le présumé auteur doit avoir agi volontairement (en connaissance de cause).

176- PRESSION SUR UN ÉLECTEUR EN VUE DE DÉTERMINER SON SUFFRAGE

- ***Élément légal*** **:** article 133 de la loi du 24 novembre 2001 portant loi électorale en République du Congo
  - **Teneur du texte** :

> ***Art. 133 de L. 24/11/2001*** *: « Est puni d'un emprisonnement de trois mois à vingt-quatre mois et d'une amende de 100.000 à 1.000.000 de F CFA quiconque, sur les lieux du scrutin ou dans leur proximité immédiate, exerce, par quelque moyen que ce soit, une pression sur un ou plusieurs électeurs en*

---

[373] Il en est ainsi de celui qui procède aux attouchements sexuels sur un enfant, contre le gré de celui-ci. Il n'y a pas, dans ce cas, pénétration sexuelle.
Toutefois, il y aurait tout de même *Agression sexuelle*, si les attouchements sont pratiqués sur la personne d'un mineur de moins de 13 ans, même sans violence (cf. Christophe ANDRÉ, *op. cit.*, p. 143).

[374] Tel celui qui entreprend des relations sexuelles avec une enfant de 15 ans, même si celle-ci y a consenti et même si elle est physiquement développée (cf. TGI, Brazzaville, corr., 6ème ch., 02 octobre 2014, répertoire n° 102, inédit).

[375] La loi n'a pas défini l'acte de pénétration sexuelle, elle indique au moins que la pratique pédophile sera retenue chaque fois qu'il y aura pénétration sexuelle sur l'enfant, peu importe la nature de cette pénétration. De là suit que : la pénétration peut être faite soit « *dans le sexe* », soit *« par le sexe* ». Partant, sera retenu dans les liens de prévention de la *pratique pédophile*, celui qui pénètre, par le sexe, un enfant par voie anale (l'introduction du pénis dans l'anus d'un enfant, la « sodomie »).
Cette disposition peut notamment s'éclairer au regard de la jurisprudence française, qui voit dans l'acte de pénétration sexuelle les actions suivantes :
- « la fellation » (Cass. Crim 22 févr. 1984, Bull. crim. n° 71, citée par Jean PRADREL et Michel DANTI-JUAN, *op. cit.*, p. 449) ;
- « l'introduction du doigt ou de tout autre objet dans l'appareil génital de la femme » (Cass. Crim. 09 juil. 1991, Bull. crim. n° 294, *Idem*).

[376] Même avec « violence, contrainte, menace ou surprise ». Il en sera le cas de celui qui enfoncera une « bougie » ou tout autre objet dans l'appareil génital d'une enfant.

[377] Il en est ainsi de celui qui « poste l'image d'un mineur dénudé sur un réseau de communication à l'usage du public » (cf. Cyprien GANZINO-NGOUNGA, *op. cit.*, p. 539).

vue d'influencer leur vote, d'obtenir leur suffrage ou d'empêcher la manifestation de celui-ci.»

- **Peines principales** : trois (03) mois à vingt-quatre (24) mois d'emprisonnement et 100.000 F CFA à 1.000.000 F CFA d'amende (c'est **un délit**).

Compréhension : c'est le fait pour une personne d'exercer une pression sur un électeur afin d'obtenir sa voix ou l'amener à voter pour un candidat quelconque, ou l'empêcher de voter pour un candidat de son choix.[378]

Attention : si cet acte a été commis par un fonctionnaire, agent ou préposé du gouvernement, voir ***Atteinte à la liberté***.

Culpabilité :

- La victime doit avoir été un électeur.[379]
- ***Élément matériel*** :
  - Le présumé auteur doit avoir exercé une pression sur au moins un électeur ;
  - il doit l'avoir fait par quelque moyen que ce soit ;[380]
  - il doit avoir, de ce fait, déterminé ou tenter de déterminer l'électeur en cause dans l'exercice libre de son droit de vote ;
  - il doit l'avoir fait soit *sur les lieux du scrutin*, soit *dans les lieux de proximité immédiate aux lieux de scrutin.*
- ***Élément moral*** : il doit avoir agi avec intention coupable. Le présumé auteur doit avoir posé cet acte pour influencer le vote de cet électeur, ou pour obtenir son suffrage ou empêcher la manifestation de son suffrage.

177- PRESTATION D'UN LIEU POUR EXÉCUTION DE LA DÉTENTION ILLÉGALE OU SÉQUESTRATION.

- ***Élément légal*** **:** article 341, al. 1 et 2 du CP.
  - **Teneur du texte** :

Art. 341 du CP *: « Seront punis de la peine des travaux forcés à temps ceux qui, sans ordre des autorités constituées et hors les cas où la loi ordonne de saisir les prévenus, auront arrêté, détenu ou séquestré des personnes quelconques.*

---

[378] En d'autres termes, c'est le fait de déterminer un électeur dans l'exercice libre de son droit de vote.

[379] Cette disposition ne s'applique pas à celui qui déterminerait le suffrage d'un individu recruté pour voter à la place d'un électeur décédé. En effet, l'électeur influencé devrait être une personne inscrite sur une liste électorale dans les conditions légales (cf. art. 5 et 6 de la loi électorale, L. 24/11/2001).

[380] Il peut en être le cas de celui qui tend de l'argent à un électeur pour le déterminer à voter pour tel ou tel candidat.

> *Quiconque aura prêté un lieu pour exécuter la détention ou la séquestration, subira la même peine. (...). »*

- **Peine principale** : cinq (05) ans à trente (30) ans des *travaux forcés* (c'est un **crime**).[381]

Compréhension : c'est le fait pour une personne de céder momentanément son immeuble ou local afin de séquestrer ou de détenir autrui, sans ordre des autorités constituées et hors les cas prévus par la loi.

Attention : si cet acte a été commis par un fonctionnaire, un agent ou un préposé du gouvernement, voir ***Atteinte à la liberté***.

Culpabilité :

 La victime doit avoir été soit détenue[382] illégalement, soit séquestrée[383].

 Élément matériel :

- le présumé auteur doit avoir donné ou prêté son local, sa maison ou un lieu quelconque ;
- il doit l'avoir fait pour permettre de détenir illégalement la victime ou la séquestrer.

 Élément moral : il doit avoir agi de mauvaise foi (sciemment). Le présumé auteur doit avoir su que la victime avait été appréhendée dans des conditions irrégulières.

178- PRIVATION DE CONTACTS À UN ENFANT AVEC SES PARENTS

 Élément légal :

- **A** : art. 103, al. 1 de la loi n° 4-2010 du 14 juin 2010 portant protection de l'enfant en République du Congo ;
- **B** et **C** : art. 103 de la loi n° 4-2010 du 14 juin 2010 portant protection de l'enfant en République du Congo.

- **Teneur du texte** :

> ***Art. 103 de L. 14/06/2010*** *: « Est puni d'un emprisonnement d'un mois à un an, et d'une amende de 15.000 à 1.500.000 de francs CFA celui qui, investi de la garde de l'enfant, l'empêche d'avoir des contacts, sous quelque forme que ce soit, avec ses parents, sauf si l'intérêt supérieur de l'enfant le justifie.*

---

[381] Art. 19 du CP.

[382] C'est la « rétention » de la personne privée de liberté d'aller et venir, dans une maison de correction (cf. Antoine-Georges BLANCHE, *op. cit.*, p. 268, déjà cité).

[383] Il y a séquestration quand la personne privée de liberté de se mouvoir est « maintenue » dans un lieu privé autre que « la maison de correction ». Ça peut être dans son propre domicile ou celui d'autrui (Loc. cit.).

Si l'empêchement est opposé par une institution privée d'encadrement de l'enfant, il sera prononcé la peine d'amende de 75.000 à 1.500.000 de francs CFA. *En cas de récidive, il sera procédé à la fermeture de l'établissement pendant quinze jours au moins et six mois au plus.* *Si l'empêchement est opposé par une institution publique d'encadrement de l'enfant, elle répondra en vertu des dispositions en vigueur. »*

- **Peines principales** :

- **A** : un (01) mois à un (01) an d'emprisonnement et 15.000 F CFA à 1.500.000 F CFA d'amende (c'est un **délit**) ;
- **B** : 75.000 F CFA à 1.500.000 F CFA d'amende (c'est un **délit**) ;
- **C** : fermeture de l'établissement pendant quinze (15) jours au moins et six (06) mois au plus.

Compréhension : c'est le fait pour une personne investie de la garde d'un enfant, de l'empêcher, par tout moyen, d'avoir des contacts avec ses parents.

Attention : il n'y a pas d'infraction, si cet acte est justifié par « *l'intérêt supérieur de l'enfant* »[384]. En conséquence, on peut empêcher à un enfant, dont le contact parental mettrait sa vie ou son éducation en péril, tout contact avec ses parents jugés dangereux ou immoraux.

Cependant, si la personne investie de la garde d'un enfant refuse de représenter celui-ci à ceux qui ont droit de le réclamer, voir l'infraction de ***Non-représentation d'enfant***.

Culpabilité :

 Le présumé auteur doit avoir été investi de la garde de l'enfant en cause.

 Élément matériel : il doit avoir défendu à cet enfant tout contact avec ses parents ou usé de tous moyens susceptibles d'empêcher les contacts entre cet enfant et ses parents.

 Élément moral : il doit avoir agi de mauvaise foi (sciemment).

« Atténuation et aggravation de la peine » :

- **A** : si cet acte est commis par un particulier (***voir peine A***) ;
- **B** : si l'empêchement est opposé par une institution privée d'encadrement de l'enfant (***voir peine B***) ;
- **C** : en cas de récidive, ***voir peine C***.

[384] Aux termes de l'article 3 de la loi n° 4-2010 du 14 juin 2010 portant protection de l'enfant en République du Congo, ***l'intérêt supérieur de l'enfant*** est « *sa considération primordiale dans toutes les mesures et décisions le concernant* ».

179- PRIVATION DE SOINS OU D'ALIMENTS À UN MINEUR

□ ***Élément légal*** :

- **A** : article 110, al. 1 de la loi n° 4-2010 du 14 juin 2010 portant protection de l'enfant en République du Congo ;
- **B** : article 110, al. 2 de la loi n° 4-2010 du 14 juin 2010 portant protection de l'enfant en République du Congo.

o **Teneur du texte** :

> ***Art. 110 de L. 14/06/2010*** : *« Est puni d'une amende de 60.000 à 420.000 francs CFA, le père ou la mère, le tuteur qui se soustrait à tout ou partie de ses obligations morales ou matérielles à l'égard de l'enfant.*
>
> *En cas de récidive, la peine sera de six mois à deux ans d'emprisonnement. »*

o **Peines principales** :

- **A** : 60.000 F CFA à 420.000 F CFA d'amende (c'est un **délit**) ;
- **B** : six (06) mois à deux (02) ans d'emprisonnement (c'est un **délit**).

Compréhension : c'est le fait pour le père, la mère ou le tuteur d'un enfant, de lui refuser l'éducation ou tout autre avantage d'ordre moral, ou de le priver de la nourriture, des vêtements ou de tout autre avantage d'ordre matériel, dont il a droit.

Culpabilité :

➢ **A** :

□ Le présumé auteur doit avoir été soit le père, soit la mère, soit le tuteur de l'enfant en cause.

□ ***Élément matériel*** :

o il doit avoir refusé de l'entretenir :
  - soit *moralement* (refus d'éducation à un enfant, refus de payer les frais scolaires, par exemple) ;
  - soit *matériellement* (refus d'acheter les vêtements à un enfant, refus d'aliments…).

o Il doit l'avoir fait en partie ou en totalité.

□ ***Élément moral*** : le présumé auteur doit avoir agi volontairement (sciemment).

« Aggravation de la peine »

➢ **B** : si l'auteur a récidivé, ***voir peine B***.

180- PROFANATION OU MUTILATION DE CADAVRE

□ ***Élément légal*** :

- **A** : art. 360 du CP (en cas de *Profanation de cadavre*) ;

- **B** : art. 360, al. 2 du CP (en cas de *Mutilation de cadavre*).

    - **Teneur du texte** :

Art. 360 du CP : *« Sera puni d'un emprisonnement de trois mois à un an, et de 4.000 francs à 48.000 francs d'amende, quiconque se sera rendu coupable de violation de tombeaux ou de sépultures, sans préjudice des peines contre les crimes ou les délits qui seraient joints à celui-ci.* *(Compl. Par D.19/11/1947- JOAEF47 p. 1612). Les mêmes peines seront applicables à quiconque aura profané ou mutilé un cadavre même non inhumé, sans préjudice des peines contre les crimes édictés au quatrième alinéa de l'article 302 du présent code. »*

    - **Peines principales** :

A et **B** : trois (03) mois à un (01) an d'emprisonnement et 4.000 F CFA à 48.000 F CFA d'amende (c'est un **délit**).

Compréhension : c'est le fait pour un individu de « traiter sans respect »[385] ou de porter atteinte à l'intégrité physique du cadavre humain, même non inhumé.

Attention : si le cadavre mutilé a été exhumé illégalement ou si les « draperies funéraires » ont été « déchirées », l'auteur des faits pourra être poursuivi pour ***Violation de sépulture ou de tombeaux***.

Culpabilité :

 Élément matériel : le présumé auteur doit avoir :

- soit violé le « caractère sacré » ou « traité sans respect » un cadavre inhumé ou non ;[386]
- soit mutilé ce cadavre (imputé un membre du cadavre humain, par exemple).

 Élément moral : le présumé auteur doit avoir agi volontairement (en connaissance de cause).

181-PROPAGANDE ÉLECTORALE EN DEHORS DE LA DURÉE LÉGALE

 Élément légal **:** article 129-1 de la loi du 24 novembre 2001 portant loi électorale en République du Congo.

- **Teneur du texte** :

Art. 129 de L. 24/11/2001 *: « Sont punies d'une amende de 300.000 à 1.000.000 de F CFA :*

[385] Jean PRADEL et Michel DANTI-JUAN, *op. cit.*, p. 168.
[386] *Idem.*

> *1) toute propagande électorale en dehors de la durée légale de campagne ; (...). »*

- **Peine principale** : 300.000 F CFA à 1.000.000 F CFA d'amende (c'est un **délit**).

Compréhension : c'est le fait pour une personne de faire la campagne électorale en violant ou en dépassant le temps ou l'heure fixé(e) par la loi relativement à ladite campagne.

Culpabilité :

- ***Élément matériel*** :
  - Le présumé auteur doit avoir effectué la campagne électorale ;
  - il doit l'avoir fait en dehors de la durée (temps ou la période) fixée par la loi, pour effectuer la propagande électorale.
- ***Élément moral*** : il doit l'avoir fait volontairement (sciemment).

182- PROPAGATION DE FAUSSES NOUVELLES

✓ *Voir* ***Diffusion, publication et reproduction de fausses nouvelles ou d'imputations diffamatoires***.

183- PROPAGATION D'INFORMATIONS CONCERNANT LE STATUT SÉROLOGIQUE D'AUTRUI

- ***Élément légal*** : article 47 de la loi n° 30-2011 du 03 juin 2011 portant lutte contre le VIH et le SIDA et protection des droits des personnes vivant avec le VIH.

  - **Teneur du texte** :

> ***Art. 47 de L. 03/06/2011*** *: « Toute personne qui, en l'absence de toute obligation professionnelle, aura propagé des informations justes ou non concernant le statut sérologique d'autrui, ou aura tenu des propos haineux ou méprisants sur les personnes vivant avec le VIH, sera punie d'un emprisonnement de trois à six mois et d'une amende de cent mille à trois cent mille francs CFA, ou l'une de ces peines seulement. »*

- **Peines principales** : trois (03) mois à six (06) mois d'emprisonnement et 100.000 F CFA à 300.000 F CFA d'amende (c'est un **délit**).

Compréhension : c'est le fait pour tout individu de propager, en l'absence de toute obligation professionnelle, des informations, vraies ou fausses, concernant le statut d'autrui relatif au VIH.

Culpabilité :

- ***Élément matériel*** :
    - Le présumé auteur doit avoir répandu[387] des informations concernant le statut sérologique d'autrui (statut relatif au VIH) ;
    - ces informations doivent avoir été vraies ou fausses.
- ***Élément moral*** : il doit avoir agi de mauvaise foi (en l'absence de toute obligation ou nécessité de sa profession).

184- PROVOCATION À LA DÉSOBÉISSANCE PAR UN DISCOURS PASTORAL

- ***Élément légal*** :

A et **B** : articles 201 et 202 du Code pénal.

- **Teneur du texte** :

> ***Art. 201 du CP*** : *« Les ministres des cultes qui prononcent dans l'exercice de leur ministère, et en assemblée publique, un discours contenant la critique ou censure du Gouvernement, d'une loi, d'une ordonnance royale ou de tout autre acte de l'autorité publique, seront punis d'un emprisonnement de trois mois à deux ans. »*
>
> ***Art. 202 du CP*** : *« Si le discours contient une provocation directe à la désobéissance aux lois ou autres actes de l'autorité publique, ou s'il tend à soulever ou armer une partie des citoyens contre les autres, le ministre du culte qui l'aura prononcé sera puni d'un emprisonnement de deux à cinq ans, si la provocation n'a été suivie d'aucun effet ; et du bannissement, si elle a donné lieu à la désobéissance, autre toutefois que celle qui aurait dégénéré en sédition ou révolte. »*

- **Peines principales** :

- **A** : deux (02) ans à cinq (05) ans d'emprisonnement (c'est un **délit**) ;
- **B** : cinq (05) ans à dix (10) ans de *bannissement* (c'est un **crime**).[388]

Compréhension : c'est le fait pour un chef religieux de prononcer publiquement un discours pastoral qui provoque directement à la désobéissance aux actes de l'autorité publique, ou qui tend à opposer les citoyens.

Culpabilité :

- Le présumé auteur doit avoir été un ministre du culte (chef religieux : pasteur, berger, apôtre, pasteur…) légalement reconnu.

---

[387] L'article 47 cité ci-dessus n'a pas précisé les moyens par lesquels doit se faire cette propagation. Ce qui n'exclurait pas la propagation faite de bouche-à-oreille ou par diffusion de messages électroniques, ou par tout autre moyen.

[388] Art. 32 du CP.

- ***Élément matériel*** :
  - Il doit avoir prononcé publiquement :
    - soit un discours incitant directement à *la désobéissance aux actes de l'autorité publique* ;
    - soit un discours *tendant à armer ou à soulever une partie des citoyens contre les autres.*
  - Il doit l'avoir fait dans l'exercice de son ministère.
- ***Élément moral*** : il doit l'avoir fait volontairement (en connaissance de cause).

« Atténuation et aggravation de la peine » :

- **A** : si la provocation n'a été suivie d'aucun effet, ***voir peines A*** *;*
- **B** : si la provocation a incité les citoyens à la désobéissance autre que la révolte ou la sédition, ***voir peine B***.

185- PROXÉNÉTISME

- ***Élément légal*** : article 334 du Code pénal.
  - **Teneur du texte** :

> ***Art. 334 du CP*** *: « (L. 13/4/1946- AGG prom. 1065 du 25/4/47- JOAEF 1947 p. 603).*
>
> *Sera considéré comme proxénète et puni d'un emprisonnement de six mois à deux ans et d'une amende de 400.000 à 4.000.000 de francs, sans préjudice de peines plus fortes, s'il y échet, celui ou celle :*
>
> *1° Qui, d'une manière quelconque, aide, assiste ou protège sciemment la prostitution d'autrui ou le racolage en vue de la prostitution ;*
>
> *2° Qui, sous une forme quelconque, partage les produits de la prostitution d'autrui ou reçoit des subsides d'une personne se livrant habituellement à la prostitution ;*
>
> *3° Qui, vivant sciemment avec une personne se livrant habituellement à la prostitution, ne peut justifier de ressources suffisantes pour lui permettre de subvenir seul à sa propre existence ;*
>
> *4° Qui embauche, entraine, ou entretient, même avec son consentement, une personne même majeure en vue de la prostitution, ou la livre à la prostitution, ou à la débauche ;*
>
> *5° Qui fait office d'intermédiaire, à un titre quelconque, entre les personnes se livrant à la prostitution ou à la débauche et les individus qui exploitent ou rémunèrent la prostitution ou la débauche d'autrui. »*

- **Peines principales** : six (06) mois à deux (02) ans d'emprisonnement et 400.000 F CFA à 4.000.000 F d'amende (c'est un **délit**).

Compréhension : c'est le fait pour un individu de protéger ou de profiter de la prostitution d'autrui, ou de recruter des personnes en vue de la prostitution.

Attention : si cet acte est commis sur un enfant, *voir* ***Exploitation sexuelle de l'enfant***.

Culpabilité :

- ***Élément matériel*** : le présumé auteur doit avoir :
   - soit *aidé, assisté ou protégé* la prostitution d'autrui ;
   - soit *tiré profit* de la prostitution d'autrui ;
   - soit *embauché, entrainé ou entretenu* une personne en vue de la prostitution ;
   - soit *livré* une personne à la prostitution ou à la débauche ;
   - soit *servi d'intermédiaire* entre une personne, qui se livre à la prostitution ou à la débauche, avec ses exploitants ou ses clients.
- ***Élément moral*** : il doit avoir agi de mauvaise foi (en connaissance de cause).

R

186-RECEL D'ARGENT OBTENU AU MOYEN D'UNE CARTE DE PAIEMENT, DE CRÉDIT OU DE RETRAIT, CONTREFAITE OU FALSIFIÉE

□ ***Élément légal*** **:** articles 243-3° et 239 du Règlement n° 02/03/ CEMAC /CM du 04 avril 2003, *relatif aux systèmes, moyens et incidents de paiement.*

- **Teneur du texte** :

Article 243 du R. 04/04/2003 *: « Est puni des peines prévues à l'article 239 :*
3°) - Celui qui, en connaissance de cause, accepte de recevoir un règlement au moyen d'une carte de paiement, de crédit ou de retrait contrefaite ou falsifiée ; (...). »
Art 239 du R. 04/04/2003 : *« Est punie d'un emprisonnement de un (1) an à dix (10) ans et d'une amende de 100.000 à 10.000.000 F. CFA ou de l'une de ces deux peines seulement : (...). »*

- **Peines principales** : un (01) an à dix (10) ans d'emprisonnement et 100.000 F CFA à 10.000.000 F CFA d'amende, ou l'une de ces deux peines seulement (c'est un **délit**).

Compréhension : c'est le fait pour un individu d'accepter, sciemment, de se faire payer avec de l'argent obtenu au moyen d'une carte de paiement, de crédit ou de retrait, contrefaite ou falsifiée.

Attention : si une personne fait usage de cette carte, *voir **Usage de carte de paiement, de crédit ou de retrait, contrefaite ou falsifiée**.*

Culpabilité :

□ ***Élément matériel*** :

- Le présumé auteur doit avoir reçu un règlement (s'être fait payer une somme due, par exemple) ;
- l'argent ayant servi à ce règlement (paiement) doit avoir été obtenu à l'aide soit d'une carte de paiement, soit d'une carte de crédit, soit d'une carte de retrait, contrefaite ou falsifiée.

□ ***Élément moral*** : le présumé auteur doit avoir agi en connaissance de cause (sciemment).

187-RECEL DE CHOSES

□ ***Élément légal*** :

- **A** : articles 460, al. 2 et 401 du CP ;
- **B** : articles 380, al. 2 ; 460 et 461, al. 2 du CP ;

- **C** : articles 380, al. 2 ; 460 et 461, al. 3 du CP ;
- **D** : article 24 de la loi n° 5-2009 du 22 septembre 2009 sur la corruption, la concussion, la fraude et les infractions assimilées.

o **Teneur du texte** :

***Art. 460 du CP** : « (Premier alinéa abroge par D.8/1/1927- AGG prom. 17/3/1927 article 8- JOAEF l927 p. 217).*

(L. 22/5/1915- AGG prom. 27/5/1915- JOAEF 1915 p. 230).

Ceux qui auront sciemment recelé, en tout ou en partie, des choses enlevées, détournées ou obtenues à l'aide d'un crime ou d'un délit seront punis des peines prévues par l'article 401.

L'amende pourra même être élevée au-delà de 120.000 francs jusqu'à la moitié de la valeur des objets recelés.

Le tout sans préjudice de plus fortes peines s'il y échet en cas de complicité de crime, conformément aux articles 59, 60 et 61. »

***Art. 461 du CP** : « (Premier alinéa abrogé par D. 8/1/1927 AGG prom. 17/3/1927 article 8 - JOAEF 1927 p. 217).*

(L 22/5/1915 - AGG prom. 27/5/1915 - JOAEF 1915 p. 230). Dans le cas où une peine afflictive ou infamante est applicable au fait qui a procuré les choses recelées, le receleur sera puni de la peine attachée par la loi au crime et aux circonstances du crime dont il aura eu connaissance au temps du recel.

Néanmoins, la peine de mort sera remplacée à l'égard des receleurs par celle des travaux forcés à perpétuité. L'amende prévue par l'article précédent pourra toujours être prononcée. »

***Art. 380 du CP** : « (...). (L. 22/5/1915 - AGG. Prom. 27/5/1915 - JOAEF 1915 p. 230 D. appl. 27/4/1927 - AGG. Prom. 4/6/1927 - JOAEF 1927 p. 432). A l'égard de tous autres individus qui auraient recelé ou appliqué à leur profit tout ou partie des objets volés, ils seront punis comme coupables de recel, conformément aux articles 460 et 461. »*

o **Peines principales** :
- **A** : un (01) an à cinq (05) ans d'emprisonnement et 4.000 F CFA à 120.000 F CFA d'amende[389] (c'est un **délit**) ;
- **B :** travaux forcés à perpétuité et 4.000 F CFA à 120.000 F CFA d'amende (c'est un **crime**) ;
- **C** : peine afflictive ou infamante et 4.000 F CFA à 120.000 F CFA d'amende (c'est un **crime**) ;
- **D** : six (06) mois à deux ans d'emprisonnement et une amende supérieure au quart de la valeur des objets recelés (c'est un **délit**).

[389] L'amende serait élevée à plus de 120.000 F CFA, si la moitié de la valeur des objets recelés est supérieure à ce montant (*voir* l'alinéa 2 de l'art. 460 du CP, supra).

Compréhension : c'est le fait pour une personne de dissimuler, de détenir ou d'acheter, *en connaissance de cause,* une chose obtenue à l'aide d'une infraction, ou celle enlevée par un individu *parenté ou allié à la victime* à un certain degré[390].

Culpabilité :

- ***Élément matériel*** :
  - Le présumé auteur doit avoir soit dissimulé, soit caché, soit gardé en dépôt, soit acheté une chose mobilière ;
  - cette chose doit avoir été obtenue à l'aide (au moyen) d'un crime ou délit.
- ***Élément moral*** : le présumé auteur doit avoir agi de mauvaise foi (en connaissance de cause). Il doit avoir su que la chose en cause a été soit volée, soit obtenue à l'aide d'une infraction.

D'autres circonstances peuvent également présumer la connaissance de l'origine frauduleuse de chose par le receleur.[391]

« Atténuation et aggravation de la peine » :

- **A** : si la chose recelée avait été obtenue à l'aide du vol, d'abus de confiance ou d'escroquerie, ***voir peine A** ;*
- **B** : si la chose recelée avait été soustraite par un individu qui encourrait la peine de mort si jamais elle ne jouissait d'*immunité familiale*[392], ***voir peine B** ;*
- **C** : si la chose recelée avait été soustraite par un individu qui encourrait une peine afflictive ou infamante autre que la mort, si elle n'était pas couverte par l'*immunité familiale*[393], ***voir peine C** ;*
- **D** : si la chose recelée avait été obtenue à l'aide de la corruption, la concussion, la fraude et d'autres infractions assimilées, ***voir peine D***.

188- RECEL DE CADAVRE

- ***Élément légal*** : article 359 du Code pénal.
  - **Teneur du texte** :

***Art. 359 du CP** : « Quiconque aura recelé ou caché le cadavre d'une personne homicidée ou morte des suites de coups, de blessures, sera puni*

[390] Il sied de relever que même si la chose dont s'agit a été soustraite par une personne qui jouit de l'immunité familiale, le receleur sera tout de même poursuivi pour le fait de recel (cf. art. 380 du CP).
[391] Il en est ainsi de l'acquisition d'une chose de valeur à vil prix (cf. Michel VERON, *op. cit.*, p. 335).
[392] Cas d'une chose enlevée par un descendant au préjudice de ses père et mère ; *voir* aussi Vol (simple), pour plus de détails sur les immunités familiales.
[393] *Idem.*

d'un emprisonnement de six mois à deux ans et d'une amende de 12.000 francs à 96.000 francs, sans préjudice de peines plus graves s'il a participé au crime. »

- **Peines principales** : six (06) mois à deux (02) ans d'emprisonnement et 12.000 F CFA à 96.000 F CFA d'amende (c'est un **délit**).

Compréhension : c'est le fait pour un individu de dissimuler ou de cacher le cadavre d'un humain abattu, ou qui a succombé aux coups ou blessures dont il a été victime.

Attention : si le coupable a participé aux faits qui ont conduit à la mort de la victime, *voir* ***Complicité d'assassinat, d'empoisonnement,*** *de* ***coups mortels*** *ou de* ***meurtre***.

Culpabilité :

- ***Élément matériel*** :
  - Le présumé auteur doit avoir caché ou dissimulé le cadavre d'un être humain ;
  - le cadavre en cause doit être celui d'une personne tuée (« homicidée ») ou morte *des suites des coups et blessures*[394].
- ***Élément moral*** : le présumé auteur doit avoir agi de mauvaise foi (en connaissance de cause).

189- RECEL DE CRIMINELS

- ***Élément légal*** : article 61, alinéa 2 du Code pénal.
  - **Teneur du texte** :

Art. 61 du CP *: « (...). Ceux qui en dehors des cas prévus ci-dessous, auront sciemment recelé une personne qu'ils savaient avoir commis un crime ou qu'ils savaient recherchée de ce fait par la justice ou qui auront soustrait ou tenté de soustraire le criminel à l'arrestation ou aux recherches, ou l'auront aidé à se cacher ou apprendre la fuite, seront punis d'un emprisonnement d'un mois à trois ans et d'une amende de 24.000 à 1.000.000 de francs, ou de l'une de ces deux peines seulement, le tout sans préjudice de peines plus fortes s'il y échut. (...). »*

- **Peines principales** : un (01) mois à trois (03) ans d'emprisonnement et 24.000 F CFA à 1.000.000 F CFA d'amende, ou l'une de ces deux peines seulement (c'est un **délit**).

Compréhension : c'est le fait pour une personne de cacher un criminel ou de le mettre à l'abri des poursuites.

---

[394] Une personne qui a succombé à des coups ou blessures dont elle était victime.

Attention : si le présumé auteur a plutôt l'habitude d'offrir le logement, la retraite, le toit ou autres abris aux malfaiteurs, voir ***Hébergement de malfaiteurs***.

Culpabilité :

- La personne cachée ou recelée doit avoir commis un crime et été recherchée, pour ce fait, par la justice ;
- ***Élément matériel*** : le présumé auteur doit avoir :
  - soit soustrait ou tenté de soustraire ce criminel à l'arrestation ou aux recherches de la justice ;
  - soit offert à ce criminel un logement, un toit, un abri ou une retraite ;
  - soit aidé ce criminel à se cacher ou à prendre la fuite.
- ***Élément moral*** : il doit avoir agi de mauvaise foi (en connaissance de cause).

190- RÉCEPTION DE CHÈQUE CONTREFAIT OU FALSIFIÉ

- ***Élément légal*** : article 239-3° du Règlement n° 02/03/CEMAC /CM du 04 avril 2003, relatif aux systèmes, moyens et incidents de paiement.
  - **Teneur du texte** :

> ***Art. 239 du R. 04/04/2003*** *: « Est punie d'un emprisonnement de un (1) an à dix (10) ans et d'une amende de 100.000 à 10.000.000 F. CFA ou de l'une de ces deux peines seulement : (...) ;*
>
> *3°) -Toute personne qui, en connaissance de cause, accepte de recevoir un chèque contrefait ou falsifié. »*

  - **Peines principales** : un (01) an à dix (10) ans d'emprisonnement et 100.000 F CFA à 10.000.000 F CFA d'amende, ou l'une de ces peines seulement (c'est un **délit**).

Compréhension : c'est le fait pour un individu d'accepter de recevoir, en connaissance de cause, un chèque contrefait ou falsifié.

Culpabilité :

- ***Élément matériel*** :
  - Le présumé auteur doit avoir accepté de recevoir un chèque ;
  - le chèque en cause doit avoir été contrefait ou falsifié.
- ***Élément moral*** : il doit avoir agi de mauvaise foi (sachant que ce chèque était falsifié ou contrefait).

191- RECRUTEMENT ET SOUMISSION D'ENFANT À DES ACTIVITÉS ILLICITES OU DANGEREUSES POUR SA SANTÉ

□ ***Élément légal*** : articles 68 et 122 de la loi n° 4-2010 du 14 juin 2010 portant protection de l'enfant en République du Congo.

- **Teneur du texte** :

Article 68 de L. 14/06/2010 *: « Sont interdits, l'emploi précoce, les pires formes de travail et toutes autres activités domestiques mettant en péril la santé physique ou mentale de l'enfant.* *On entend par emploi précoce, le fait d'impliquer les enfants de moins de seize ans dans le travail au sein d'une sphère familiale, dans le secteur formel ou informel.* *Les pires formes de travail de l'enfant comprennent :* *a) toutes les formes d'esclavage ou pratiques analogues, telles que la vente et la traite des enfants, la servitude pour dettes et le servage ainsi que le travail forcé ou obligatoire, y compris le recrutement forcé ou obligatoire des enfants en vue de leur utilisation dans des conflits armés ;* *b) l'utilisation, le recrutement ou l'offre d'un enfant à des fins de prostitution, de production de matériel pornographique ou de spectacles pornographiques ;* *c) l'utilisation, le recrutement ou l'offre d'un enfant aux fins des activités illicites, notamment pour la production et le trafic de stupéfiants, tels que les définissent les conventions internationales pertinentes ;* *d) les travaux qui, par leur nature ou les conditions dans lesquelles ils s'exercent, sont susceptibles de nuire à la santé, à la sécurité ou à la moralité de l'enfant.* *Un décret pris après avis de la Commission Nationale Consultative du Travail fixera la liste et la nature des travaux et les catégories d'entreprises interdites aux enfants et l'âge limite auquel s'applique cette interdiction. »* ***Art. 122 de L. 14/14/06/2010*** *: « Tout contrevenant aux dispositions de l'article 68 de la présente loi sera puni de trois mois à un an d'emprisonnement et/ou de 50.000 à 500.000 francs CFA d'amende. »*

- **Peines principales** : trois (03) mois à un (01) an d'emprisonnement et 50.000 F CFA à 500.000 F CFA d'amende, ou l'une de ses deux peines seulement (c'est un **délit**).

Compréhension : c'est le fait pour un individu de recruter un enfant pour le soumettre à la production ou au trafic des stupéfiants, ou à d'autres activités illicites ou dangereuses à sa santé.

Culpabilité :

- ***Élément matériel*** :
  - o Le présumé auteur doit avoir recruté un enfant (un mineur de 18 ans) ;
  - o il doit avoir soumis cet enfant à :
    - ▪ soit une activité illicite (la production ou le trafic de stupéfiants, par exemple) ;
    - ▪ soit une activité nuisible à sa santé ;
    - ▪ soit une activité qui peut compromettre sa moralité ou sa sécurité.
- ***Élément moral*** : il doit l'avoir fait en connaissance de cause (avec intention coupable). Il doit avoir été conscient de ce qu'il recrutait cet enfant pour le soumettre à des activités illicites ou dangereuses pour sa santé.

192- REFUS DE COMMUNIQUER LES RÉSULTATS DU DÉPISTAGE VOLONTAIRE DU VIH

- ***Élément légal*** **:** article 44 de la loi n° 30-2011 du 03 juin 2011 portant lutte contre le VIH et le SIDA et protection des droits des personnes vivant avec le VIH.

  - o **Teneur du texte** :

> ***Art. 44 de L. 03/06/2011*** *: « Tout agent de service de santé qui aura refusé de communiquer le résultat du test de dépistage du VIH à une personne ayant fait la démarche de dépistage volontaire sera puni d'une amende de cent à deux cent mille francs CFA. »*

  - o **Peine principale** : 100.000 F CFA à 200.000 F CFA d'amende (c'est un **délit**).

Compréhension : c'est le fait pour un agent de service de santé de refuser de communiquer le résultat du test de VIH à une personne qui a fait un dépistage volontaire.

Culpabilité :

- Le présumé auteur doit avoir été un agent de service de santé ;
- la victime doit avoir effectué volontairement le test de dépistage.
- ***Élément matériel*** : l'agent en cause doit avoir refusé de communiquer les résultats relatifs au VIH à cette personne, qui s'est soumise volontairement au test de dépistage.
- ***Élément moral*** : il doit l'avoir fait de mauvaise foi (sciemment).

193- REFUS DE FOURNIR LES SOINS À UNE PERSONNE VIVANT AVEC LE VIH

□ ***Élément légal*** :

- **A** : article 48, al. 1 de la loi n° 30-2011 du 03 juin 2011 portant lutte contre le VIH et le SIDA et protection des droits des personnes vivant avec le VIH ;
- **B** : article 48, al. 2 de la loi n° 30-2011 du 03 juin 2011 portant lutte contre le VIH et le SIDA et protection des droits des personnes vivant avec le VIH.

o **Teneur du texte** :

> ***Art. 48 de L. 03/06/2011*** *: « Tout agent de santé qui aura refusé de fournir des soins à une personne vivant avec le VIH en raison de son statut sera puni d'un emprisonnement d'un mois à trois mois et d'une amende de cent mille à trois cent mille francs CFA, ou de l'une de ces peines seulement.*
>
> *Si le refus de fournir les soins a entraîné la mort de la personne, l'auteur sera puni d'un emprisonnement de deux ans à cinq ans et d'une amende de cinq cent mille à un million de francs CFA, ou de l'une de ces peines seulement. »*

o **Peines principales** :

- **A** : un (01) mois à trois (03) mois d'emprisonnement et 100.000 F CFA à 300.000 F CFA d'amende, ou l'une de ces deux peines seulement (c'est un **délit**) ;
- **B** : deux (02) ans à cinq (05) ans d'emprisonnement et 500.000 F CFA à 1.000.000 F CFA d'amende, ou l'une de ces deux peines seulement (c'est un **délit**).

Compréhension : c'est le fait pour tout agent de santé de refuser de fournir des soins médicaux à une personne qui a le VIH.

Attention : s'il s'agit des soins liés à l'état d'un séropositif ou un sidéen, *voir **Refus de fournir les soins nécessaires à un séropositif ou un sidéen.***

Culpabilité :

□ Le présumé auteur doit avoir été un agent de santé ;

□ ***Élément matériel*** : il doit avoir refusé de fournir les soins à une personne vivant avec le VIH.

□ ***Élément moral*** : il doit avoir agi de mauvaise foi (avec intention de nuire).

« Atténuation et aggravation de la peine » :

- **A** : si le refus de ces soins n'a pas entrainé la mort de la victime, ***voir peines A*** *;*

- **B** : si le refus de ces soins a entrainé la mort de la victime, ***voir peines B***.

194- REFUS DE FOURNIR LES SOINS NÉCESSAIRES À UN SÉROPOSITIF OU UN SIDÉEN

□ ***Élément légal*** **:** articles 26 et 51 de la loi n° 30-2011 du 03 juin 2011 portant lutte contre le VIH et le SIDA et protection des droits des personnes vivant avec le VIH ;

- **Teneur du texte** :

Art. 26 de L. 03/06/2011 *: « Aucun agent de santé ou établissement de soins de santé recevant une personne infectée par le VIH ou malade du SIDA ne peut lui refuser les soins qu'exige son état.* *Les personnes vivant avec le VIH ont un accès gratuit aux services de santé, y compris l'accès aux antirétroviraux et la prise en charge des maladies opportunistes. Ces services de santé incluent les traitements palliatifs et les soins de prise en charge de la douleur et des autres symptômes associés au SIDA. »* ***Art. 51 de L. 03/06/2011*** *: « Quiconque aura été reconnu coupable de stigmatisation et de discrimination à l'égard d'une personne vivant avec le VIH, dans les conditions définies aux articles 23 à 37, sera puni d'un emprisonnement d'un mois à un an et d'une amende de cent mille à trois cent mille francs CFA, ou de l'une de ces peines seulement. »*

- **Peines principales** : un (01) mois à un (01) an d'emprisonnement et 100.000 F CFA à 300.000 F CFA d'amende, ou l'une de ces deux peines seulement (c'est un **délit**) ;

Compréhension : c'est le fait pour tout agent de santé de refuser de fournir les soins nécessaires à un séropositif ou un sidéen.

Attention : s'il s'agit d'autres traitements médicaux, *voir* ***Refus de fournir les soins à une personne vivant avec le VIH*** ou ***Opposition ou interruption du traitement médical d'une personne vivant avec le VIH***.

Culpabilité :

□ Le présumé auteur doit avoir été un agent de santé ;

□ ***Élément matériel*** : il doit avoir refusé de fournir les soins[395] qu'exigent l'état d'une personne porteuse du VIH ou celui d'un sidéen.

□ ***Élément moral*** : il doit avoir agi de mauvaise foi (avec intention de nuire).

[395] Tels l'accès aux « antirétroviraux » et la prise en charge des « maladies opportunistes ».

195- REFUS DE RECEVOIR DES ESPÈCES OU DES MONNAIES NATIONALES

□ ***Élément légal*** **:** article 475-11° du Code pénal.

- **Teneur du texte** :

Art. 475 du CP *: « Seront punis d'amende, depuis 1.400 francs jusqu'à 2.400 francs inclusivement : (...) ;*
11- Ceux qui, auraient refusé de recevoir les espèces et monnaies nationales, non fausses ni altérées, selon la valeur pour laquelle elles ont cours ; (...). »

- **Peine principale** : 1.400 F CFA à 2.400 F CFA d'amende (c'est une **contravention**).

Compréhension : c'est le fait pour une personne de refuser de prendre les espèces ou les monnaies nationales, qui n'étaient ni fausses, ni altérées, et qui ont la valeur pour laquelle elles ont cours.

Culpabilité :

□ ***Élément matériel*** :

- Le présumé auteur doit avoir refusé de recevoir les espèces ou les monnaies nationales qui lui sont présentées ;
- ces espèces ou monnaies nationales doivent avoir été régulières (c'est-à-dire ni fausses, ni altérées) ;
- ces espèces ou monnaies en cause doivent avoir la valeur pour laquelle elles ont cours.

□ ***Élément moral*** : il doit avoir agi volontairement (en connaissance de cause).

196- REFUS DE PRÊTER MAIN FORTE (refus de déférer à une réquisition)

□ ***Élément légal*** : article 234, al. 1 du Code pénal.

- **Teneur du texte** :

Art. 234 du CP *: « (Rempl. L.9/3/1928-D. appl. 21/1/1936 - AGG prom. 10/3/1931 - JOAEF 1931 p. 236). Tout commandant d'armes ou de subdivision légalement saisi d'une réquisition de l'autorité civile, qui aura refusé ou se sera abstenu de faire agir les forces sous ses ordres, sera puni de la destitution et d'un emprisonnement d'un an à deux ans, ou de l'une de ces peines seulement.*
Toute réquisition de l'autorité civile est adressée au Commandant d'armes, et, s'il doit entrainer un déplacement de troupes dans un rayon de plus de 10 kilomètres, au général commandant la circonscription territoriale. »

o **Peines principales** : destitution et un (01) an à deux (02) ans d'emprisonnement, ou l'une de ces deux peines seulement (c'est un **délit**).

Compréhension : c'est le fait, pour un commandant des armées ou de subdivision, de refuser ou de s'abstenir de faire agir les forces qui sont sous ses ordres, au mépris d'une réquisition de l'*autorité civile*[396].

Culpabilité :

- Le présumé auteur des faits doit avoir été régulièrement requis à employer les forces qui sont sous ses ordres pour la mise en exécution d'une réquisition ;[397]
- il doit avoir été un commandant des armées ou de subdivision (ou une autorité de la force publique ayant sous ses ordres les forces des armées) ;
- ***Élément matériel*** : il doit :
  - o soit avoir refusé de faire agir les forces qui sont sous ses ordres ;
  - o soit s'être abstenu de faire agir lesdites forces.
- ***Élément moral*** : le présumé auteur doit avoir agi volontairement (avec intention coupable).

197- REFUS DE TÉMOIGNER DEVANT LA JURIDICTION D'INSTRUCTION

- ***Élément légal*** : article 94 du Code de procédure pénale.

o **Teneur du texte :**

Art 94 du CPP *: « Toute personne qui déclare publiquement connaître les auteurs d'un crime ou d'un délit et qui refuse de répondre aux questions qui lui sont posées à cet égard par le juge d'instruction sera punie d'un emprisonnement de 11 jours à 1 an et d'une amende de 36 000 francs ou de l'une de ces deux peines seulement. »*

o **Peines principales** : onze (11) jours à un (01) an d'emprisonnement et 36.000 F CFA d'amende, ou l'une de ces deux peines seulement (c'est un **délit**).

Compréhension : c'est le fait, pour une personne qui déclare publiquement connaître les auteurs d'un crime ou d'un délit, de refuser de répondre aux questions que lui pose le juge chargé d'instruire sur les faits y relatifs.

Attention : si le présumé auteur s'est plutôt abstenu de témoigner en faveur d'un innocent, il convient de ***voir*** l'infraction d'***Abstention de témoigner en faveur d'un innocent***.

---

396 Magistrat, huissier de justice, maire, préfet…

397 Il se dégage de l'art. 234 du CP qu'on ne pourra pas obéir à une fausse réquisition ou à une réquisition illégale (celle qui émane par exemple d'une autorité incompétente).

Culpabilité :

- Le présumé auteur doit avoir déclaré publiquement connaitre les auteurs d'un crime ou d'un délit ;
- il doit avoir été auditionné ou entendu par un *juge d'instruction.*
- ***Élément matériel*** : il doit avoir refusé de répondre aux questions que lui pose ce *juge d'instruction* en vue de la manifestation de la vérité.
- ***Élément moral*** : il doit avoir agi volontairement.

198- RETRAIT ILLICITE DE PROVISION

- ***Élément légal*** : articles 238 et 237 du Règlement n° 02/03 /CEMAC/CM du 04 avril 2003, relatif aux systèmes, moyens et incidents de paiement.

  - **Teneur du texte** :

> ***Art. 238 du R. 04/04/2003*** *: « Est passible des sanctions prévues à l'article 237 :*
>
> *1°) -Toute personne qui tire un chèque et qui, postérieurement à l'émission, retire tout ou partie de la Provision ; (...). »*
>
> ***Art. 237 du R. 04/04/2003*** *: « Est punie d'un emprisonnement de six (6) mois à cinq (5) ans et d'une amende de 100.000 à 2.000.000 F CFA, ou de l'une de ces deux peines seulement, toute personne qui, avec l'intention de porter atteinte aux droits d'autrui, émet un chèque sans provision. »*
>
> ***Art. 241 du R. 04/04/2003*** *: « Le Tribunal peut prononcer à l'encontre de l'auteur de l'une des infractions visées aux articles 237 à 240 une interdiction judiciaire d'émettre des chèques ou de se faire délivrer une carte de paiement d'une durée de un (1) à cinq (5) ans. »*

  - **Peines principales** : six (06) mois à cinq (05) ans d'emprisonnement et 100.000 F CFA à 2.000.000 F CFA d'amende (c'est un ***délit***).

Compréhension : c'est le fait pour une personne de retirer, sciemment, de son compte bancaire, tout ou partie de la somme d'argent qui devait servir au paiement du chèque qu'il a établi à autrui.

Attention : si la provision a été retirée avant l'émission du chèque, ***voir Émission de chèque sans provision***.

Culpabilité :

- ***Élément matériel*** :
  - Le présumé auteur doit avoir émis (« rédigé et signé ») un chèque ;
  - il doit avoir, au moment où il établit ce chèque, une provision disponible ;
  - il doit, après avoir émis ledit chèque, retiré le tout ou une partie de la provision disponible.

 Élément moral : il doit avoir agi avec une intention coupable.

199- RETRAIT DE LA PROVISION APRÈS ÉMISSION D'UN CHÈQUE

✓ *Voir **Retrait illicite de provision**.*

S

200- SORTIE ILLICITE D'UN MINEUR DU TERRITOIRE NATIONAL

✓ *Voir « **Déplacement illégal** » **d'enfant hors du territoire national.***

201- SOUSTRACTION DES TITRES, PIÈCES OU MÉMOIRES PRODUITS DANS UNE CONTESTATION JUDICIAIRE (DOSSIER JUDICIAIRE)

- ***Élément légal*** : article 409 du Code pénal.
  - **Teneur du texte** :

> ***Art. 409 du CP*** : *« Quiconque, après avoir produit, dans une contestation judiciaire, quelque titre, pièce ou mémoire, l'aura soustrait de quelque manière que ce soit, sera puni d'une amende de 6.000 francs à 72.000 francs.*
>
> *Cette peine sera prononcée par le Tribunal saisi de la contestation. »*

  - **Peine principale** : 6.000 F CFA à 72.000 F CFA d'amende (c'est **délit**).

Compréhension : c'est le fait pour toute personne, de soustraire, de quelque manière que ce soit, un titre, une pièce ou un mémoire des débats ou du dossier judiciaire, après en avoir produit.

Culpabilité :

- Les documents en cause doivent avoir été, au préalablement, produits ou versés aux débats ou au dossier judiciaire, par le présumé auteur.
- ***Élément matériel*** :
  - Le présumé auteur doit avoir soustrait ou retiré du dossier judiciaire ou des débats :
    - soit un titre ;
    - soit une pièce ;
    - soit un mémoire.
  - Il doit l'avoir fait de quelque manière que ce soit ;
  - il doit l'avoir fait après avoir produit ce document au dossier judiciaire ou aux débats.
- ***Élément moral*** : il doit avoir agi de mauvaise foi. Il doit l'avoir fait dans l'intention de priver le tribunal du document en cause.

202- STÉRILISATION ILLICITE D'UNE FEMME POUR CAUSE DE VIH

□ ***Élément légal*** **:** article 49 de la loi n° 30-2011 du 03 juin 2011 portant lutte contre le VIH et le SIDA et protection des droits des personnes vivant avec le VIH.

- **Teneur du texte** :

Art. 49 de L. 03/06/2011 *: « Quiconque aura stérilisé ou tenté de stériliser une femme en raison de son statut sérologique relatif au VIH, sans son consentement donné par écrit ou devant deux témoins majeurs au moins, sera puni d'un emprisonnement de deux ans à cinq ans et d'une amende de trois cent mille à un million de francs CFA, ou de l'une de ces peines seulement. »*

- **Peines principales** : deux (02) ans à cinq (05) ans d'emprisonnement et 300.000 F CFA à 1.000.000 F CFA d'amende, ou l'une de ces peines seulement (c'est un **délit**).

Compréhension : c'est le fait pour une personne de stériliser ou d'essayer de stériliser une femme, parce qu'elle porte le VIH, sans avoir obtenu d'elle-même un accord valide.

Culpabilité :

□ La femme (victime) en cause doit avoir été porteuse du VIH.

□ ***Élément matériel*** :

- Le présumé auteur doit avoir soit *stérilisé*, soit *tenté* de la stériliser cette femme (la victime) ; [398]
- il doit l'avoir fait sans avoir obtenu d'elle le consentement (un « consentement donné par écrit ou devant deux témoins majeurs »).

□ ***Élément moral*** : il doit avoir agi de mauvaise foi (sciemment). Le présumé auteur doit avoir su que, bien que porteuse du VIH, la victime n'avait pas consenti à sa stérilisation.

203- STIGMATISATION OU DISCRIMINATION À L'ÉGARD DES PERSONNES VIVANT AVEC LE VIH

□ ***Élément légal*** : articles 27 et 51 de la loi n° 30-2011 du 03 juin 2011 portant lutte contre le VIH et le SIDA et protection des droits des personnes vivant avec le VIH.

---

[398] Il peut en être ainsi de celui qui administre illicitement des substances quelconques à une femme, lesquelles substances rendent ou sont susceptibles de lui rendre « momentanément ou définitivement » « inapte à reproduire ».

- **Teneur du texte** :

> ***Art. 27 de L. 03/06/2011*** *: « Toute discrimination à l'encontre d'une personne, un parent ou un associé de cette personne, fondée sur le motif de sa séropositivité réelle ou supposée, est interdite. »*
>
> ***Art. 51 de L. 03/06/2011*** *: « Quiconque aura été reconnu coupable de stigmatisation et de discrimination à l'égard d'une personne vivant avec le VIH, dans les conditions définies aux articles 23 à 37, sera puni d'un emprisonnement d'un mois à un an et d'une amende de cent mille à trois cent mille francs CFA, ou de l'une de ces peines seulement. »*

- **Peines principales** : un (01) mois à un (01) an d'emprisonnement et 100.000 F CFA à 300.000 F CFA d'amende, ou l'une de ces deux peines seulement (c'est un **délit**).

Compréhension : c'est le fait pour tout individu de traiter avec mépris une personne vivant avec le VIH ou supposée vivre avec le VIH.

Attention : s'il s'agit d'autres traitements médicaux, *voir* ***Refus de fournir les soins à une personne vivant avec le VIH*** ou ***Opposition ou interruption du traitement médical d'une personne vivant avec le VIH***.

Culpabilité :

- La victime doit avoir été soit un porteuse du VIH, soit un parent ou un proche d'une personne vivant ou soupçonnée de vivre avec le VIH.
- ***Élément matériel*** : le présumé auteur doit avoir :
  - soit refusé de lui (victime) donné les soins qu'exige son statut sérologique relatif au VIH ;[399]
  - soit refusé d'admettre un enfant issu des parents porteurs du VIH au centre d'accueil pour enfants orphelins ou en difficulté ;[400]
  - soit incité, par acte public, à la haine ou au mépris envers la personne de la victime ou un groupe de personnes vivant ou soupçonnées de vivre avec le VIH ;[401]
  - soit posé tout autre acte de discrimination ou de stigmatisation envers une personne qui vit, ou dont les parents ou proches vivent ou sont soupçonnés de vivre avec le VIH.
- ***Élément moral*** : le présumé auteur de ces faits doit avoir agi en connaissance de cause. Il doit, en effet, l'avoir fait en raison du *statut relatif au VIH*[402] de la victime, de ses parents ou de ses proches.

---

[399] Tels « l'accès gratuit aux services de santé, l'accès aux antirétroviraux et la prise en charge des maladies opportunistes » ; y compris « les traitements palliatifs et les soins de prise en charge de la douleur et des autres symptômes associés au SIDA » (cf. art. 26, al. 1 de L. 03/06/2011).
Voir aussi *Refus de soins nécessaires à un séropositif ou sidéen*, pour plus de détails.

[400] Art. 29 de L. 03/06/2011.

[401] Art. 28 de L. 03/06/2011.

204- SUBORNATION DE TÉMOIN

□ ***Élément légal*** : article 365 du Code pénal.

- **Teneur du texte** :

Art. 365 du CP : *« (L. 20/3/1951 - AGG. Prom. Du 19/4/1951 - JOAEF 1951 p. 655). Quiconque, soit au cours d'une procédure et en tout état de cause, soit en toute matière en vue d'une demande ou d'une défense en justice, aura usé de promesses, offres ou présents, de pressions, menaces, voies de fait, manœuvres ou artifices pour déterminer autrui à faire ou délivrer une déposition, une déclaration ou une attestation mensongère sera, que cette subornation ait ou non produit son effet, puni d'un emprisonnement d'un à trois ans et d'une amende de 100.000 à 1.000.000 de francs ou de l'une de ces deux peines seulement, sans préjudice des peines plus fortes prévues aux articles précédents s'il est complice d'un faux témoignage qualifié crime ou délit. »*

- **Peines principales** : un (01) an à trois (03) ans d'emprisonnement et 100.000 F CFA à 1.000.000 F CFA d'amende, ou l'une de ces deux peines seulement (c'est un **délit**).

Compréhension : c'est le fait pour un individu de corrompre un témoin ou de le menacer, ou de faire pression sur lui, en vue de le déterminer de ses devoirs.

Attention : si la cible est un interprète dans une procédure judiciaire, *voir* ***Subornation d'interprète***.

Culpabilité :

□ ***Élément matériel*** :

- Le présumé auteur doit avoir :
  - soit usé des promesses, offres ou présents ;
  - soit exercé des pressions ;
  - soit usé des menaces ou voies de fait ;
  - soit usé des manœuvres ou artifices.
- Il doit, par ces moyens, avoir déterminé ou tenter de déterminer[403] un témoin à faire ou à délivrer une déposition, une déclaration ou une attestation mensongère.

□ ***Élément moral*** : il doit avoir agi de mauvaise foi (avec intention coupable). Le présumé auteur doit avoir commis cet acte dans le but d'obtenir une demande ou une défense en justice.

---

[402] Réel ou supposé, vrai ou faux.

[403] « Cette subordination doit avoir produit ou non son effet ».

205- SUBORNATION D'INTERPRÈTE

□ ***Élément légal*** : articles 367 et 365 du Code pénal.

- **Teneur du texte** :

Art. 367 du CP *: « (...). La subordination d'interprète sera punie comme subornation de témoin selon les dispositions de l'article 365. »*   *Voir* ***Subornation de témoin****, pour lire l'article 365 du Code pénal.*

- **Peines principales :** un (01) an à trois (03) ans d'emprisonnement et 100.000 F CFA à 1.000.000 F CFA d'amende, ou l'une de ces deux peines seulement (c'est un **délit**).

Compréhension : c'est le fait pour un individu de corrompre un interprète ou de le menacer, ou de faire pression sur lui en vue de le déterminer de ses devoirs.

Attention : si l'interprète fait volontairement une traduction mensongère, ou s'il a dénaturé la substance d'un texte oralement traduit, *voir* l'infraction de ***Dénaturation de la substance des paroles ou de documents oralement traduits.***

Culpabilité :

□ ***Élément matériel*** :

- Le présumé auteur doit avoir :
  - soit usé de promesses, offres ou présents ;
  - soit exercé des pressions ;
  - soit fait des menaces ou commis des voies de fait ;
  - soit fait des manœuvres ou artifices.
- Il doit avoir, à l'aide de ces moyens, déterminé ou tenter de déterminer un interprète à faire ou à délivrer une traduction mensongère.

□ ***Élément moral*** : il doit l'avoir fait en connaissance de cause (avec intention coupable).

206- SUPPOSITION OU SUBSTITUTION D'ENFANT

□ ***Élément légal*** :

- **A** : art. 101, al. 1 de la loi n° 4-2010 du 14 juin 2010, portant protection de l'enfant en République du Congo ;
- **B** : art. 101, al. 2 de la loi n° 4-2010 du 14 juin 2010, portant protection de l'enfant en République du Congo ;
- **C** : art. 101, al. 3 de la loi n° 4-2010 du 14 juin 2010, portant protection de l'enfant en République du Congo ;

- **D** : art. 101, al. 5 de la loi n° 4-2010 du 14 juin 2010, portant protection de l'enfant en République du Congo.

  - **Teneur du texte** :

> ***Art. 101 de L. 14/06/2010*** *: « Les coupables d'enlèvement, de détournement, de recel ou de suppression d'enfant, de substitution d'un enfant à un autre, de supposition d'enfant à une femme qui n'aura pas accouché ou de tout autre procédé illicite de séparation d'enfant d'avec sa famille, seront punis de la réclusion.*
>
> *S'il n'est pas établi que l'enfant ait vécu, la peine sera d'un mois à cinq ans d'emprisonnement.*
>
> *S'il est établi que l'enfant n'a pas vécu, la peine sera de deux jours à six mois d'emprisonnement. (...).*
>
> *Lorsque les procédés ci-dessus auront été utilisés avec fraude ou violence, la peine sera de la réclusion. »*

  - **Peines principales** :

- **A** et **D** : cinq (05) ans à dix (10) ans de *réclusion* (c'est un **crime**) ;[404]
- **B :** un (01) mois à cinq (05) ans d'emprisonnement (c'est un **délit**) ;
- **C :** deux (02) jours à six (06) mois d'emprisonnement (c'est **délit**).

Compréhension : c'est le fait pour une personne de supposer un enfant à une femme qui n'aura pas accouché, afin de le séparer illicitement d'avec sa famille, ou de remplacer un enfant par un autre.

Rappel : cette infraction implique tant « la simulation de la naissance que la dissimulation de la maternité de la mère réelle »[405]. Elle se manifeste par « l'attribution à l'enfant d'un état civil non conforme à la réalité » (cette manœuvre a pour conséquence de le séparer illicitement d'avec sa famille d'origine).

Culpabilité :

- ***Élément matériel*** : le présumé auteur doit avoir :
  - soit simulé l'accouchement de l'enfant en cause (c'est-à-dire, s'être attribué ou attribué la maternité de cet enfant à une femme qui ne l'a « pas accouché ») ;
  - soit dissimulé la naissance de la mère réelle de l'enfant (c'est-à-dire, s'être abstenu ou avoir omis de déclarer « à l'autorité compétence » la naissance d'un enfant qui n'est pas le sien) ;[406]
  - soit remplacé un enfant ou un nouveau-né par un autre.

---

[404] Art. 21, al. 2 du CP.
[405] Cass. Crim. 12 janvier 2000, Bull, crim. n° 21, p. 45.
[406] *Idem.*

 Élément moral : il doit avoir agi de mauvaise foi (avec intention coupable).

« Atténuation et aggravation de la peine » :

- **A** : s'il est établi que l'enfant a vécu (***voir peine A***) ;
- **B** : s'il n'est pas établi que l'enfant ait vécu (***voir peine B***) ;
- **C** : s'il est établi que l'enfant n'a pas vécu (***voir peine C***) ;
- **D** : si la supposition ou la substitution a été opérée avec fraude ou violence (***voir peine D***).

207- SUPPOSITION DE NOM DANS LE PASSEPORT OU LE PERMIS DE CHASSE

 Élément légal : article 154, alinéa 1 du Code pénal.

- **Teneur du texte** :

> ***Art. 154 du CP*** : *« Quiconque prendra dans un passeport ou dans un permis de chasse un nom supposé, ou aura concouru comme témoin à faire délivrer le passeport sous le nom supposé, sera puni d'un emprisonnement de trois mois à un an. (...). »*

- **Peine principale** : trois (03) mois à un (01) an d'emprisonnement (c'est un **délit**).

Compréhension : c'est le fait pour un individu de se faire délivrer ou de contribuer par témoignage à faire délivrer un passeport ou un permis de chasse contenant un nom supposé[407].

Attention : si ce document a été utilisé, voir ***Usage de passeport ou de permis de chasse contenant un nom supposé***.

Culpabilité :

 Élément matériel : le présumé auteur doit avoir :

- soit *pris* un nom qui n'est pas le sien (un nom qui n'est pas son vrai nom ou qui est celui d'autrui) dans un passeport ou permis de chasse ;
- soit avoir *témoigné* pour la délivrance d'un passeport ou permis de chasse contenant un nom supposé.

 Élément moral : il doit avoir agi en connaissance de cause (de mauvaise foi).

[407] Un faux nom ou un nom fictif, ou un nom qui ne figure pas sur les actes d'état civil.

T

208- TAPAGE NOCTURNE

✓ *Voir **Nuisance sonore.***

209- TENTATIVE

□ ***Élément légal*** **:** articles 2 et 3 du Code pénal.

- **Teneur du texte** :

> ***Art. 2 du CP** : « Toute tentative de crime qui aura été manifestée par un commencement d'exécution, si elle n'a été suspendue ou si elle n'a manqué son effet que par des circonstances indépendantes de la volonté de son auteur, est considérée comme le crime même. »*
>
> ***Art. 3 du CP** : « Les tentatives de délits ne sont considérées comme délits que dans les cas déterminés par une disposition spéciale de la loi. »*

- **Peine (s) principale (s)** : même (s) sanction (s) que celle (s) encourue (s) par l'auteur du crime ou du délit (c'est un **crime** ou **délit**).

Compréhension : c'est le fait pour une personne de manquer de commettre une infraction, après avoir essayé de le faire, à cause des circonstances qui ne dépendent pas de sa volonté.

Culpabilité :

□ ***Élément matériel*** :

- Le présumé auteur doit avoir commencé à poser l'acte incriminé ;[408]
- cet acte doit avoir été empêché par l'action d'un tiers ou par une autre circonstance extérieure à la volonté du délinquant.[409]

□ ***Élément moral*** : il doit avoir agi avec intention coupable (frauduleusement ou de mauvaise foi).

210- TENUE ILLICITE DE MAISONS DE JEUX FRÉQUENTÉES PAR LES ENFANTS OU ORGANISATION D'ÉVÉNEMENTS ALÉATOIRES

□ ***Élément légal*** : article 105 de la loi n° 4-2010 du 14 juin 2010 portant protection de l'enfant en République du Congo.

---

[408] Tel celui qui, voulant voler un poste téléviseur, entre dans la maison de son voisin et pose ses mains sur l'appareil en cause pour le déplacer (l'emporter).

[409] Tel celui qui déchire les habits d'une fille pour la « violer », mais qui n'a pu commettre l'acte projeté, parce que ***surpris*** par les "habitants du quartier" ou ***empêché*** par l'action de la police.

- **Teneur du texte** :

> ***Art. 105 de L. 14/06/2010*** *: « Sera puni d'un emprisonnement de six mois à deux ans et d'une amende de 150.000 à 1.500.000 de francs CFA, quiconque aura sans autorisation, tenu ou fait tenir une maison de jeux de hasard, un vidéoclub fréquenté par les enfants, organisé une loterie ou des paris sur le résultat d'épreuves sportives ou autres événements aléatoires, auxquels participent les enfants.*
>
> *Les fonds et effets qui seront trouvés exposés au jeu, mis à la loterie ou déposés comme paris, les meubles, instruments, ustensiles, appareils employés ou destinés aux jeux des loteries ou des paris, les meubles et les effets mobiliers garnissant les lieux, seront dans ce cas confisqués.*
>
> *Les coupables pourront, de plus, être condamnés à l'interdiction de tout ou partie des droits énumérés au Code pénal relatifs aux peines en matière correctionnelle.*
>
> *Les tombolas, jeux et paris organisés dans un but de bienfaisance de l'enfant à l'occasion de manifestations régulièrement déclarées, sont autorisés. »*

- **Peines principales** : six (06) mois à deux (02) ans d'emprisonnement et 150.000 F CFA à 1.500.000 F CFA d'amende (c'est un **délit**).

Compréhension : c'est le fait pour une personne de recevoir des enfants dans une maison de jeux de hasard ou un vidéoclub, ou d'organiser des événements aléatoires auxquels prennent part les mineurs, sans en avoir au préalable été autorisée par l'autorité compétente.

Culpabilité :

- ***Élément matériel*** :
  - Le présumé auteur doit avoir :
    - soit tenu, soit fait tenir une maison de jeux de hasard ou un vidéoclub ;
    - soit organisé une loterie ou des paris sur le résultat d'épreuves sportives ou autres événements aléatoires.
  - Il doit avoir :
    - soit admis les enfants (mineurs) dans ladite maison ou ledit vidéoclub ;
    - soit fait participer les enfants à cette loterie ou ces paris sur les résultats d'épreuves sportives, ou aux autres évènements aléatoires.
  - Il doit l'avoir fait sans autorisation préalable de l'autorité habilitée.
- ***Élément moral*** : il doit l'avoir fait sciemment (en connaissance de cause).

211- TRAFIC D'INFLUENCE ACTIF

☐ ***Élément légal*** :

- **A** : articles 13 et 12 de la loi n° 5-2009 du 22 septembre 2009 sur la corruption, la concussion, la fraude et les infractions assimilées ;
- **B** : articles 14, 13 et 12 de la loi n° 5-2009 du 22 septembre 2009 sur la corruption, la concussion, la fraude et les infractions assimilées.

o **Teneur du texte** :

> ***Art. 13 de L. 22/09/2009*** *: « Sera puni d'un emprisonnement de deux ans au moins et six ans au plus et de la même amende que celle visée à l'article 12 de la présente loi, le fait pour toute personne investie d'un mandat électif, agent public, militaire ou assimilé ou citoyen chargé d'un ministère de service public qui abuse de l'influence réelle ou supposée que lui donne son mandat ou sa qualité sans avoir reçu ou solliciter un avantage indu. »*
>
> ***Art. 12 de L. 22/09/2009*** *: « Sera puni d'un emprisonnement d'un an au moins et cinq ans au plus et d'une amende double de la valeur de la promesse agréée ou des choses reçues ou demandées, sans que ladite amende puisse être inférieure à 1.000.000 de francs CFA, (...). »*[410]
>
> ***Art. 14 de L. 22/09/2009*** *: « Sera puni des mêmes sanctions que celles visées à l'article 12 de la présente loi, le fait pour toute personne de céder aux sollicitations prévues à l'article précédent ou de promettre, offrir ou accorder sans droit, directement ou indirectement à un agent public ou à toute autre personne des dons, présents ou autres avantages indus afin que ledit agent ou ladite personne abuse de son influence réelle ou supposée en vue d'obtenir d'une administration ou d'une autorité publique des décorations, médailles, distinctions ou récompenses, des places, fonctions ou emplois, des marchés ou plus généralement toute autre décision favorable ou avantage indu. »*

o **Peines principales** :

- **A** : un (01) an à cinq (05) ans d'emprisonnement et 1.000.000 F CFA au moins d'amende (jusqu'au double de la valeur des biens ou crédits usés)[411] c'est un **délit** ;
- **B** : deux (02) ans à six (06) ans d'emprisonnement et 1.000.000 F CFA au moins d'amende (jusqu'au double de la valeur des biens ou crédits usés)[412] c'est un **délit**.

Compréhension : c'est le fait, pour une personne qui exerce une fonction publique ou une mission de service public, ou celle investie d'un mandat électif, d'abuser de son influence réelle ou supposée que lui donne ce mandat

[410] Voir *Trafic d'influence passif*, pour lire l'intégralité de l'article 12 de la loi n° 5-2009 du 22 septembre 2009 sur la corruption, la concussion, la fraude et les infractions assimilées.
[411] Si le résultat est supérieur à 1.000.000 F CFA.
[412] *Idem.*

ou cette fonction, sans avoir reçu ou sollicité un avantage indu (art. 13 cité ci-dessus).

C'est aussi le fait, pour toute personne de promettre, d'offrir ou d'accorder un avantage indu à autrui afin qu'il abuse de son influence réelle ou supposée, en vue d'obtenir d'une administration ou d'une autorité publique une décision favorable ou un avantage indu (art. 14 cité ci-dessus).

Attention : si le présumé auteur a plutôt offert volontairement un avantage indu à autrui, pour qu'il accomplisse ou s'abstienne d'accomplir un acte de ses fonctions ou pas, *voir* ***Corruption active***.

S'il a exercé la pression ou employé la violence sur la victime, pour obtenir un avantage illicite, *voir* ***Fraude***.

Culpabilité :

1er Cas (A) :

- Le présumé auteur doit avoir été investi d'un mandat électif, un agent public, militaire ou assimilé ou un citoyen chargé d'un ministère de service public.
- ***Élément matériel*** :
  - Il doit avoir abusé de l'influence (réelle ou supposée) que lui donne cette fonction publique ou ce mandat ;
  - il doit l'avoir fait sans avoir reçu ou sollicité un avantage indu.
- ***Élément moral*** : il doit avoir agi avec la conscience de poser un « acte déloyal ». Il doit donc avoir agi en connaissance de cause (avec intention coupable).

2ème Cas (B) :

- Le présumé auteur doit avoir été un particulier, un agent public ou employé de secteur privé.
- ***Élément matériel*** :
  - Il doit avoir offert ou accordé des offres ou promesses, des dons ou présents, ou tout autre avantage indu à un agent public ou à un particulier ou toute autre personne ;
  - il doit l'avoir fait directement ou indirectement, et pour elle-même ou pour une autre personne ;
  - il doit avoir, de ces moyens, déterminé ou tenté de déterminer l'agent ou la personne en cause à *abuser de son influence réelle ou supposée,* en vue de *faire obtenir* ou *tenter de faire obtenir* d'une administration ou d'une autorité publique *toute décision favorable* ou tout *avantage indu*[413].

---

[413] Tels les marchés, les décorations, médailles, distinctions ou récompenses, les places, fonctions, emplois, etc. (cf. art. 14 de L. 22/09/09).

 Élément moral : le présumé auteur doit avoir agi avec intention coupable.

212-TRAFIC D'INFLUENCE PASSIF

 Élément légal **:** articles 12 et 14 de la loi n° 5-2009 du 22 septembre 2009 sur la corruption, la concussion, la fraude et les infractions assimilées.

- **Teneur du texte** :

Art. 12 de L. 22/09/2009 *: « Sera puni d'un emprisonnement d'un an au moins et cinq ans au plus et d'une amende double de la valeur de la promesse agréée ou des choses reçues ou demandées, sans que ladite amende puisse être inférieure à 1.000.000 de francs CFA, le fait pour une personne de solliciter ou d'agréer des offres ou promesses, de solliciter ou recevoir des dons ou présents ou tout autre avantage indu, directement ou indirectement, pour elle-même ou pour une autre personne afin d'abuser de son influence réelle ou supposée en vue de faire obtenir ou tenter de faire obtenir d'une administration ou d'une autorité publique des décorations, médailles, distinctions ou récompenses, des places, fonctions ou emplois, des marchés ou plus généralement toute autre décision favorable ou avantage indu. »*
Art. 14 de L. 22/09/2009 *: « Sera puni des mêmes sanctions que celles visées à l'article 12 de la présente loi, le fait pour toute personne de céder aux sollicitations prévues à l'article précédent ou de promettre, offrir ou accorder sans droit, directement ou indirectement à un agent public ou à toute autre personne des dons, présents ou autres avantages indus afin que ledit agent ou ladite personne abuse de son influence réelle ou supposée en vue d'obtenir d'une administration ou d'une autorité publique des décorations, médailles, distinctions ou récompenses, des places, fonctions ou emplois, des marchés ou plus généralement toute autre décision favorable ou avantage indu. »*

- **Peines principales** : un (01) an à cinq (05) ans d'emprisonnement et 1.000.000 F CFA au moins d'amende (jusqu'au double de la valeur des biens ou crédits usés)[414] c'est un **délit**.

Compréhension : c'est le fait pour une personne de solliciter, d'agréer ou de céder à un avantage indu afin d'abuser de son influence réelle ou supposée, en vue de faire obtenir ou tenter de faire obtenir d'une administration ou d'une autorité publique toute distinction ou toute décision favorable, ou tout avantage indu.

Attention : si le présumé auteur a plutôt sollicité ou agréé volontairement un avantage indu afin d'accomplir ou de s'abstenir d'accomplir un acte de ses fonctions ou pas, *voir **Corruption passive***.

---

[414] Si le résultat est supérieur à 1.000.000 F CFA.

S'il a exercé la pression ou la violence sur la victime, pour obtenir un avantage illicite, *voir* ***Fraude***.

Culpabilité :

 Élément matériel :

- Le présumé auteur doit avoir :
  - soit sollicité ou agréé des offres ou promesses ;
  - soit sollicité ou reçu des dons ou présents ou tout autre avantage indu.
- Il doit l'avoir fait directement ou indirectement, et pour elle-même ou pour une autre personne ;
- Il doit avoir, en contrepartie, *abusé* ou été déterminé d'abuser *de son influence réelle ou supposée,* en vue de *faire obtenir* ou *tenter de faire obtenir* d'une administration ou d'une autorité publique *toute décision favorable* ou tout *avantage indu*[415].

 Élément moral : le présumé auteur doit avoir agi avec intention coupable.

213- TRAFIC ILLICITE DE STUPÉFIANTS

✓ *Voir* ***Importation, production, utilisation ou vente, illicite, de stupéfiants***.

214- TRAFIC OU CESSION DE LA CHAIR HUMAINE, OU ACTE D'ANTHROPOPHAGIE

 Élément légal **:** article 302, alinéa 4 du Code pénal.

- **Teneur du texte** :

> ***Art. 302 du CP*** *: « (...). Tout acte d'anthropophagie, tout trafic ou cession de chair humaine, à titre onéreux ou gratuit, sera puni des travaux forcés à temps. »*

- **Peine principale** : cinq (05) ans à trente (30) ans des *travaux forcés* (c'est un **crime**).[416]

Compréhension : c'est le fait pour une personne de « manger ou consommer », ou de trafiquer ou vendre, ou encore de faire un don de la chair humaine.

Culpabilité :

 Élément matériel : le présumé auteur doit avoir :

---

[415] Tels les marchés, décorations, médailles, distinctions ou récompenses, ou les places, fonctions, emplois, etc. (cf. art. 14 de L. 22/09/09).

[416] Art. 19 du CP.

- soit « mangé ou consommé » la chair humaine ;[417]
- soit *trafiqué* ou *cédé* la chair humaine à titre onéreux ou gratuit.

 Élément moral : il doit avoir agi de mauvaise foi (en connaissance de ce que la chair en cause était celle d'un humain).[418]

215- TRAITE D'ENFANT

 Élément légal : articles 60 et 115 de la loi n° 4-2010 du 14 juin 2010 portant protection de l'enfant en République du Congo.

- **Teneur du texte** :

Art. 60 de L. 14/06/2010 *: « La traite, la vente et toutes les formes d'exploitation de l'enfant sont interdites en République du Congo. (...). »*
Art. 115 de L. 14/06/2010 : *« Est puni des travaux forcés à temps et d'une amende de 1.000.000 à 10.000.000 de francs CFA, quiconque se livrera à la traite, à la vente, au trafic ou à toutes autres formes d'exploitation de l'enfant quel que soit le mobile.*
Les juridictions répressives pourront en outre condamner l'auteur de ces faits à payer les frais de recherche de famille, de rapatriement et de réinsertion sociale.
Les auteurs et complices pourront également être déchus de leurs droits civiques, civils et de famille. »

- **Peines principales** : cinq (05) ans à trente (30) ans des *travaux forcés* et 1.000.000 F CFA à 10.000.000 F CFA d'amende (c'est un **crime**).[419]

Compréhension : c'est le fait pour un individu de recruter, d'accueillir, d'héberger ou de transférer un enfant, en vue de le soumettre à la prostitution ou de prélever ses organes ou d'effectuer autres formes d'exploitation[420] sur lui.

Attention : si l'enfant en cause a été transféré, à des fins autres que l'exploitation, contre une rémunération ou un avantage quelconque, *voir* ***Vente d'enfant***.

[417] Acte d'anthropophagie.
[418] Celui à qui on a fait manger la chair humaine, sans qu'il le sache, ne saurait être coupable de cette infraction.
[419] Art. 19 du CP.
[420] « L'exploitation comprend, au minimum, l'exploitation en vue de la prostitution d'autrui ou d'autres formes d'exploitation sexuelle, du travail ou des services forcés, de l'esclavage ou des pratiques analogues à l'esclavage ou le prélèvement d'organes » (art. 60, al. 1 de L. 14/06/2010).

Culpabilité :

- ***Élément matériel*** : le présumé auteur doit s'être livré à la traite[421] d'enfant (mineur de 18 ans).
- ***Élément moral*** : il doit avoir agi en connaissance de cause (de mauvaise foi).

216- TRANSMISSION INTENTIONNELLE DU VIH

- ***Élément légal*** :

- **A** : articles 41 et 46 de la loi n° 30-2011 du 03 juin 2011 portant lutte contre le VIH et le SIDA et protection des droits des personnes vivant avec le VIH ;
- **B** : article 46 de la loi n° 30-2011 du 03 juin 2011 portant lutte contre le VIH et le SIDA et protection des droits des personnes vivant avec le VIH.

  - **Teneur du texte** :

> ***Art. 41 de L. 03/06/2011*** *: « Toute transmission intentionnelle du VIH à autrui est un crime passible des peines prévues à l'article 46 de la présente loi. »*
>
> ***Art. 46 de L. 03/06/2011*** *: « Toute personne vivant avec le VIH, connaissant son statut sérologique relatif au VIH, qui aura transmis intentionnellement le VIH à autrui, en dehors des exceptions définies à l'article 42 de la présente loi, sera punie des travaux forcés à temps. »*

  - **Peine principale** : cinq (05) ans à trente (30) ans des *travaux forcés* (c'est un **crime**).[422]

Compréhension : c'est le fait pour une personne, sachant qu'elle porte le VIH, de le transmettre volontairement à autrui.

Attention : les cas d'excuses de transmission ou exposition au VIH sont prévus à *l'article 42*[423] de la même loi.

---

[421] « La traite désigne le recrutement, le transport, le transfert, l'hébergement ou l'accueil d'un enfant aux fins d'exploitation, quel que soit le moyen utilisé, que ce soit par la menace de recours à la force ou à d'autres formes de contrainte, par enlèvement, fraude, tromperie, abus d'autorité ou d'une situation de vulnérabilité, ou par l'offre ou l'acceptation de paiement ou d'avantages pour obtenir le consentement d'une personne ayant autorité sur l'enfant ou en l'absence de ces moyens, et qui entraîne le déplacement de l'enfant à l'intérieur ou à l'extérieur du pays par l'une au moins des personnes en présence et quelle que soit la finalité du déplacement de l'enfant » (art. 60, al. 1 de L14/06/2010).

[422] Art. 19 du CP.

[423] « Nul ne peut être poursuivi ni jugé aux termes de cette loi ou de toute autre loi pour transmission du VIH, ou pour exposition au VIH lorsque ladite transmission ou exposition résulte des cas suivants :

- la transmission du VIH de la mère à l'enfant avant la naissance de celui-ci, pendant l'accouchement ou au cours de l'allaitement ;

Culpabilité :

- Le présumé auteur doit avoir été soit une personne porteuse du VIH ;
- ***Élément matériel :***
  - il doit avoir transmis le VIH à autrui ;
  - il doit l'avoir fait de quelque manière que ce soit.
- ***Élément moral*** : le présumé auteur doit avoir agi volontairement (avec intention coupable).[424] Il doit avoir posé cet acte en dehors des cas prévus à l'article *42 de la L. 03/06/2011.*

217-TRANSMISSION VOLONTAIRE DU VIH

✓ *Voir **Transmission intentionnelle du VIH.***

218- TRAVAUX, OUVRAGES ET AMÉNAGEMENTS SUSCEPTIBLES DE NUIRE À LA CONSERVATION DES SOLS

- ***Élément légal*** : articles 37 et 75 de la loi n° 003/91 du 23 avril 1991 sur la protection de l'environnement.
  - **Teneur du texte :**

> ***Art. 37 de L. 23/04/1991*** *: « Les travaux, ouvrages et aménagements susceptibles de nuire à la conservation des sols et d'engendrer l'érosion, notamment la perte des terres arables, la pollution du sol et du sous-sol, sont soumis à autorisation préalable du Ministre Chargé de l'Environnement. »*
>
> ***Art. 75 de L. 23/04/1991*** *: « La non-observation des dispositions des articles 34 et 37 est punie d'une amende de 50 000 F à 5 000 000 F. »*

- **Peine principale** : 50.000 F CFA à 5.000.000 F CFA d'amende (c'est un **délit**).

Compréhension : c'est le fait pour un individu de réaliser, sans autorisation préalable du ministre chargé de l'environnement, des travaux, de bâtir un ouvrage ou de faire des aménagements, qui peuvent nuire à la conservation

---

- un acte qui ne comporte aucun risque significatif de transmission du VIH ;
- une personne vivant avec le VIH qui ne connaissait pas son statut sérologique positif au moment de la commission de l'acte ;
- une personne vivant avec le VIH qui a pratiqué des relations sexuelles sans risques ;
- une personne vivant avec le VIH qui a informé son ou sa partenaire sexuel (le) de son statut sérologique avant l'acte comportant un risque significatif de transmission du VIH ;
- une situation dans laquelle le partenaire sexuel connaissait le statut sérologique positif de la personne vivant avec le VIH ;
- une personne vivant avec le VIH qui a manqué d'informer son partenaire sexuel du fait d'une peur justifiée de dommages sérieux de la part de celle-ci » (art. 42 de L. 22/09/2011).

[424] S'il s'agit d'une personne porteuse du VIH, elle doit donc, préalablement aux faits, avoir été consciente de son statut sérologique.

des sols et provoquer l'érosion (la perte des terres arabes, la pollution du sol et du sous-sol).

Culpabilité :

- ***Élément matériel*** :
  - Le présumé auteur doit avoir réalisé des travaux ou bâtit un ouvrage, ou fait des aménagements ;
  - cette activité doit avoir été susceptible de nuire à la conservation des sols et de provoquer l'érosion notamment la perte des terres arabes, la pollution du sol et su sous-sol ;
  - il doit l'avoir fait sans autorisation préalable du ministre chargé de l'environnement.
- ***Élément moral*** : le présumé auteur doit avoir agi au mépris ou en violation de la réglementation sur l'environnement.

U

219- USAGE D'ACTE DE NAISSANCE FAUX OU FABRIQUÉ

□ ***Élément légal*** : article 98 de la loi n° 4-2010 du 14 juin 2010 portant protection de l'enfant en République du Congo.

- **Teneur du texte** :

Art. 98 de L. 14/06/2010 *: « Quiconque fabriquera, sous le nom d'un officier d'état civil, un acte de naissance d'un enfant sera puni de la réclusion.*   *Les mêmes peines seront appliquées :*   *- à celui qui falsifiera l'acte de naissance d'un enfant originairement véritable, pour l'approprier à un enfant autre que celui à qui il avait été primitivement délivré ;*   *- à tout individu qui se sera servi d'un acte de naissance ainsi fabriqué ou falsifié. »*

- **Peine principale** : cinq (05) ans à dix (10) ans de *réclusion* (c'est un **crime**).[425]

Compréhension : c'est le fait pour une personne de faire usage d'un acte de naissance, sachant qu'il est fabriqué ou falsifié.

Attention : si le document en cause est un autre document, *voir* ***Usage de faux.***

S'il s'agit d'un certificat de naissance, *voir* ***usage de faux certificat de naissance***.

Culpabilité :

□ ***Élément matériel*** :

- Le présumé auteur doit s'être servi d'un acte de naissance ;
- l'acte de naissance en cause doit avoir :
  - soit été fabriqué sous le nom d'un officier d'état civil ;
  - soit été falsifié pour être attribué à un autre enfant.[426]

□ ***Élément moral*** : le présumé auteur doit avoir agi en connaissance de cause (c.-à-d., avec la connaissance du caractère faux de l'acte en cause).

220- USAGE D'ATTESTATION OU DE CERTIFICAT FALSIFIÉ

□ ***Élément légal*** **:** article 161, alinéa 3 (3°) du Code pénal.

---

[425] Art. 21, al. 2 du CP.

[426] Dans ce second cas, l'acte de naissance falsifié doit avoir été originellement véritable.

- **Teneur du texte** :

> ***Art. 161 du CP*** *: « (...). Sera puni d'un emprisonnement de six mois à deux ans et de 40.000 à 400.000 francs d'amende, ou de l'une de ces deux peines seulement, sans préjudice de l'application, le cas échéant, des peines plus fortes, prévues par le présent code, et les lois spéciales, quiconque :*
>
> *1°- Aura établi sciemment une attestation ou un certificat faisant état de faits matériellement inexacts ;*
>
> *2°Aura falsifié ou modifié d'une façon quelconque une attestation ou un certificat originairement sincère ;*
>
> *3°Aura fait sciemment usage d'une attestation on d'un certificat inexact ou falsifié. »*

- **Peines principales** : six (06) mois à deux (02) ans d'emprisonnement et 40.000 F CFA à 400.000 F CFA d'amende, ou l'une de ces peines seulement (c'est un **délit**).

Compréhension : c'est le fait pour un individu de faire usage d'une attestation ou d'un certificat, sachant qu'il est falsifié ou porte des mentions inexactes.

Attention : si le document en cause est un certificat de naissance, *voir* ***Usage de faux certificat de naissance***.

Culpabilité :

- ***Élément matériel*** :
  - Le présumé auteur doit avoir utilisé une attestation ou un certificat ;
  - ce document doit avoir été falsifié ou porté des mentions inexactes.
- ***Élément moral*** : le présumé auteur doit avoir su, au préalable, que ce document était irrégulier (falsifié ou inexact). Il doit donc avoir agi de mauvaise foi.

221- USAGE DE BILLETS DE BANQUE CONTREFAITS OU FALSIFIÉS

- ***Élément légal*** **:** article 139, al. 1 du Code pénal.
  - **Teneur du texte** :

> ***Art. 139 du CP*** *: « (L. n° 54 - 1215 du 6/12/1954 - AGG. Prom. 4092 / DPLC. Du 20/12/1954 - JOAEF 1955 p. 77).*
>
> *Ceux qui auront contrefait le sceau de l'État ou fait usage du sceau contrefait ;*
>
> *Ceux qui auront contrefait ou falsifié, soit des effets, émis par le Trésor Public avec son timbre ou sa marque, soit des billets de banque autorisés par la loi ou des billets de même nature émis par le Trésor, ou qui auront fait*

usage de ces effets et billets contrefaits ou falsifies ou qui les auront introduits sur le territoire Français,

seront punis des travaux forcés à perpétuité.

Les Sceaux contrefaits, les effets et billets contrefaits ou falsifiés seront confisqués et détruits.

Les dispositions de l'article précédent sont applicables aux crimes mentionnés ci-dessus. »

- **Peine principale** : travaux forcés à perpétuité (c'est un **crime**).[427]

Compréhension : c'est le fait pour une personne d'utiliser un billet de banque « faux », sachant qu'il est falsifié ou contrefait.

Culpabilité :

- ***Élément matériel*** :
  - Le présumé auteur doit avoir :
    - soit fait usage d'un billet de banque contrefait ;
    - soit fait usage d'un billet de banque falsifié ;
  - les billets en cause doivent avoir été authentiques (c.-à-d., autorisés par la loi ou émis par le Trésor public).[428]
- ***Élément moral*** : il doit avoir agi en connaissance de cause (avec intention coupable).

222- USAGE DE CARTE DE PAIEMENT, DE CRÉDIT OU DE RETRAIT, CONTREFAITE OU FALSIFIÉE

- ***Élément légal*** : articles 243-2° et 239 du Règlement n° 02/ 03/CEMAC /CM du 04 avril 2003, relatif aux systèmes, moyens et incidents de paiement.
  - **Teneur du texte** :

Art. 239 du R. 04/04/2003 : *« Est punie d'un emprisonnement de un (1) an à dix (10) ans et d'une amende de 100.000 à 10.000.000 F. CFA ou de l'une de ces deux peines seulement : (...). »*

Art. 243 du R. 04/04/2003 *: « Est puni des peines prévues à l'article 239 : (...) ;*

[427] Toutefois, les coupables de cette infraction seront exempts de sanctions pénales, si, avant la consommation de l'acte et avant toute poursuite, ils ont dénoncé ces faits ou révélé leurs auteurs aux autorités constituées. Il en sera de même, s'ils procuraient l'arrestation des autres coupables, même après qu'ils aient été poursuivis (cf. art. 138, al. 1 du CP).
Ils pourront néanmoins être mis, pour une durée de 20 ans au plus ou indéfiniment, sous surveillance spéciale de la haute police (cf. art 138, al. 1 et 2 et l'art. 46, al. 1 du CP).

[428] Ces billets doivent avoir été « truqués ».

2°) - Celui qui, en connaissance de cause, fait usage ou tente de faire usage d'une carte de paiement, de crédit ou de retrait contrefaite ou falsifiée ; (...). »

- **Peines principales** : un (01) an à dix (10) ans d'emprisonnement et 100.000 F CFA à 10.000.000 F CFA d'amende, ou l'une de ces deux peines seulement (c'est un **délit**).

Compréhension : c'est le fait pour un individu de faire ou tenter de faire, sciemment, usage d'une carte de paiement, de crédit ou de retrait, contrefaite ou falsifiée.

Attention : si une personne accepte de recevoir l'argent obtenu au moyen de cette carte, *voir* ***Recel d'argent obtenu au moyen d'une carte de paiement, de crédit ou de retrait, contrefaite ou falsifiée.***

Si cette carte a été perdue ou volée, *voir* ***Usage de carte de paiement, de crédit ou de retrait, perdue ou volée.***

Culpabilité :

- ***Élément matériel*** :
  - Le présumé auteur doit avoir utilisé ou tenté d'utiliser soit une carte de paiement, soit une carte de crédit, soit une carte de retrait ;
  - la carte en cause doit avoir été contrefaite ou falsifiée.
- ***Élément moral*** : il doit l'avoir fait en connaissance de cause (sciemment).

223- USAGE DE CARTE DE PAIEMENT, DE CRÉDIT OU DE RETRAIT, PERDUE OU VOLÉE

- ***Élément légal*** **:** article 245 du Règlement n° 02 /03/CEMAC /CM du 04 avril 2003, relatif aux systèmes, moyens et incidents de paiement.

  - **Teneur du texte** :

Art. 245 du R. 04/04/2003 : *« Est punie d'un emprisonnement de six (6) mois à cinq (5) ans et d'une amende de 100.000 à 2.000.000 F CFA, ou de l'une de ces deux peines seulement, toute personne qui, en connaissance de cause, fait usage ou tente de faire usage d'une carte de paiement, de crédit ou de retrait perdue ou volée.»*

- **Peines principales** : six (06) mois à cinq (05) ans d'emprisonnement et 100.000 F CFA à 2.000.000 F CFA d'amende, ou l'une de ces deux peines seulement (c'est un **délit**).

Compréhension : c'est le fait pour un individu de faire ou de tenter de faire, sciemment, usage d'une carte de paiement, de crédit ou de retrait, égarée ou volée.

Attention : si, après l'avoir retrouvée, le titulaire de cette carte l'utile malgré l'opposition pour perte ou vol, *voir* ***Utilisation de chèque ou de carte de paiement, de crédit ou de retrait, après opposition pour perte ou vol.***

Culpabilité :

- ***Élément matériel*** :
  - Le présumé auteur doit avoir utilisé ou tenté d'utiliser soit une carte de paiement, soit une carte de crédit, soit une carte de retrait ;
  - la carte en cause doit avoir été perdue (égarée) ou volée.
- ***Élément moral*** : il doit l'avoir fait en connaissance de cause (sciemment).

224- USAGE DE CHÈQUE CONTREFAIT OU FALSIFIÉ

- ***Élément légal*** **:** article 239-2° du Règlement n° 02/03/CEMAC /CM du 04 avril 2003, relatif aux systèmes, moyens et incidents de paiement.
  - **Teneur du texte** :

> ***Art. 239 du R. 04/04/2003 :*** *« Est punie d'un emprisonnement de un (1) an à dix (10) ans et d'une amende de 100.000 à 10.000.000 F. CFA ou de l'une de ces deux peines seulement :*
>
> *1°) -Toute personne qui contrefait ou falsifie un chèque ;*
>
> *2°) -Toute personne qui, en connaissance de cause, fait usage ou tente de faire usage d'un chèque contrefait ou falsifié ; (...). »*

  - **Peines principales** : un (01) an à dix (10) ans d'emprisonnement et 100.000 F CFA à 10.000.000 F CFA d'amende, ou l'une de ces deux peines seulement (c'est un **délit**).

Compréhension : c'est le fait pour un individu de faire ou tenter de faire, sciemment, usage d'un chèque contrefait ou falsifié.

Attention : si une personne accepte de recevoir un chèque falsifié ou contrefait, *voir* ***Réception de chèque contrefait ou falsifié****.*

Culpabilité :

- ***Élément matériel*** :
  - Le présumé auteur doit avoir utilisé ou tenté d'utiliser un chèque ;
  - ce chèque doit avoir été contrefait ou falsifié.
- ***Élément moral*** : il doit l'avoir fait en connaissance de cause (sciemment).

225- USAGE DE CHÈQUE PERDU OU VOLÉ

- ***Élément légal*** **:** article 240 du Règlement n° 02/03/CEMAC/CM du 04 avril 2003, relatif aux systèmes, moyens et incidents de paiement.

- **Teneur du texte** :

Art. 240 de L. 04/04/2003 : *« Sera punie d'un emprisonnement de six (6) mois à cinq (5) ans et d'une amende de 100.000 à 2.000.000 F CFA, ou de l'une de ces deux peines seulement, toute personne qui, en connaissance de cause, fait usage ou tente de faire usage d'un chèque perdu ou volé. »*

- **Peines principales** : six (06) mois à cinq (05) ans d'emprisonnement et 100.000 F CFA à 2.000.000 F CFA d'amende, ou l'une de ces peines seulement (c'est un **délit**).[429]

Compréhension : c'est le fait pour une personne de faire ou de tenter de faire usage d'un chèque, sachant qu'il a été égaré ou volé.

Attention : si ce chèque a été utilisé par son titulaire, après opposition de payer sur ledit chèque pour perte ou pour vol, *voir* ***Utilisation de chèque ou de carte de paiement, de crédit ou de retrait, après opposition pour perte ou vol.***

Culpabilité :

- ***Élément matériel*** :
  - Le présumé auteur doit avoir soit utilisé, soit tenter d'utiliser un chèque ;
  - ce chèque doit avoir été perdu ou volé.
- ***Élément moral*** : il doit avoir agi en connaissance de cause (sciemment)[430].

226- USAGE DE FAUX[431]

- ***Élément légal*** :
- **A** : art. 148 et du CP ;
- **B** : art. 147[432], 150 et 151 du CP.

- **Teneur du texte** :

Art. 148 du CP : *« Dans tous les cas exprimés au présent paragraphe, celui qui aura fait usage des actes faux, sera puni des travaux forcés à temps. »*

---

429 Outre la peine principale, le tribunal pourra prononcer à l'encontre de l'auteur de cette infraction une interdiction d'émettre des chèques ou de se faire délivrer une carte de paiement, allant d'un (01) an à cinq (05) ans (art. 241 du Règlement n° 02/03/CEMAC/CM du 04 avril 2003, relatif aux systèmes, moyens et incidents de paiement).

430 Cette disposition semble encourager celui qui a retrouvé un chèque à le présenter aux autorités compétentes. Celui qui l'utilise, sous prétexte de "l'avoir ramassé", serait exposé aux sanctions pénales.

431 Les dispositions pénales relatives à cette infraction ne s'appliquent pas aux faux commis dans les passeports, feuilles de route et permis de chasse (cf. art. 149 du CP). Elles ne s'appliqueraient pas non plus aux faux prévus par certaines lois spéciales.

432 Voir *Faux en écriture publique,* pour lire l'intégralité de l'article 147.

***Art. 150 du CP** : « Tout individu qui aura, de l'une des manières exprimées en l'article 147, commis un faux en écriture privée sera puni de la réclusion. »*

***Art. 151 du CP** : « Sera puni de la même peine, celui qui aura fait usage de la pièce fausse. »*

- **Peines principales** :

- **A :** cinq (05) ans à trente (30) ans des *travaux forcés* (c'est un **crime**) ;[433]
- **B :** cinq (05) ans à dix (10) ans de *réclusion* (c'est un **crime**).[434]

Compréhension : c'est le fait pour une personne de faire usage d'un document public, authentique ou sous seing privé, qui est falsifié, altéré ou contrefait.

Attention : si le document en cause est un acte de naissance, *voir **Usage d'un Faux Acte de Naissance*** ou ***Usage de Faux Certificat de Naissance*** (s'il s'agit d'un certificat de naissance).

Culpabilité :

 Élément matériel :

- Le présumé auteur doit avoir fait usage soit d'un acte public, soit d'un acte authentique, soit d'un acte sous seing privé ;
- l'acte ou le document en cause doit avoir été un faux (c.-à-d., contrefait, altéré, fabriqué, falsifié…).[435]

 Élément moral : le présumé auteur doit avoir eu connaissance, préalablement aux faits, du caractère faux de cet acte. Il doit donc l'avoir fait sciemment.

« Atténuation et aggravation de la peine » :

- **A** : si le document faux utilisé est un acte ou un document public ou authentique (*Usage de faux en écriture publique*), **voir *peines A*** ;
- **B** : si le document faux utilisé est un acte sous seing privé (*Usage de faux en écriture privée*), **voir *peines B***.

227- USAGE DE FAUX CERTIFICAT DE NAISSSANCE

 ***Élément légal* :** articles 98 et 99 de la loi n° 4-2010 du 14 juin 2010 portant protection de l'enfant en République du Congo.

---

[433] Art. 19 du CP.

[434] Art. 21, al. 2 du CP.

[435] Tel est le cas de celui qui utilise un document contenant de faux renseignements ou de fausses informations, afin de faciliter la vente d'un immeuble (cf. TGI, Brazzaville, corr., 6ème ch., 06 février 2014, répertoire n° 033, 2014, précitée).

o **Teneur du texte** :

> ***Art. 98 de L. 14/06/2010*** : *« Quiconque fabriquera, sous le nom d'un officier d'état civil, un acte de naissance d'un enfant sera puni de la réclusion.*
>
> *Les mêmes peines seront appliquées :*
>
> *- à celui qui falsifiera l'acte de naissance d'un enfant originairement véritable, pour l'approprier à un enfant autre que celui à qui il avait été primitivement délivré ;*
>
> *- à tout individu qui se sera servi d'un acte de naissance ainsi fabriqué ou falsifié. »*
>
> ***Art. 99 de L. 14/06/2010*** : *« Sera puni des peines visées à l'article 98 de la présente loi, quiconque : (...) ;*
>
> *- aura sciemment fait usage d'un tel certificat ; (...). »*[436]

o **Peine principale** : cinq (05) ans à dix (10) ans de *réclusion* (c'est un **crime**).[437]

Compréhension : c'est le fait pour une personne de faire, sciemment, usage d'un certificat de naissance fabriqué (ou contrefait).

Attention : si l'acte fabriqué est un acte de naissance, voir ***Usage de faux acte de naissance***.

Culpabilité :

- ***Élément matériel*** :
  - o Le présumé auteur doit avoir fait usage d'un certificat de naissance fabriqué ;
  - o le certificat en cause doit avoir été fabriqué sous le nom d'un médecin, d'une sage-femme, d'une matrone ou d'un autre officier de santé.
- ***Élément moral*** : il doit l'avoir fait sciemment (en connaissance de cause).

228- USAGE DE PASSEPORT OU DE PERMIS DE CHASSE CONTENANT UN NOM SUPPOSÉ

- ***Élément légal*** : article 154, alinéa 2 du Code pénal.

o **Teneur du texte** :

> ***Art. 154 du CP*** : *« Quiconque prendra dans un passeport ou dans un permis de chasse un nom supposé, ou aura concouru comme témoin à faire délivrer le passeport sous le nom supposé, sera puni d'un emprisonnement de trois mois à un an.*

[436] *Voir* ***Faux certificat de naissance***, pour lire l'intégralité de l'article 99 de L. 14/06/2010.
[437] Art. 21, al. 2 du CP.

> *La même peine sera applicable à tout individu qui aura fait usage d'un passeport ou d'un permis de chasse délivré sous un autre nom que le sien. (...). »*

- **Peine principale** : trois (03) mois à un (01) an d'emprisonnement (c'est un **délit**).

Compréhension : c'est le fait pour une personne de faire usage d'un passeport ou d'un permis de chasse délivré sous un nom autre que le sien.

Culpabilité :

- ***Élément matériel*** :
  - Le présumé auteur doit avoir fait usage d'un passeport ou d'un permis de chasse ;
  - le document en cause doit avoir contenu un nom imaginaire ou un nom autre que le vrai.
- ***Élément moral*** : il doit avoir su que ce document ne comportait pas les vraies informations (faux nom par exemple). Le présumé auteur doit donc avoir agi en connaissance de cause.

229- USAGE DE PROCÉDÉS CARACTÉRISANT L'APPARTENANCE À UNE ETHNIE DÉTERMINÉE

- ***Élément légal*** : article 1er de la loi n° 62-6 du 28 juillet 1962 portant interdiction de procédés de nature à caractériser l'appartenance d'une personne à une ethnie déterminée.

  - **Teneur du texte** :

> ***Art. 1er de L. 13/06/1962*** *: « Quiconque aura volontairement porté atteinte à l'intégrité de la tête ou de l'ensemble du corps d'une personne notamment au moyen de tatouages indélébiles, scarifications, limages de dents, ou par tout autre procédé de nature à caractériser l'appartenance de cette personne à une ethnie déterminée, sera puni d'un emprisonnement de six mois à deux ans, et d'une amende de 50 000 francs à 500 000 francs ou de l'une de ces deux peines seulement. »*

- **Peines principales** : six (06) mois à deux (02) ans d'emprisonnement et 50.000 F CFA à 500.000 F CFA d'amende, ou l'une de ces peines seulement (c'est un **délit**).

Compréhension : c'est le fait pour un individu d'utiliser des procédés ou des signes quelconques pour marquer son appartenance ou celle d'autrui à une ethnie déterminée.

Rappel : les sanctions contre cette infraction s'appliqueront aussi bien aux sujets actifs que passifs. Ainsi, tous ceux qui marqueront autrui, ou ceux qui accepteront de se faire marquer seront retenus dans les liens de la prévention d'*Usage de procédés caractérisant l'appartenance à une ethnie déterminée.*[438]

Culpabilité :

 Élément matériel :

- Le présumé auteur doit avoir limé ses dents ou celles d'autrui, ou utilisé ou accepté qu'on utilise sur son corps soit :
  - un tatouage indélébile ou des scarifications ;
  - un autre procédé.
- Ce procédé ou ce signe doit avoir été de nature à caractériser l'appartenance de cette personne[439] à une ethnie déterminée.

 Élément moral : il doit l'avoir fait pour distinguer ou s'identifier à une ethnie quelconque. Ces procédés doivent avoir été utilisés dans le but de caractériser son appartenance ou celle d'autrui à une ethnie déterminée. D'où l'intention coupable de l'auteur de ces faits.

230- USAGE DU TERME « *PYGMÉE* » (Injure)

 Élément légal : article 1er, alinéa 2 de la loi n° 05-2011 du 25 février 2011, portant promotion et protections des droits des populations autochtones et les articles 376 et 471-11 du Code pénal.

- **Teneur des textes** :

Art. 1er de L. 25/02/11 *: « Au sens de la présente loi, sans préjudice d'une quelconque antériorité d'occupation du territoire national, on entend par populations autochtones, les populations qui se distinguent des autres groupes de la population nationale par leur identité culturelle, leur mode de vie et leur extrême vulnérabilité.*

L'utilisation du terme pygmée est interdite. Elle est assimilée à l'infraction d'injure telle que prévue et sanctionnée par le Code pénal. »

Art. 376 du CP *: « (Abrog. Implicit. A. 29 L. 29/7/1881).Toutes autres injures ou expressions outrageantes qui n'auront pas eu ce double caractère de gravité et de publicité ne donneront lieu qu'à des peines de simple police. »*

Art. 471 du CP *: « Seront punis d'amende, depuis 200 francs jusqu'à 1.200 francs inclusivement : (...) ;*

11° Ceux qui, sans avoir été provoqués, auront proféré contre quelqu'un des injures autres que celles prévues depuis l'article 367, jusque et compris l'article 378 ; »

---

[438] Art. 2 de la loi n° 62-6 du 28 juillet 1962 portant interdiction de procédés de nature à caractériser l'appartenance d'une personne à une ethnie déterminée.

[439] La personne sur le corps de qui sont utilisés ces procédés.

- **Peine principale** : 200 F CFA à 1.200 F CFA d'amende (c'est une **contravention**).

Compréhension : c'est le fait pour une personne de désigner un autochtone par « *pygmée* ».

Remarque : la loi n'a pas délimité l'emploi de ce terme, elle en a plutôt interdit l'utilisation. L'utiliser reviendrait à adresser des injures à l'encontre des populations autochtones.[440]

Culpabilité :

- ***Élément matériel*** :
  - Le présumé auteur doit avoir utilisé[441] ou employé le terme « *pygmée* » ;
  - il doit l'avoir utilisé pour désigner ou distinguer un autochtone des autres groupes de la population nationale.
- ***Élément moral*** : il doit l'avoir fait volontairement (sciemment).

231- USURPATION DE FONCTIONS

- ***Élément légal*** **:** article 258 du Code pénal.
  - **Teneur du texte** :

> ***Art. 258 du CP*** *: « Quiconque, sans titre, se sera immiscé dans des fonctions publiques, civiles ou militaires, ou aura fait des actes d'une de ces fonctions, sera puni d'un emprisonnement de deux à cinq ans, sans préjudice de la peine de faux, si l'acte porte le caractère de ce crime. »*

- **Peine principale** : deux (02) ans à cinq (05) ans d'emprisonnement (c'est un **délit**).

Compréhension : c'est le fait pour un individu d'intervenir ou de s'ingérer dans la fonction publique, civile ou militaire, ou d'accomplir un acte qui relève de l'une de ces fonctions, alors qu'il n'en a pas le droit (c.-à-d., en toute illégalité).

Attention : si le présumé auteur a plutôt pris un titre dans un document, *voir* soit le ***Faux en écriture publique***, soit l'***Usurpation de titre***.

Culpabilité :

- Le présumé auteur ne doit pas relever de la fonction en cause.
- ***Élément matériel*** : le présumé auteur doit :
  - soit s'être immiscé dans la fonction publique, civile ou militaire ;

---

[440] Article 1er, alinéa 2 de la loi n° 05-2011 du 25 février 2011, portant promotion et protections des droits des populations autochtones.
[441] Ça peut être soit par écrit, soit verbalement.

- soit avoir fait un acte qui relève de la fonction publique, civile ou militaire.

 Élément moral : il doit avoir agi en connaissance de ce qu'il n'avait aucune autorisation ou aucun droit de le faire. Il doit donc avoir agi de mauvaise foi.

232- USURPATION DE TITRE

 Élément légal : article 259, alinéa 1 et 2 du Code pénal.

- **Teneur du texte** :

> ***Art. 259 du CP*** : *« Toute personne qui aura publiquement porté un costume, un uniforme ou une décoration qui ne lui appartiendrait pas, sera punie d'un emprisonnement de six mois à deux ans.*
>
> *(Ainsi compl. L. 26/3/1924- D. appl. 29/12/1925 - AGG prom. 21/12/26 - JOAEF 1927 p. 2). Sera puni des mêmes peines quiconque aura fait usage d'un titre attaché à une profession légalement règlementée sans remplir les conditions exigées pour le porter. (...). »*

- **Peine principale** : six (06) mois à deux (02) ans d'emprisonnement (c'est un **délit**).

Compréhension : c'est le fait, pour une personne, d'user d'un titre attaché à une profession légalement règlementée, sans remplir les formalités exigées pour le porter.

Attention : si cet acte a été commis pour s'attirer des honneurs, *voir* ***Usurpation de titre de noblesse***.

Culpabilité :

 Élément matériel :
- Le présumé auteur doit avoir fait usage d'un titre ;
- ce titre doit avoir été attaché à une profession légalement règlementée ;
- il doit avoir usé du titre en cause, sans au préalable avoir accompli les formalités exigées pour le porter.

 Élément moral : Le présumé auteur doit l'avoir fait sciemment (en connaissance de cause).

233- USURPATION DE TITRE DE NOBLESSE

 Élément légal **:** article 259, alinéa 3 du Code pénal.

- **Teneur du texte** :

> ***Art. 259 du CP*** : *« (...). Sera puni d'une amende de 120.000 francs à 2.400.000 francs quiconque, sans droit et en vue de s'attribuer une*

distinction honorifique, aura publiquement pris un titre, chargé, altéré ou modifié le nom que lui assignent les actes de l'État civil. (...). »
Voir ***la note de bas de page****, pour lire l'intégralité de cet article*[442].

- **Peine principale** : 120.000 F CFA à 2.400.000 F CFA d'amende (c'est un **délit**).

Compréhension : c'est le fait pour une personne, sans en avoir le droit et dans le but de s'attribuer une distinction honorifique, de prendre publiquement un titre ou de charger, altérer ou modifier le nom contenu dans ses actes d'état civil (acte de naissance, de mariage...).

Attention : si cet acte n'a pas été commis pour s'attirer une distinction honorifique, *voir* ***Usurpation de titre***.

Culpabilité :

 Élément matériel :
- Le présumé auteur doit avoir :
  - soit pris un titre ;
  - soit chargé, altéré ou modifié le nom contenu dans ses vrais actes d'état civil.
- Il doit l'avoir fait publiquement.

 Élément moral : il doit l'avoir fait sans en avoir le droit et dans le but de s'attribuer une distinction honorifique. L'auteur présumé des faits doit donc avoir agi avec intention coupable.

234- UTILISATION DE CHÈQUE OU DE CARTE DE PAIEMENT, DE CRÉDIT OU DE RETRAIT, APRÈS OPPOSITION POUR PERTE OU VOL

 Élément légal **:** article 246, al. 1, et 239 du Règlement n° 02 /03/CEMAC /CM du 04 avril 2003, relatif aux systèmes, moyens et incidents de paiement.

---

[442] **Art. 259 du CP** : « Toute personne qui aura publiquement porte un costume, un uniforme ou une décoration qui ne lui appartiendrait pas, sera punie d'un emprisonnement de six mois à deux ans.
(Ainsi compi. L. 26/3/1924- D. appl. 29/12/1925 - AGG prom. 21/12/26 - JOAEF 1927 p. 2).
Sera puni des mêmes peines quiconque aura fait usage d'un titre attaché à une profession légalement règlementée sans remplir les conditions exigées pour le porter.
Sera puni d'une amende de 120.000 francs à 2.400.000 francs quiconque, sans droit et en vue de s'attribuer une distinction honorifique, aura publiquement pris un titre, chargé, altéré ou modifié le nom que lui assignent les actes de l'état civil.
Le tribunal ordonnera la mention du jugement en marge des actes authentiques ou des actes de l'état civil dans lesquels le titre aura été pris indûment ou le nom altéré.
Dans tous les cas prévus par le présent article, le tribunal pourra ordonner l'insertion intégrale ou par extrait du jugement dans les journaux qu'il désignera.
Le tout, aux frais du condamné. »

o **Teneur du texte** :

Art. 246 du R. 04/04/2003 : *« Est puni des peines prévues à l'article 239, le titulaire qui sciemment utilise un chèque, une carte de paiement, de crédit ou de retrait après opposition pour perte ou pour vol. »*   ***Art. 239 du R. 04/04/2003 :*** *« Est punie d'un emprisonnement de un (1) an à dix (10) ans et d'une amende de 100.000 à 10.000.000 F. CFA ou de l'une de ces deux peines seulement : (...). »*

o **Peines principales** : un (01) an à dix (10) ans d'emprisonnement et 100.000 F CFA à 10.000.000 F CFA d'amende, ou l'une de ces deux peines seulement (c'est un **délit**).

Compréhension : c'est le fait pour un individu de faire ou de tenter de faire, sciemment, usage d'un chèque ou d'une carte de paiement, de crédit ou de retrait, après l'interdiction de payer sur ce chèque ou cette carte pour cause de perte ou vol.

Attention : s'il s'agit d'une carte contrefaite ou falsifiée, *voir* ***Usage de chèque ou de carte de paiement, de crédit ou de retrait, contrefaite ou falsifiée.***

Culpabilité :

 Élément matériel :

o Le présumé auteur doit avoir utilisé ou tenté d'utiliser :

- soit un chèque qu'il avait perdu ;
- soit une carte de paiement, soit une carte de crédit, soit une carte de retrait, qu'il avait perdue ;

o il doit l'avoir fait après avoir fait la demande et obtenu l'opposition pour cause de perte ou vol.

 Élément moral : il doit l'avoir fait en connaissance de cause (sciemment).

235- UTILISATION DE PANNEAUX D'AFFICHAGE DANS UN BUT AUTRE QUE LA PRÉSENTATION ET LA DÉFENSE D'UNE CANDIDATURE ET D'UN PROGRAMME

 Élément légal : article 129-2 de la loi du 24 novembre 2001 portant loi électorale en République du Congo.

o **Teneur du texte** :

Article 129 de *: « Sont punies d'une amende de 300.000 à 1.000.000 de F CFA : (...) ;*   *2) l'utilisation des panneaux d'affichage dans un but autre que la présentation et la défense d'une candidature et d'un programme ; (...). »*

- **Peine principale** : 300.000 F CFA à 1.000.000 F CFA d'amende (c'est un **délit**).

Compréhension : c'est le fait pour une personne de se servir des panneaux d'affichage dans un but autre que la présentation et la défense d'une candidature et d'un programme.

Culpabilité :

- ***Élément matériel*** :
  - Le présumé auteur doit avoir utilisé un panneau d'affichage ;
  - il doit l'avoir fait dans un but autre que la présentation et la défense d'une candidature et d'un programme.
- ***Élément moral*** : il doit avoir agi en connaissance de cause (sciemment).

V

236- VAGABONDAGE

 Élément légal : articles 270 et 271 du Code pénal.

- **Teneur du texte** :

Art. 270 du CP : *« Les vagabonds ou gens sans aveu, sont ceux qui n'ont ni domicile certain, ni moyens de subsistance et qui n'exercent habituellement ni métier, ni profession.* *(Alinéa 2 abrogé par D. L. 30/10/1935 - AGG prom. 26/11/35 JOAEF 35 p. 1032). »* ***Art. 271 du CP*** : *« Les vagabonds ou gens sans aveu qui auront été légalement déclarés tels, seront, pour ce seul fait, punis de trois à six mois d'emprisonnement, ils seront renvoyés, après avoir subi leur peine, sous la surveillance de la haute police, pendant cinq au moins et dix ans au plus.* *Alinéa 2 - 3 - 4 abrogés par D. L 30/10/193 AGG 26/11/1935 JOAEF 35 p. 1032. »*

- **Peine principale** : trois (03) mois à six (06) mois d'emprisonnement (c'est un **délit**)[443].

Compréhension : c'est le fait pour une personne d'être dépourvue de domicile certain et de moyens de subsistance, et de n'exercer habituellement aucun métier et aucune profession.

Culpabilité :

 Élément matériel :
- Le présumé auteur doit avoir été sans *domicile certain*[444] et sans moyens de subsistance ;
- il ne doit, en outre, avoir exercé habituellement *aucun métier*, ni avoir *aucune profession.*[445]

 Élément moral : cette situation doit être imputable à l'agent, en raison de sa propre fainéantise. Il doit avoir été la cause de sa situation. D'où l'exigence d'une faute imputable à l'auteur présumé de cette infraction.

---

[443] Art. 269 du CP.

[444] Il s'agit du « domicile d'habitation » (cf. Faustin HELIE, *op. cit.*, p. 277 ; Antoine-Georges BLANCHE, *Études pratiques sur le Code pénal*, Quatrième Étude [en ligne] Paris, 1868, p. 338. Disponible sur Gallica : http : //gallica.bnf.fr/).

[445] Il ne se confond pas au « *manque absolu du travail* », qui serait extérieur à la volonté du présumé coupable. Mais, le défaut de métier ou d'exercice de profession doit résulter de la « *fainéantise* » de l'agent (cf. Joseph Édouard BOITARD et Faustin HELIE, *op. cit.*, p. 320-321).

Rappel : les individus déclarés vagabonds, par décision de justice, pourront, s'ils sont étrangers, être conduits, par les ordres du Gouvernement, « *hors du territoire national* ».[446]

237- VENTE D'ENFANT

□ ***Élément légal*** : article 115, alinéa 1 de la loi n° 4-2010 du 14 juin 2010 portant protection de l'enfant en République du Congo.

- **Teneur du texte** :

Art. 115 de L. 14/06/2010 *: « Est puni des travaux forcés à temps et d'une amende de 1.000.000 à 10.000.000 de francs CFA, quiconque se livrera à la traite, à la vente, au trafic ou à toutes autres formes d'exploitation de l'enfant quel que soit le mobile. (...). »*

- **Peines principales** : cinq (05) ans à trente (30) ans des *travaux forcés*[447] et 1.000.000 F CFA à 10.000.000 F CFA d'amende (c'est un **crime**).

Compréhension : c'est le fait pour un individu de transférer un enfant à une tierce personne, moyennant un avantage quelconque.

Rappel : l'auteur de faits peut en outre être condamné à payer les frais de recherche de famille, de rapatriement et de réinsertion sociale de l'enfant victime.[448]

Attention : Si l'enfant en cause a été soumis à une exploitation quelconque, *voir* ***Traite d'enfant***.

Culpabilité :

- La victime doit avoir été un enfant (mineur de 18 ans).
- ***Élément matériel*** :
  - Le présumé auteur doit avoir transféré cet enfant à une autre personne ou à une structure quelconque ;
  - il doit l'avoir fait contre une « *rémunération ou autre avantage* »[449].

---

[446] Art. 272 du CP.

[447] Art. 19 du CP.

[448] L'article 115, alinéa 2 de la loi n° 4-2010 du 14 juin 2010 portant protection de l'enfant en République du Congo dispose, en effet, que : « (…). Les juridictions répressives pourront en outre condamner l'auteur de ces faits à payer les frais de recherche de famille, de rapatriement et de réinsertion sociale.
Les auteurs et complices pourront également être déchus de leurs droits civiques, civils et de famille. »

[449] « On entend par *vente d'enfants*, tout acte ou toute transaction faisant intervenir le transfert d'un enfant, de toute personne ou de tout groupe de personnes à une autre personne ou à un autre groupe contre rémunération ou tout autre avantage » (art. 60, al, 2 de L. 14/06/2010).

□ ***Élément moral*** : il doit avoir agi volontairement (avec intention coupable).

238- VENTE DE PRODUITS (forestiers) DE L'EXERCICE DU DROIT D'USAGE

□ ***Élément légal*** : article 143 de la loi n° 16-2000 du 20 novembre 2000 portant Code forestier en République du Congo.

- **Teneur du texte** :

Art. 143 de L. 20/11/2000 : *« Sont punis d'une amende de 5.000 à 100.000 FCFA, les usagers qui vendent les produits de l'exercice de leurs droits d'usage ou les emploient à une destination autre que celle pour laquelle le droit d'usage a été accordé. »*

- **Peine principale** : 5.000 F CFA à 100.000 F CFA d'amende (c'est un **délit**).

Compréhension : c'est le fait pour un *usager des produits forestiers*[450] de vendre les produits de l'exercice de son droit d'usage.

Attention : s'il y a eu une exploitation autre que la vente des produits en cause, *voir* ***Détournement du droit d'usage des produits forestiers***.

Culpabilité :

□ Le présumé auteur doit avoir bénéficié du droit d'usage des produits forestiers.

□ ***Élément matériel*** : il doit avoir vendu (cédé à titre onéreux) lesdits produits (produits de l'exercice de son droit d'usage).[451]

□ ***Élément moral*** : il doit avoir agi volontairement.

[450] Comme exprimé plus haut, dans les forêts protégées « les populations locales de nationalité congolaise ou étrangère, sous réserve des règlements prévus au présent article, jouissent de droits d'usage leur permettant de :
- récolter les perches, gaulettes et autres produits ligneux nécessaires à la construction et à l'entretien de leurs habitations, meubles, ustensiles domestiques et outils, ainsi que les bois morts et les plantes d'intérêt culturel, alimentaire ou médicinal ;
- chasser, pêcher et récolter les produits dans les limites prévues par la loi ;
- établir des cultures ou des ruches et faire paître leur bétail ou récolter du fourrage », conformément à *l'article 40 du Code forestier.*
Le ministre en charge des eaux et forêts « réglemente par arrêté l'exercice de ces droits. Il peut notamment limiter leur connaissance et fixer les conditions de lieux, de temps, de quantités ou de méthode à leurs mises en œuvre » (*loc. cit.*).

[451] « Les droits d'usage sont réservés à la satisfaction des besoins personnels de leurs bénéficiaires. Les produits qui en sont issus ne peuvent faire l'objet de ventes commerciales. Leur exercice est gratuit » (art. 42 du Code forestier).

239- VENTE DE TABAC OU DE SES DÉRIVÉS AUX ABORDS D'UN ÉTABLISSEMENT SCOLAIRE

□ ***Élément légal* :**

A et **B** : articles 6 et 20 de la loi n° 12-2012 du 4 juillet 2012 relative à la lutte antitabac.

- **Teneur du texte** :

Art. 6 de L. 04/07/2012 *: « Sont également interdites :*
- la vente de tabac et de ses dérivés aux abords des établissements scolaires ; (...). »
Art. 20 de L. 04/07/2012 *: « Sont punis d'une amende allant de 200.000 à 1.500.000 de francs CFA, les auteurs des infractions prévues aux articles 4, 5, 6 et 7 de la présente loi ; en cas de récidive l'amende passe de 1.500.000 à 3.000.000 de francs CFA. »*

- **Peines principales** :
- **A** : 200.000 F CFA à 1.500.000 F CFA d'amende (c'est un **délit**) ;
- **B** : 1.500.000 F CFA à 3.000.000 F CFA d'amende (c'est un **délit**).

Compréhension : c'est le fait pour une personne de vendre le tabac ou ses dérivés aux « alentours » (environs) d'un établissement scolaire.

Culpabilité :

➢ **A** :

□ ***Élément matériel*** :
- Le présumé auteur doit avoir soit vendu, soit exposé en vue de la vente, le tabac ou ses dérivés ;
- il doit l'avoir fait aux abords (alentours ou environs) d'un établissement scolaire.

□ ***Élément moral*** : il doit avoir agi en connaissance de cause.

« Aggravation de la peine »

➢ **B** : en cas de récidive, ***voir peine B***.

240- VENTE « ILLICITE » DE PRODUITS PHARMACEUTIQUES À L'ÉTALAGE

□ ***Élément légal* :** articles 27 et 28 de la loi n° 25-94 du 23 août 1994 portant réglementation de l'exercice du commerce en République du Congo.

- **Teneur du texte** :

Art. 28 de L. 23/08/1994 *: « Sont punis d'une amende de cent mille à cinquante millions de francs CFA, les auteurs des infractions prévues à l'article 27 de la présente loi. »*
Art. 27 de L. 23/08/1994 *: « Sont considérées comme infractions à la présente loi : (...) ;*
- la vente des produits pharmaceutiques à l'étalage sans autorisation préalable des autorités compétentes. »

- **Peine principale** : 100.000 F CFA à 50.000.000 F CFA d'amende (c'est un **délit**).

Compréhension : c'est le fait pour une personne, sans avoir été « autorisée » au préalable par l'autorité compétente, de vendre en exposant sur une table ou dans un « kiosque », ou sur un autre objet, des produits pharmaceutiques.

Culpabilité :

- ***Élément matériel*** :
  - Le présumé auteur doit avoir vendu les produits pharmaceutiques ;
  - il doit l'avoir fait par étalage ;
  - il doit l'avoir fait sans autorisation préalable de l'autorité compétente.
- ***Élément moral*** : il doit avoir agi en connaissance de cause.

241- VENTE À LA SAUVETTE SUR LES VOIES ET PLACES PUBLIQUES

- ***Élément légal*** : articles 27 et 28 de la loi n° 25-94 du 23 août 1994 portant réglementation de l'exercice du commerce en République du Congo.

- **Teneur du texte** :

Art. 28 de L. 23/08/1994 *: « Sont punis d'une amende de cent mille à cinquante millions de francs CFA, les auteurs des infractions prévues à l'article 27 de la présente loi. »*
Art. 27 de L. 23/08/1994 *: « Sont considérées comme infractions à la présente loi : (...) ;*
- l'exercice, de façon habituelle, d'une activité commerciale par des associations ou des coopératives n'ayant pas été prévue par les statuts ainsi que toute vente à la sauvette sur les voies et les places publiques ; (...).»

- **Peine principale** : 100.000 F CFA à 50.000.000 F CFA d'amende (c'est un **délit**).

Compréhension : c'est le fait pour une personne de vendre des choses de « façon illégale » dans un lieu public.

Attention : si les choses vendues sont des produits pharmaceutiques, *voir* ***Vente illicite des produits pharmaceutiques à l'étalage***.

Culpabilité :

- ***Élément matériel*** :
  - Le présumé auteur doit avoir vendu ou exposé des choses, en vue de leur vente ;
  - il doit l'avoir fait sur les voies ou places publiques.
  - il doit l'avoir fait sans justifier d'une autorisation de l'autorité publique.
- ***Élément moral*** : il doit l'avoir fait volontairement.

242- VIOL

- ***Élément légal*** :

A et **B** : articles 332, alinéa 1 du Code pénal et 113 de la loi n° 2010 du 14 juin 2010 portant protection de l'enfant en République du Congo.

- **Teneur du texte** :

> ***Art. 332 du CP*** *: « Quiconque aura commis le crime de viol, sera puni des travaux forcés à temps. (D. 47/2248 du 19/11/1947- AGG prom. 3245 du 5/12/1947 JOAEF 1947 p. 1611). Si le crime a été commis sur la personne d'un enfant au-dessous de l'âge de treize ans accomplis, le coupable subira le maximum de la peine des travaux forcés à temps. (...). »*
>
> ***Art. 113 de L. 14/06/2010*** *: « Quiconque aura commis un outrage public, un attentat à la pudeur ou un viol en la présence ou sur la personne de l'enfant sera puni conformément aux dispositions du Code pénal régissant ces infractions. »*

- **Peines principales** :

- **A** : cinq (05) ans à trente (30) ans des *travaux forcés* (c'est un **crime**) ;[452]
- **B** : trente (30) ans des *travaux forcés* (c'est un **crime**).[453]

Compréhension : c'est le fait pour un individu d'entreprendre des relations sexuelles avec une personne de sexe féminin, par « violence, contrainte, menace ou surprise ».[454]

---

[452] Art. 19 du CP.

[453] *Idem.*

[454] Bien que non défini par le législateur, le viol indiquerait l'action, pour un homme, d'introduire son "membre viril" dans le sexe de la femme, « conjonction illicite », contre la volonté de celle-ci (cf. Faustin HELIE, *op. cit.*, p. 357). Ainsi, celui qui entreprend des

Attention : s'il y a pénétration sexuelle, autre que la conjonction sexuelle (c.-à-d., la pénétration sexuelle autre que « la pénétration par le sexe, dans le sexe »), sur la personne d'un enfant (*voir **Pratique pédophile***).

S'il y a pénétration sexuelle, autre que la conjonction sexuelle, sur une personne âgée de plus de 18 ans (*voir **Attendant à la pudeur avec violence***).

Si, à l'issue de cet acte, la victime mineure se retrouve en état de gestation, *voir **Mise en état de grossesse d'une enfant.***

Culpabilité :

➢ **A** :

 Élément matériel :

- Le présumé auteur doit avoir entrepris des relations sexuelles avec la victime (une personne de sexe féminin) ;
- il doit l'avoir fait par : soit « *violence* », soit « *contrainte* », soit « *menace* », soit « *surprise* ».

 Élément moral : le présumé auteur doit avoir eu conscience de ce que la victime n'a pas consenti à l'acte sexuel pratiqué sur elle.[455]

« Aggravation de la peine »

➢ **B** : si la victime est âgée de moins de 13 ans, ***voir peines B.***

243- VIOLATION DE CORRESPONDANCES

□ ***Élément légal*** :

- **A** : art. 187, al. 1 du CP ;
- **B** : art. 187, al. 2 du CP.

  - **Teneur du texte** :

Art. 187 du CP : *« Toute suppression, toute ouverture de lettres confiées à la poste, commise ou facilitée par un fonctionnaire ou un agent du Gouvernement ou de l'administration des postes, sera punie d'une amende de 4.000 francs à 120.000 francs, et d'un emprisonnement de trois mois à cinq ans.* *Le coupable sera, de plus, interdit de toute fonction ou emploi public pendant cinq ans au moins et dix au plus.*

relations sexuelles avec autrui par violence, contrainte, menace ou surprise, commet l'infraction de viol (cf. Cyprien GANZINO-NGOUNGA, *op. cit.*, p. 651 ; Michel Romaric AZALOU, *Qualification des infractions courantes*, 2ème éd., Cotonou, 2006, p. 222).

[455] La violence devrait résulter de la « *résistance de la victime ou des actes frauduleux qui l'ont paralysée* » (cf. Faustin Hélie, *op. cit.*, p. 358). Il en est ainsi, lorsqu'un individu administre les « somnifères » à la victime pour avoir des relations sexuelles avec elle.

(Ainsi compl. L. 15/6/1922 - D. appl. 13/11/1926 - AGG prom. 3/1/1927 JOAEF 1927p. 27). En dehors des cas prévus au paragraphe 1er du présent article, toute suppression, toute ouverture de correspondances adressées à des tiers, faite de mauvaise foi, sera punie d'un emprisonnement de six jours à un an et d'une amende de 4.000 francs à 120.000 francs, ou de l'une de ces deux peines seulement. »

- **Peines principales** :

- **A** : trois (03) mois à cinq (05) ans d'emprisonnement et 4.000 F CFA à 120.000 F CFA d'amende (c'est un **délit**) ;
- **B** : six (06) jours à un (01) an d'emprisonnement et 4.000 F CFA à 120.000 F CFA d'amende, ou l'une de ces deux peines seulement (c'est un **délit**).

Compréhension : c'est le fait pour un individu de supprimer ou d'ouvrir une lettre confiée à la poste ou adressée à un tiers.

Culpabilité :

✓ *Cas des fonctionnaires ou agents de gouvernement* (***voir peines A***).

➢ **A** :

□ Le présumé auteur doit avoir été un fonctionnaire ou un agent du gouvernement ou de l'administration de la poste.

□ ***Élément matériel*** : il doit avoir soit supprimé, soit ouvert, soit facilité la suppression ou l'ouverture d'une ou des lettres confiées à la poste.

□ ***Élément moral*** : il doit l'avoir fait en connaissance de cause (sciemment).

✓ *Cas des particuliers* (***voir peines B***).

➢ **B** :

□ Le présumé auteur doit avoir été un particulier.

□ ***Élément matériel*** : il doit avoir soit supprimé, soit ouvert une correspondance adressée à un tiers (autrui).[456]

□ ***Élément moral*** : il doit avoir agi de mauvaise foi (sciemment).

244- VIOLATION DE DOMICILE PAR UN AGENT PUBLIC (« abus d'autorité »)

□ ***Élément légal*** : article 184, alinéa 1 du Code pénal.

[456] Il peut en être le cas de celui qui accède frauduleusement à « la boite électronique » d'autrui, pour y lire des messages.

o **Teneur du texte** :

> ***Art. 184 du CP*** *: « Tout fonctionnaire de l'ordre administratif ou judiciaire, tout officier de justice ou de police, tout commandant ou agent de la force publique, qui, agissant en sa dite qualité, se sera introduit dans le domicile d'un citoyen contre le gré de celui-ci, hors les cas prévus par la loi, et sans les formalités qu'elle a prescrites, sera puni d'un emprisonnement de six jours à un an, et d'une amende de 4.000 à 120.000 francs, sans préjudice de l'application du second paragraphe de l'article 114*[457]*. (...). »*

o **Peines principales** : six (06) jours à un (01) an d'emprisonnement et 4.000 F CFA à 120.000 F CFA d'amende (c'est un **délit**).

Compréhension : c'est le fait pour une autorité publique[458] de s'introduire, en sa dite qualité, dans le domicile d'un citoyen contre le gré de celui-ci, en dehors des cas prévus par la loi et sans formalités prescrites par la loi.

Attention : si cette infraction a été commise par un particulier, *voir* ***Violation de domicile par un particulier***.

Culpabilité :

- Le présumé auteur doit avoir été soit un fonctionnaire de l'ordre administratif ou judiciaire, soit un officier de justice ou de police, soit un commandant ou un agent de la force publique ;
- il doit avoir agi en cette qualité.[459]
- ***Élément matériel*** :
  - o Il doit s'être introduit au domicile d'autrui contre le gré du propriétaire ;
  - o il doit l'avoir fait hors les cas prévus par la loi et sans les formalités prescrites par elle.
- ***Élément moral*** : le présumé auteur doit l'avoir fait volontairement (de mauvaise foi).

---

457 **Art. 114 du CP** : « Lorsqu'un fonctionnaire public, un agent ou un préposé du Gouvernement, aura ordonné ou fait quelque acte arbitraire ou attentatoire, soit à la liberté individuelle, soit aux droits civiques d'un ou de plusieurs citoyens, soit à la charte (à la Constitution), il sera condamné à la peine de la dégradation civique.
Si néanmoins il justifie qu'il a agi par ordre de ses supérieurs pour des objets du ressort de ceux-ci, sur lesquels il leur était dû obéissance hiérarchique, il sera exempt de la peine, laquelle sera dans ce cas, appliquée seulement aux supérieurs qui auront donné l'ordre. »

458 Fonctionnaire de l'ordre administratif ou judiciaire, tout officier de justice ou de police, tout commandant ou agent de la force publique.

459 Si le présumé auteur n'a pas agi en sa qualité « soit de fonctionnaire de l'ordre administratif ou judiciaire, soit d'officier de justice ou de police, soit de commandant ou d'agent de la force publique », il n'aurait pas abus d'autorité. Il s'agira, dans ce cas, d'une simple violation de domicile par un particulier (cf. Faustin Hélie, *op. cit*, p. 223).

245- VIOLATION DE DOMICILE PAR UN PARTICULIER

- ***Élément légal*** : article 184, alinéa 2 du Code pénal.
  - **Teneur du texte** :

Art. 184 du CP : *« (...). Tout individu qui se sera introduit à l'aide de menaces ou de violences dans le domicile d'un citoyen, sera puni d'un emprisonnement de six jours à trois mois et d'une amende de 4.000 à 48.000 francs. »*

  - **Peines principales** : six (06) jours à trois (03) mois d'emprisonnement et 4.000 F CFA à 48.000 F CFA d'amende (c'est un **délit**).

Compréhension : c'est le fait pour une personne de s'introduire, de force,[460] dans le domicile d'autrui.

Attention : si cette infraction a été commise par un agent public, *voir* ***Violation de domicile par un agent public*** *(abus d'autorité).*

Culpabilité :

- ***Élément matériel :***
  - Le présumé auteur doit s'être introduit dans le domicile d'autrui ;
  - il doit avoir usé des menaces ou violences pour s'y introduire.[461]
- ***Élément moral*** : il doit avoir agi volontairement. Il doit s'être introduit dans le domicile de la victime contre le gré de celle-ci.[462]

246- VIOLATION DE SÉPULTURE OU DE TOMBEAU

- ***Élément légal*** **:** article 360, al. 1 du Code pénal.
  - **Teneur du texte** :

Art. 360 du CP : *« Sera puni d'un emprisonnement de trois mois à un an, et de 4.000 francs à 48.000 francs d'amende, quiconque se sera rendu coupable de violation de tombeaux ou de sépultures, sans préjudice des peines contre les crimes ou les délits qui seraient joints à celui-ci. (...). »*[463]

  - **Peines principales** : trois (03) mois à un (01) an d'emprisonnement et 4.000 F CFA à 48.000 F CFA d'amende (c'est un **délit**).

---

[460] En usant des menaces ou des violences.

[461] Il doit s'être introduit dans la parcelle de la victime sans le consentement de celle-ci.

[462] Il peut arriver qu'un individu se soit régulièrement introduit dans le domicile d'autrui, mais qu'après l'avoir aperçu, le propriétaire manifeste son mécontentement et demande en vain à cet individu de sortir de son domicile. Parlera-t-on toujours de violation de domicile, dans ce cas ? Le législateur ne devrait-il pas étendre cette infraction aux maintiens illicites dans les domiciles d'autrui ?

[463] *Voir* ***Profanation de cadavre***, pour lire l'intégralité de cet article.

Compréhension : c'est le fait pour un individu de violer le « caractère sacré » de la sépulture, ou « le respect dû aux morts ».

Culpabilité :

 Élément matériel : le présumé auteur doit avoir traité sans respect ou violé :

- soit un tombeau (en cassant, par exemple, « une pierre tombale »[464] ou en « portant atteinte à l'ornement ou aux fleurs »[465] qui y sont déposées) ;
- soit « le lieu où est déposé le corps du défunt »[466] en vue des cérémonies funéraires (la « chapelle », par exemple).

 Élément moral : il doit avoir agi volontairement (en connaissance de cause).

247- VIOLATION DES RÈGLEMENTS DE L'ADMINISTRATION PÉNITENTIAIRE

 Élément légal :

- **A** : art. 248, al. 1 et 2 du CP ;
- **B** : art. 248, al. 1, 3 et 4 ; et 237 du CP.

- **Teneur du texte** :

Art. 248 du CP *: « (L. 48-1079 du 7/7/48 modifiée par L. 50 - 590 du 30/5/1950 appl. OM. Par L. 52/ 151 du 13/2/1952 - AGG prom. 856 du 10/3/1952- JOAEF 1952 p. 421). Sans préjudice de l'application, le cas échéant, des peines plus fortes portées aux articles qui précèdent, sera puni d'un emprisonnement de quinze jours à six mois quiconque aura, dans des conditions irrégulières, remis ou fait parvenir ou tenté de remettre ou faire parvenir à un détenu, en quelque lieu que ce soit des sommes d'argent, correspondances ou objets quelconques.*

(Al. Mod.L.30/5/1950). La sortie ou la tentative de sortie irrégulière des sommes d'argent, correspondances ou objets quelconques, sera punie des mêmes peines.

Les actes visés aux deux alinéas précédents seront considérés comme accomplis dans des conditions irrégulières, s'ils ont été commis en violation d'un règlement émanant de la direction de l'administration pénitentiaire ou approuvé par elle.

---

[464] Michel VERON, *op. cit.*, p. 177.
[465] Jean PRADEL et Michel DANTI-JUAN, *op. cit.*, p. 169.
[466] *Idem*, p. 167.

Si le coupable est l'une des personnes désignées à l'article 237[467] *ou une personne habilitée par ses fonctions à approcher à quelque titre que ce soit les détenus, la peine à son égard sera un emprisonnement de six mois à deux ans. »*

- o **Peines principales** :
- **A** : quinze (15) jours à six (06) mois d'emprisonnement (c'est un **délit**) ;
- **B** : six (06) mois à deux (02) ans d'emprisonnement (c'est un **délit**).

Compréhension : c'est le fait pour une personne de remettre irrégulièrement à un détenu tout objet, en violation des règlements de l'établissement pénitentiaire.

Culpabilité :

- ***Élément matériel*** :
  - o Le présumé auteur doit avoir remis à un détenu les objets quelconques (sommes d'argent, correspondances…)[468] ;
  - o il doit l'avoir fait en quelque lieu que ce soit ;
  - o il doit l'avoir fait dans des conditions irrégulières (c.-à-d., en « violation d'un règlement émanant de la direction de l'administration pénitentiaire ou approuvé par elle »)[469].
- ***Élément moral*** : il doit avoir agi de mauvaise foi (en connaissance de cause).

« Atténuation et aggravation de la peine » :

- **A** : si l'infraction a été commise par un particulier (***voir peines A***).
- **B** : si l'infraction a été commise par *tout préposé à la conduite, à la garde ou au transport, ou à la conduite du détenu*, ou par une *personne habilitée par ses fonctions à approcher à quelque titre que ce soit les détenus* (***voir peine B***).

248- VIOLATION DE L'ÉGALITÉ D'ACCÈS AUX AVANTAGES COLLECTIFS EN MATIÈRE DE TRAVAIL TEMPORAIRE

- ***Élément légal*** :

A et **B** : article 256-2 de la loi n° 45-75 du 15 mars 1975 portant Code du travail en République du Congo.

---

[467] **Art. 237 du CP** : « Toutes les fois qu'une évasion de détenus aura lieu les huissiers, les commandants en chef ou en sous-ordre, soit de la gendarmerie, soit de la force armée servant d'escorte ou garnissant les postes, les concierges, gardiens, geôliers, et tous autres préposés à la conduite, au transport ou à la garde des détenus, seront punis ainsi qu'il suit : »

[468] Sous réserve que ces objets soient prévus par le règlement de l'établissement pénitentiaire en cause.

[469] Art. 248, al. 3 du CP.

- **Teneur du texte** :

> ***Art. 256-2 du Code du travail*** *(Loi n° 6-96) : « Sera punie d'une amende de 200.000 FCFA à 500.000 FCFA en cas de récidive d'une amende de 500.000 FCFA à 1.000.000 FCFA, toute personne qui n'aura pas respecté le principe de l'égalité d'accès aux avantages collectifs en matière de travail temporaire.*
>
> *En cas de double récidive, l'emprisonnement d'un mois est prononcé. »*

- **Peines principales** :

- **A** : 200.000 F CFA à 500.000 F CFA d'amende (c'est un **délit**) ;
- **B** : 500.000 F CFA à 1.000.000 F CFA d'amende (c'est un **délit**).

Compréhension : c'est le fait pour une personne de violer le principe d'égalité d'accès aux avantages collectifs en matière de travail temporaire.

Culpabilité :

➢ **A** :

 La victime doit avoir été employée à l'exercice d'un travail temporaire ;

 Élément matériel : le présumé auteur doit lui avoir privé d'un avantage reconnu à tous les travailleurs temporaires ;

 Élément légal : il doit l'avoir fait sciemment.

« Aggravation de la peine »

➢ **B** : en cas de récidive, ***voir peine B***.

249- VIOLATION DU SECRET PROFESSIONNEL

 Élément légal : article 378, al 1 du Code pénal.

- **Teneur du texte** :

> ***Art. 378 du CP*** *: « (L. n° 56.217 du1/3/1956- AGG prom. n° 1012 du 16/3/1956 — JOAEF 1956 p. 364). Les médecins, chirurgiens et autres officiers de santé, ainsi que les pharmaciens, les sages-femmes et toutes autres personnes dépositaires, par état ou profession ou par fonctions temporaires ou permanentes, des secrets qu'on leur confie, qui, hors le cas où la loi les oblige ou les autorise à se porter dénonciateurs, auront révélé ces secrets, seront punis d'un emprisonnement d'un mois à six mois et d'une amende de 24.000 francs à 120.000 francs.*
>
> *(Article 90. D. 29/7/1939 - L. appl. n° 56 - 217 du 1/3/1956 AGG Prom. n° 1012 du 16/3/1956, p. 365). Toutefois les personnes ci-dessus énumérées, sans être tenues de dénoncer les avortements jugés par elles criminels dont elles ont eu connaissance à l'occasion de l'exercice de leur profession, n'encourent pas, si elles les dénoncent, les peines prévues au paragraphe*

précédent ; citées en justice pour une affaire d'avortement, elles demeurent libres de fournir leur témoignage à la justice sans s'exposer à aucune peine. »

- **Peines principales** : un (01) mois à six (06) mois d'emprisonnement et 24.000 F CFA à 120.000 F CFA d'amende (c'est un **délit**).

Compréhension : c'est le fait pour une personne, qui « détient » « une information secrète » en raison de son état, sa profession ou sa fonction, de la révéler, en dehors des cas prévus par la loi.

Culpabilité :

 Le présumé auteur doit avoir été dépositaire par état ou profession, ou par fonction (temporaire ou permanente), d'une information secrète.

 Élément matériel :

- Il doit avoir divulgué ou révélé ladite information ;
- il doit l'avoir fait par écrit ou verbalement ;
- il doit l'avoir fait hors les cas prévus par la loi).

 Élément moral : le présumé auteur doit l'avoir fait volontairement (en connaissance de cause).

250- VIOLENCES À AGENT PUBLIC

 Élément légal :

- **A** : art. *228*[470] et 230 du CP ;
- **B** : art. 228 et 232 du CP ;
- **C** : art. 228 et 231 du CP ;
- **D** : art. 228 et 231 du CP ;
- **E :** art. 228 et 233 du CP.

- **Teneur du texte** :

Art. 230 du CP *: « Les violences ou voies de fait de l'espèce exprimées en l'article 228, dirigées contre un officier ministériel, un agent de la force publique, ou un citoyen chargé d'un ministère de service public, si elles ont lieu pendant qu'ils exercent leur ministère ou à cette occasion, seront punies d'un emprisonnement d'un mois au moins et de trois ans au plus et d'une amende de 4.000 à 120.000 francs. »*

Art. 231 du CP *: « Si les violences exercées contre les fonctionnaires et agents désignés aux articles 228 et 230, ont été la cause d'effusion de sang, blessures ou maladie, la peine sera la réclusion ; si la mort s'en est suivie, dans les quarante jours, le coupable sera puni des travaux forcés à perpétuité. »*

[470] *Voir **Violences à magistrat,*** pour lire cette disposition.

Art. 232 du CP *: « Dans le cas même où ces violences n'auraient pas causé d'effusion de sang, blessure ou maladie, les coups seront punis de la réclusion, s'ils ont été portés avec préméditation ou guet-apens. »*

Art. 233 du CP *: « Si les coups ont été portés ou les blessures faites à un des fonctionnaires ou agents désignés aux articles 228 et 230 dans l'exercice ou à l'occasion de l'exercice de leurs fonctions avec intention de donner la mort, le coupable sera puni de mort. »*

- **Peines principales** :

- **A** : un (01) mois à trois (03) ans d'emprisonnement et 4000 F à 120 000 d'amende F (c'est un **délit**) ;
- **B** et **C** : cinq (05) ans à dix (10) ans de *réclusion* (c'est un **crime**) ;[471]
- **D** : travaux forcés à perpétuité (c'est un **crime**) ;
- **E** : mort (c'est un **crime**).[472]

Compréhension : c'est le fait pour un individu d'employer la violence envers un officier ministériel, un agent public ou une personne chargée d'un ministère de service public, dans ses fonctions ou à l'occasion de l'exercice de ses fonctions.

Culpabilité :

- ***Élément matériel*** :
  - Le présumé auteur doit avoir employé toute violence ou voie de fait envers un agent de la force publique ou un officier ministériel, ou un citoyen chargé d'un ministère de service public ;
  - ces actes doivent avoir été commis dans l'exercice des fonctions ou à l'occasion de l'exercice des fonctions de la victime.
- ***Élément moral*** : le présumé auteur doit avoir agi volontairement (en connaissance de cause).

« Atténuation et aggravation de la peine » :

- **A** : si ces violences n'ont pas été préméditées et n'ont occasionné aucune blessure à l'agent (***voir peines A***) ;
- **B** : si ces violences ont été commises avec préméditation et/ou guet-apens, et sans effusion de sang, ni blessure ou maladie à l'agent (***voir peines B***) ;
- **C** : si ces violences ont été la cause d'effusion de sang, des blessures ou de la maladie, sans que mort s'en suive dans les quarante (40) jours (***voir peines C***) ;

[471] Art. 21, al. 2 du CP.

[472] Cette peine est abolie (cf. art. 8, al. 4 de la Constitution congolaise du 25 octobre 2015) ; voir *Assassinat*, pour les détails.

- **D** : si ces violences ont été la cause d'effusion de sang, des blessures ou de la maladie, et que la victime a succombé quarante (40) jours suivant les faits (***voir peines D***) ;
- **E** : si l'acte a été commis avec l'intention de donner la mort à l'agent (***voir peines E***).

251- VIOLENCES À MAGISTRAT

□ ***Élément légal*** :
- **A** : art. 228, al. 1 du CP ;
- **B** : art. 228, al. 2 du CP ;
- **C** : art. 228 et 232 du CP ;
- **D** : art. 228 et 231 du CP ;
- **E** : art. 228 et 231 du CP ;
- **F** : art. 228 et 233 du CP.

o **Teneur du texte**

Art. 228 du CP : *« Tout individu qui, même sans armes et sans qu'il en soit résulté de blessures, aura, frappé un magistrat dans l'exercice de ses fonctions, ou à l'occasion de cet exercice, ou commis toute autre violence ou voie de fait envers lui dans les mêmes circonstances, sera puni d'un emprisonnement de deux à cinq ans.*

Le maximum de cette peine sera toujours prononcé si la voie de fait a eu lieu à l'audience d'une cour ou d'un tribunal. Le coupable pourra, en outre, dans les deux cas, être privé des droits mentionnés en l'article 42 du présent code pendant cinq ans au moins et dix ans au plus, à compter du jour où il aura subi sa peine, et être placé sous la surveillance de la haute police pendant le même nombre d'années. »

Pour lire les dispositions des articles 231, 232 et 233 du CP, ***voir Violences à agent public****.*

o **Peines principales** :
- **A** : deux (02) ans à cinq (05) ans d'emprisonnement et 4.000 F CFA à 48.000 F CFA d'amende ou l'une de ces deux peines seulement (c'est un **délit**) ;
- **B** : cinq (05) ans d'emprisonnement (c'est un **délit**) ;
- **C** : cinq (05) ans à dix (10) ans de *réclusion* (c'est un **crime**) ;[473]
- **D** : cinq (05) ans à dix (10) ans de *réclusion* (c'est un **crime**) ;[474]
- **E** : travaux forcés à perpétuité (c'est un **crime**) ;
- **F** : mort (c'est un **crime**).[475]

---

[473] Art. 21, al. 2 du CP.
[474] *Idem.*
[475] Cette peine est abolie ; voir *Assassinat*, pour les détails.

Compréhension : c'est le fait pour un individu d'employer toute violence ou voie de fait envers un magistrat.[476]

Attention : si le présumé auteur a plutôt injurié ou commis tout acte attentatoire à la considération du magistrat sans contact direct avec son intégrité physique, *voir* ***Outrage à magistrat***.

Culpabilité :

- ***Élément matériel*** :
  - Le présumé auteur doit avoir employé toute violence ou voie de fait envers un magistrat[477] ;
  - il doit l'avoir fait pendant que ce magistrat était dans l'exercice de ses fonctions ou à l'occasion de l'exercice de ses fonctions.
- ***Élément moral*** : le présumé auteur doit avoir agi volontairement.

« Atténuation et aggravation de la peine » :

- **A** : si ces violences n'ont pas été préméditées et n'ont occasionné aucune blessure au magistrat (***voir peines A***) ;
- **B** : si les faits ont eu lieu à l'audience d'un tribunal ou d'une Cour (***voir peines B***) ;
- **C** : si ces actes ont été prémédités ou commis avec guet-apens, mais sans effusion de sang, sans blessures ou maladie (***voir peines C***) ;
- **D** : si ces violences ont été la cause d'effusion de sang, blessures ou maladie, sans que mort s'en suive dans les quarante (40) jours suivants (***voir peines D***) ;
- **E** : si ces violences ont été la cause d'effusion de sang, des blessures ou de la maladie et que mort s'en est suivie dans les quarante (40) jours suivants (***voir peines E***) ;
- **F** : si ces violences ont été commises avec l'intention de donner la mort à la victime (***voir peine F***).

252- VIOLENCES ET VOIES DE FAIT

- ***Élément légal*** :
- **A** : art. 483 (1°) du CP ;
- **B** : art. 311, al. 1 et art. 309, al. 1 du CP ;
- **C** : art. 309, al. 1 du CP ;
- **D** : art. 311, al. 2 et art. 309, al. 1 du CP ;
- **E** : art. 309, al. 1 et 2 du CP.

---

[476] Il en est le cas de celui qui « frappe » ou qui exerce toute autre violence ou voie de fait envers un magistrat (cf. Michel Romaric AZOULA, *op. cit.* p.226).

[477] La victime de cette infraction doit être nécessairement un magistrat. Au cas contraire, la peine relative aux violences et voies de fait sera appliquée, ou celle des *Coups et blessures* (selon les cas).

- **Teneur du texte** :

Art. 483 du CP *: « Seront punis d'une amende de 4.000 à 24.000 francs inclusivement et pourront l'être, en outre, de l'emprisonnement pendant huit jours au plus :* *1° Les auteurs et complices de rixes, voies de fait ou de violences légères et ceux qui auraient volontairement jeté des corps durs ou des immondices sur quelqu'un ; (...). »*[478]

- **Peines principales** :
  - **A** : un (01) jour à huit 08) jours d'emprisonnement et 4.000 F CFA à 24.000 F CFA d'amende, ou de la peine d'amende seulement (c'est une **contravention**) ;
  - **B** : six (06) jours à deux (02) ans d'emprisonnement et 4.000 F CFA à 48.000 F CFA d'amende, ou l'une de ces deux peines seulement (c'est un **délit**) ;
  - **C :** deux (02) ans à cinq (05) ans d'emprisonnement et 4.000 F CFA à 480.000 F CFA d'amende (c'est un **délit**) ;
  - **D :** deux (02) ans à cinq (05) ans d'emprisonnement et 12.000 F CFA à 120.000 F CFA d'amende (c'est un **délit**) ;
  - **E :** cinq (05) ans à dix (10) ans de *réclusion* (c'est **un crime**).[479]

Compréhension : c'est le fait pour un individu d'employer toute violence, « autre que les coups et blessures », sur autrui.

Attention : si la victime est un ascendant[480] de l'auteur, *voir **Coups et blessures à ascendants.*** Quand c'est un enfant mineur qui en est victime, *voir **Coups ou blessures à enfant**.*

Si les coups portés ou les blessures faites volontairement sans intention de donner la mort, l'ont pourtant occasionnée, *voir **Coups Mortels**.*

Pour d'autres circonstances aggravantes des violences et voies de fait, *voir **Violences à magistrat*** ou ***Violences à agent public**.*

Culpabilité :

- ***Élément matériel*** :
  - Le présumé auteur doit avoir employé toute violence ou voie de fait envers autrui (la victime) ;
  - ces violences ne doivent pas avoir été des coups ou des blessures ;[481]

---

[478] Voir *Coups et blessures volontaires*, pour lire les articles 309 et 311 du Code pénal et cerner d'autres cas de violences autres que les coups ou blessures.

[479] Art. 21, al. 2 du CP.

[480] Le père ou la mère légitime, naturel (le) ou adoptif (ve), ou *seulement* les autres ascendants légitimes de l'auteur des faits.

[481] Faustin HELIE, *op. cit.*, p. 321.

□ ***Élément moral*** : il doit avoir agi volontairement (avec intention coupable).

« Atténuation et aggravation de la peine » :

- **A** : si la violence est légère, ***voir peines A*** ;
- **B** : si, de ces actes, il résulte à la victime une maladie ou une incapacité temporaire de travail, inférieure ou égale à vingt (20) jours (***voir peines B***) ;
- **C** : si, de ces actes, il résulte à la victime une maladie ou une incapacité temporaire de travail de plus de vingt (20) jours (***voir peines C***) ;
- **D** : si ces actes ont été commis avec préméditation et/ou guet-apens (***voir peines D***) ;
- **E** : si ces actes ont été suivis de mutilation, d'amputation ou de privation de l'usage d'un membre, ou de cécité, perte d'un œil, ou d'autres infirmités permanentes (***voir peine E***).

253- VOL (simple)

□ ***Élément légal*** **:** articles 379 et 401, alinéa 1 du Code pénal.

o **Teneur du texte** :

Art. 379 du CP : *« Quiconque a soustrait frauduleusement une chose qui ne lui appartient pas est coupable de vol. »*

Art. 401 du CP : *« Les autres vols non spécifiés dans la présente section, les larcins, et filouteries, ainsi que les tentatives de ces mêmes délits, seront punis d'un emprisonnement d'un an au moins et de cinq ans au plus et pourront même l'être d'une amende qui sera de 4.000 francs au moins et de 120.000 francs au plus. (...). »*

o **Peines principales** : un (01) an à cinq (05) ans d'emprisonnement et 4.000 F CFA à 120.000 F CFA d'amende, ou *seulement de la peine d'emprisonnement*[482] (c'est un **délit**).

Compréhension : c'est le fait pour une personne de « dérober » ou de s'emparer, ou de s'approprier une chose, à l'insu ou contre le gré de son propriétaire.[483]

Attention : on ne saurait retenir le vol à l'encontre de celui qui soustrait, même frauduleusement, une chose qui appartient à ses ascendants, « *ses*

On peut envisager le cas de celui qui, pour corriger un voleur, le bloque pendant quelques minutes dans un congélateur et lui cause, de ce fait, une maladie ou une infirmité.

[482] L'application de la peine d'amende, dans le présent cas, est laissée à l'appréciation souveraine du juge. C'est ce qui résulte des dispositions de l'art. 401, al. 2 du CP en ses termes : « *(...) et pourront même l'être d'une amende...* ».

[483] On peut dire, pour distinguer ce type de vol d'autres cas (par exemple le vol aggravé ou le vol qualifié) que c'est un vol commis sans *circonstances aggravantes.*

alliés aux mêmes degrés », ses descendants, son conjoint ou son feu conjoint (art. 380 du Code pénal).[484] On parle alors d'***immunités familiales***.[485]

Toutefois, l'auteur des soustractions peut être condamné aux dommages et intérêts sur *le plan civil*[486].

Cependant, tout individu qui aura *« recélé ou appliqué à son profit tout ou partie des objets volés »* sera coupable de recel d'objet.[487] Le fait que l'auteur de cette soustraction n'ait pas été poursuivi ou reconnu coupable de vol ne dispense pas pour autant le receleur des poursuites, le recel étant une infraction autonome.

Culpabilité :

- La chose soustraite doit être un bien mobilier ;[488]
- cette chose ne doit pas être la propriété d'un ascendant, d'un allié au même degré, d'un descendant, ou du conjoint ou du feu conjoint du présumé auteur des faits.[489]
- ***Élément matériel*** :
  - Le présumé auteur doit avoir soustrait (enlevé, ravi ou appréhendé) une chose qui ne lui appartient pas ;[490]
  - il doit, de ce fait, avoir privé le propriétaire de la chose en cause de la possession de son bien (il doit avoir dépossédé le propriétaire dudit bien).
- ***Élément moral*** : le présumé auteur doit l'avoir fait frauduleusement (avec une intention coupable).

254- VOL AVEC PORT D'ARMES

- ***Élément légal*** : articles 379[491] et 381, al. 1 du Code pénal.

---

[484] Ces actes ne donneront lieu qu'à une réparation civile. Cependant, si la chose soustraite a été obtenue par l'emploi de la violence sur la victime (qui est un ascendant ou descendant de l'agent pénal) l'on pourra poursuivre l'auteur pour *Violences et voies de faits* ou *Coups et blessures à ascendant*, ou *Coups volontaires à enfant*.

[485] Toutefois, les immunités familiales ne s'étendent pas aux « descendants au même degré » (les frères). Ainsi, celui qui soustrait frauduleusement un bien appartenant à son frère sera poursuivi pour vol (cf. Cass. Crim. 14 mars 1818, citée par Faustin HELIE, *op. cit.*, p. 430). Il en est ainsi notamment entre cousins, puisqu'il s'agit des collatéraux (cf. TGI, Brazzaville, corr., 2ème ch., 18 juin 2014, répertoire n° 060, 2013, précitée).

[486] Art. 380, al. 1 du CP.

[487] Art. 380, al. 2 du CP.

[488] Seul ce type de bien peut être déplacé (être susceptible de mouvement).

[489] Art. 380, al. 1 du CP.

[490] Il y a soustraction dès lors que la chose est déplacée, c'est-à-dire dès le moment où elle passe « de la possession du possesseur légitime à celle de l'agent pénal » (cf. Michel VERON, *op. cit.*. p. 267) .

[491] *Voir **Vol simple***, pour lire l'article 379.

- **Teneur du texte** :

Art. 381 du CP *: « (L. 23/11/1950 rendue appl. par L.53-82 du 7/2/1953 - AGG. Prom. 620 du 21/2/1953 - JOAEF 1953 p. 516). Seront punis de la peine de mort, les individus coupables de vol si les coupables ou l'un d'eux étaient porteurs d'une arme apparente ou cachée, même si le vol a été commis le jour et par une seule personne. Il en sera de même si les coupables ou l'un d'eux avaient l'arme dans le véhicule motorisé qui les aurait conduits sur le lieu de leur forfait ou qu'ils auraient utilisé pour assurer leur fuite. (...). »*

- **Peine principale** : mort (c'est un **crime**).[492]

Compréhension : c'est le fait pour une personne, porteuse d'une arme apparente ou cachée, de s'emparer ou de « dérober », ou de s'approprié une chose appartenant à autrui, contre le gré ou à l'insu du propriétaire de ladite chose.

Rappel : c'est un vol commis avec une gravité particulière (circonstances aggravantes) telle que son auteur est coupable de vol qualifié.

Cependant, si le présumé auteur jouit d'*immunités familiales*[493], il peut être poursuivi pour *Violences et voies de fait* ou *Violation de domicile* (selon le cas).

Culpabilité :

- La chose soustraite doit être un bien mobilier ;
- cette chose ne doit pas être la propriété d'un ascendant, d'un allié au même degré, d'un descendant, ou du conjoint ou du feu conjoint du présumé auteur des faits.[494]
- ***Élément matériel*** :
  - Le présumé auteur doit avoir soustrait c'est-à-dire soutirer, enlever ou appréhender, la chose d'autrui, privant ainsi son propriétaire de la possession de ladite chose ;[495]
  - il doit :
    - s'il est seul, avoir porté sur lui une arme (apparente ou cachée) pendant les faits ;
    - s'ils sont au moins deux, avoir une arme dans le véhicule motorisé qui les a conduit au lieu de leur forfait ;
- ***Élément moral*** : il doit avoir agi avec une intention frauduleuse (intention coupable).

---

492 Cette peine est abolie (cf. art. 8, al. 4 de la Constitution congolaise du 25 octobre 2015) ; voir *Assassinat*, pour lire le petit détail sur la peine de mort en République du Congo.
493 Voir *Vol simple,* pour cerner les immunités familiales ou lire l'art. 380 du CP.
494 *Idem.*
495 Pour cerner la notion de soustraction, voir *Vol simple*.

255- VOL AVEC VIOLENCE

□ ***Élément légal*** :

- **A** : article 379 et 382, al. 1 du Code pénal ;
- **B** : article 379 et 382 du Code pénal.

  - **Teneur du texte :**

> ***Art. 382 du CP*** : *« Sera puni de la peine des travaux forcés à temps, tout individu coupable de vol commis à l'aide de violence.*
>
> *Si la violence à l'aide de laquelle le vol a été commis a laissé des traces de blessures ou de contusions, cette circonstance suffira pour que la peine des travaux forcés à perpétuité soit prononcée. »*

  - **Peines principales** :

- **A** : cinq (05) ans à trente (30) ans des *travaux forcés* (c'est un **crime**) ;[496]
- **B** : travaux forcés à perpétuité (c'est un **crime**).

Compréhension : c'est le fait pour une personne de s'emparer ou de de « dérober », ou de s'approprier la chose d'autrui, au moyen de la violence.

Culpabilité :

□ La chose en cause doit être la propriété d'autrui ;

□ cette chose ne doit pas être la propriété d'un ascendant, d'un allié au même degré, d'un descendant, ou du conjoint ou du feu conjoint du présumé auteur des faits.[497]

□ ***Élément matériel*** :

  - Le présumé auteur doit avoir soustrait (c.-à-d., enlevé, appréhendé, ravi ou retiré de manière à priver le propriétaire de son propre bien) une chose appartenant à autrui ;[498]
  - il doit y avoir procédé par l'emploi de la violence.[499]

□ ***Élément moral*** : il doit avoir agi avec une intention frauduleuse (intention coupable).

« Atténuation et aggravation de la peine » :

- **A** : si la violence à l'aide de laquelle le vol a été commis n'a pas laissé des traces de blessures ou de contusions (***voir peine A)*** ;
- **B** : si la violence à l'aide de laquelle le vol a été commis a laissé des traces de blessures ou de contusions (***voir peine B)***.

---

[496] Art. 19 du CP.

[497] Voir *Vol simple,* pour cerner les immunités familiales ou lire l'art. 380 du CP.

[498] *Idem*, pour cerner la notion de soustraction.

[499] Violence exercée sur la victime.

256- VOL PAR EFFRACTION OU PAR ESCALADE, OU PAR USAGE DE FAUSSES CLÉS...[500]

☐ ***Élément légal*** : articles 379[501], 384 et 381, al. 2-3° du Code pénal.

- **Teneur du texte** :

> ***Art. 384 du CP*** : *« (L. 24/5/195 1 rendue applic. Par L. 53-82 du 7/2/53 - AGG prom. n° 620 du 2 1/2/53 – JOAEF 53 p. 516). Sera puni de la peine des travaux forcés à temps, tout individu coupable de vol commis à l'aide d'un des moyens énoncés au paragraphe 3° de l'article 381, même quoique l'effraction, l'escalade et l'usage des fausses clefs aient eu lieu dans des édifices, parcs ou enclos non servant à l'habitation et non dépendant des maisons habitées, et lors même que l'effraction n'aurait été qu'intérieure. »*
>
> ***Art. 381 du CP*** : *« (...). Seront punis des travaux forcés à perpétuité, les individus coupables de vol commis avec la réunion de quatre seulement des cinq circonstances suivantes :*
>
> *1° Si le vol a été commis la nuit ;*
>
> *2° S'il a été commis par deux ou plusieurs personnes ;*
>
> *3° Si le ou les coupables ont commis le crime, soit à l'aide d'effraction extérieure, ou d'escalade, ou de fausses clefs, dans une maison, appartement, chambre ou logement habités ou servant à l'habitation, ou leurs dépendances, soit en prenant le titre d'un fonctionnaire public ou d'un officier civil ou militaire ou après s'être revêtus de l'uniforme ou du costume du fonctionnaire ou de l'officier ou en alléguant un faux ordre de l'autorité civile ou militaire.*
>
> *4° Si le vol a été commis avec violence ;*
>
> *5° Si le ou les coupables se sont assuré la disposition d'un véhicule motorisé en vue de faciliter leur entreprise ou de favoriser leur fuite. »*

- **Peine principale** : cinq (05) ans à trente (30) ans des *travaux forcés* (c'est un **crime**).[502]

Compréhension : c'est le fait pour une personne de s'approprier ou de « dérober », ou de s'emparer la chose d'autrui, contre la volonté ou à l'insu de son propriétaire, en y procédant par escalade ou effraction, ou en se servant des fausses clefs ou en prenant un titre d'une autorité publique, ou en se revêtant d'un costume d'une autorité publique, ou encore en invoquant un faux ordre de l'autorité publique.[503]

---

[500] En prenant le titre d'un fonctionnaire public ou d'un officier civil ou militaire, ou en se revêtant de l'uniforme ou du costume du fonctionnaire ou de l'officier, ou en alléguant un faux ordre de l'autorité civile ou militaire.

[501] *Voir **Vol simple***, pour lire cet article.

[502] Art. 19 du CP.

[503] Il s'agit en réalité des circonstances aggravantes du vol.

Rappel : si le vol a été commis avec la réunion des quatre éléments énumérés à l'article 381, al. 2, son auteur subira la peine des travaux forcés à perpétuité (c'est un **crime**).

Culpabilité :

- La chose soustraite doit être un bien mobilier ;
- cette chose ne doit pas être la propriété d'un ascendant, d'un allié au même degré, d'un descendant, ou du conjoint ou du feu conjoint du présumé auteur des faits.[504]
- ***Élément matériel*** :
  - Le présumé auteur doit avoir soustrait (enlevé, appréhendé, ravi ou retiré, de manière à priver son propriétaire de son propre bien) une chose appartenant à autrui ;[505]
  - il doit y avoir procédé soit :
    - en escaladant la clôture de la propriété immobilière (parcelle) où ont été commis les faits ;
    - en cassant, à l'extérieur ou à l'intérieur, les portes, murs ou tout objet qui bloque l'accès au lieu dans lequel ont été commis les faits ;
    - en se servant des fausses clefs, ou en prenant un titre d'un fonctionnaire public ou d'un officier civil ou militaire ;
    - en se revêtant d'un costume d'un fonctionnaire ou d'un officier ;
    - en alléguant ou invoquant un faux ordre de l'autorité civile ou militaire.
- ***Élément moral*** : le présumé auteur doit avoir agi avec une intention coupable (frauduleusement).

257- VOL DE RÉCOLTES DÉTACHÉES DU SOL

- ***Élément légal*** :

- **A** : art. 379[506] et 388, al. 3 du CP ;
- **B** : art. 379 et 388, al. 4 du CP.

  - **Teneur du texte** :

> ***Art. 388 du CP*** : *« Quiconque aura volé ou tenté de voler, dans les champs, des chevaux ou bêtes de charge, de voiture ou de monture, gros et menus bestiaux, ou des instruments d'agriculture, sera puni d'un emprisonnement d'un an au moins et de cinq ans au plus, et d'une amende de 4.000 à 120.000 francs.*
>
> *Il en sera de même à l'égard des vols de bois dans les ventes et de pierres dans les carrières, ainsi qu'à l'égard du vol de poisson en étang, vivier ou réservoir.*

[504] Art. 380, al 1 du CP ; voir Vol simple, pour plus de détails sur les immunités familiales.
[505] Pour comprendre en quoi consiste l'acte de soustraction, voir *Vol simple*.
[506] *Voir **Vol simple***, pour lire le contenu de l'article 370 du CP.

Quiconque aura volé ou tenté de voler, dans les champs, des récoltes ou autres productions utiles de la terre, déjà détachées du sol, ou des meubles de grains faisant partie des récoltes, sera puni d'un emprisonnement de quinze jours à deux ans et d'une amende de 4.000 francs à 48.000 francs.

Si le vol a été commis, soit la nuit, soit par plusieurs personnes, soit à l'aide de voitures ou d'animaux de charge, l'emprisonnement sera d'un an à cinq ans et l'amende de 4.000 francs à 120.000 francs. Lorsque le vol ou la tentative de vol de récoltes ou autres productions utiles de la terre, qui, avant d'être soustraites, n'étaient pas encore détachées du sol, aura eu lieu, soit avec des paniers ou des sacs, ou autres objets équivalents, soit la nuit, soit à l'aide de voitures ou d'animaux de charge, soit par plusieurs personnes, la peine sera d'un emprisonnement de quinze jours à deux ans et d'une amende de 4.000 francs à 48.000 francs.

Dans tous les cas spécifiés au présent article, les coupables pourront, indépendamment de la peine principale, être interdits de tout ou partie des droits mentionnés en l'article 42 pendant cinq ans au moins et dix ans au plus, compter du jour où ils auront subi leur peine. Ils pourront aussi être mis, par l'arrêt ou le jugement sous la surveillance de la haute police pendant le même nombre d'années. »

- **Peines principales** :

- **A** : quinze (15) jours à deux (02) ans d'emprisonnement et 4.000 F CFA à 48.000 F CFA d'amende (c'est un **délit**) ;
- **B :** un (01) an à cinq (05) ans d'emprisonnement et 4.000 F CFA à 120.000 F CFA d'amende (c'est un **délit**).

Compréhension : c'est le fait pour une personne de s'emparer ou de « dérober », ou de s'approprier, dans le champ d'autrui, à l'insu ou contre la volonté du propriétaire, les récoltes ou autres productions utiles à la terre, mais qui en étaient déjà détachées.

Attention : si les productions volées n'étaient pas détachées du sol, lors des faits, *voir **Vol de récoltes non détachées du sol***.

Culpabilité :

 Les récoltes en cause doivent avoir été la propriété d'autrui ;

 ces récoltes doivent avoir été détachées du sol (elles ne doivent pas être attachées au sol, lors des faits) ;

 les récoltes en cause ne doivent pas être la propriété d'un ascendant, d'un allié au même degré, d'un descendant, ou du conjoint ou du feu conjoint du présumé auteur des faits.[507]

[507] Art. 380 du CP ; voir *Vol simple*, pour plus de détails sur les immunités familiales.

□ ***Élément matériel*** : le présumé auteur doit avoir soustrait (enlevé ou retiré) *dans le champ en cause*, des récoltes ou autres productions utiles à la terre ;[508]

□ ***Élément moral*** : il doit l'avoir fait frauduleusement. Le présumé auteur doit avoir agi avec une intention coupable.

« Atténuation et aggravation de la peine » :

- **A** : si les faits ont été commis le jour, ***voir peines A*** ;
- **B** : si les faits ont été commis la nuit ou en réunion de plusieurs personnes, ou avec des paniers, sacs ou objets équivalents, ou encore à l'aide de voiture ou d'animaux de charge, ***voir peines B***.

258- VOL DE RÉCOLTES NON DÉTACHÉES DU SOL

□ ***Élément légal*** : articles 379[509] et 388, alinéa 4 du Code pénal.

- **Teneur du texte** :

Art. 388 du CP *: « (...). Lorsque le vol ou la tentative de vol de récoltes ou autres productions utiles de la terre, qui, avant d'être soustraites, n'étaient pas encore détachées du sol, aura eu lieu, soit avec des paniers ou des sacs, ou autres objets équivalents, soit la nuit, soit à l'aide de voitures ou d'animaux de charge, soit par plusieurs personnes, la peine sera d'un emprisonnement de quinze jours à deux ans et d'une amende de 4.000 francs à 48.000 francs. (...). »*

- **Peines principales** : quinze (15) jours à deux (02) ans d'emprisonnement et 4.000 F CFA à 48.000 F CFA d'amende (c'est un **délit**).

Compréhension : c'est le fait pour une personne de s'emparer ou de « dérober », ou de s'approprier, à l'insu ou contre la volonté de leur propriétaire, les récoltes ou autres productions utiles à la terre, lesquelles récoltes étaient encore attachées du sol, dans le champ d'autrui.

Attention : si les productions volées ont été soustraites du sol, lors des faits, *voir* ***Vol de récoltes détachées du sol***.

Culpabilité :

□ Les récoltes en cause doivent avoir été la propriété d'autrui ;

□ ces productions (récoltes) doivent avoir été attachées au sol (elles ne devraient pas être retirées du sol, lors des faits) ;

---

[508] *Voir* élément matériel du *Vol simple*, pour comprendre en quoi consiste l'acte de soustraction.

[509] *Voir* ***Vol simple***, pour lire cet article.

 les productions en cause ne doivent pas être la propriété d'un ascendant, d'un allié au même degré, d'un descendant, ou du conjoint ou du feu conjoint du présumé auteur des faits.[510]

 Élément matériel :

- Le présumé auteur doit avoir soustrait, enlevé ou retiré, *dans un champ*, des récoltes ou autres productions utiles à la terre ;[511]
- il doit avoir commis cet acte avec **soit** des paniers ou des sacs, ou d'autres objets équivalents, **soit** la nuit, **soit** à l'aide de voitures ou d'animaux de charge, **soit** avec une ou plusieurs autres personnes.

 Élément moral : il doit l'avoir fait frauduleusement (avec intention coupable).

259- VOL COMMIS SUR LES CHEMINS PUBLICS OU DANS LES WAGONS TRANSPORTANT LES PERSONNES…

 Élément légal :

- **A** : art. 383, al. 1, et 381, al. 2 du CP ;[512]
- **B** et **C** : art. 383, al. 2, et 381, al. 2 du CP.[513]

  - **Teneur du texte** :

> ***Article 383 du CP*** : *« (L. 24/5/1951 rendue applic. L. 53-82 du 7/2/53 - AGG. Prom. n° 620 du 21/2/1953 – JOAEF 1953 p. 516). Les vols commis sur les chemins publics ou dans les wagons de chemins de fer servant au transport des voyageurs, des correspondances ou des bagages, toutes les fois qu'ils formeront convoi, emporteront la peine des travaux forcés à perpétuité lorsqu'ils auront été commis avec deux des circonstances visées au deuxième alinéa de l'article 381.*
>
> *27/10/1922-D. appl. 21/1/1939-AGG prom. 25/2/1939 - JOAEF 1939 p. 253). Ils emporteront la peine des travaux forcés à temps lorsqu'ils auront été commis avec une seule de ces circonstances. Dans les autres cas, la peine sera celle de la réclusion. »*

  - **Peines principales** :

- **A** : travaux forcés à perpétuité (c'est un **crime**) ;
- **B :** cinq (05) ans à trente (30) ans des *travaux forcés* (c'est un **crime**) ;[514]
- **C** : cinq (05) ans à dix (10) ans de *réclusion* (c'est un **crime**).[515]

---

[510] Art. 380, al 1 du CP ; voir *Vol simple*, pour plus de détails sur les immunités familiales.
[511] Pour cerner l'acte de soustraction, voir *Vol simple*.
[512] Pour lire le contenu de l'article 383 du CP, voir *Vol par effraction ou escalade, ou par usage de fausses clés* (…), et *Vol avec port d'armes*.
[513] Voir *Vol avec port d'armes*, pour lire le teneur de l'article 381, al. 2 du CP.
[514] Art. 19 du CP.
[515] Art. 21, al. 2 du CP.

Compréhension : c'est le fait pour une personne de s'emparer ou de « dérober », ou de s'approprier les choses d'autrui, à l'insu ou contre le gré de leurs propriétaires, sur les chemins publics ou dans les wagons de chemins de fer servant au transport des voyageurs, des correspondances ou des bagages qui forment convoi.

Culpabilité :

- La chose en cause doit être la propriété d'autrui ;
- cette chose ne doit pas être la propriété d'un ascendant, d'un allié au même degré, d'un descendant, ou du conjoint ou du feu conjoint du présumé auteur des faits.[516]
- ***Élément matériel*** :
  - Le présumé auteur doit avoir soustrait (enlevé, appréhendé, ravi ou retiré de manière à priver le propriétaire de son propre bien) une chose appartenant à autrui ;[517]
  - il doit l'avoir fait sur les chemins publics ou dans les wagons de chemins de fer servant au transport des voyageurs, lesquels wagons doivent former convoi.
- ***Élément moral*** : il doit avoir agi avec une intention frauduleuse (intention coupable).

« Atténuation et aggravation de la peine » :

➢ **A** : si le vol a été commis avec la réunion de deux (02) des cinq circonstances suivantes :

- si le vol a été commis la nuit ;
- s'il a été commis par deux ou plusieurs personnes ;
- si le ou les coupables ont commis le crime soit :
  - par effraction extérieure, ou par escalade, ou par usage de fausses clefs, dans une maison, un appartement, une chambre ou un logement habité (e) ou servant à l'habitation, ou leurs dépendances ;
  - en prenant le titre d'un fonctionnaire public ou d'un officier civil ou militaire, ou après s'être revêtu de l'uniforme ou du costume du fonctionnaire ou de l'officier, ou en alléguant un faux ordre de l'autorité civile ou militaire.
- si le vol a été commis avec violence ;
- si le ou les coupables se sont assurés la disposition d'un véhicule motorisé en vue de faciliter leur entreprise ou de favoriser leur fuite ***(voir peine A)***.

➢ **B** : si le vol a été commis avec une (01) seule des cinq circonstances suivantes :

---

[516] Art. 380, al 1 du CP ; voir *Vol simple*, pour plus de détails sur les immunités familiales.
[517] Pour cerner la notion de soustraction, voir élément matériel du *Vol simple*.

- soit la nuit ;
- soit par deux ou plusieurs personnes ;
- soit par effraction extérieure, ou par escalade, ou par usage de fausses clefs, dans une maison, un appartement, une chambre ou un logement habité (e) ou servant à l'habitation, ou leurs dépendances ;
- soit en prenant le titre d'un fonctionnaire public ou d'un officier civil ou militaire, ou se revêtant de l'uniforme ou du costume du fonctionnaire ou de l'officier, ou en alléguant un faux ordre de l'autorité civile ou militaire.
- soit avec violence ;
- soit en s'assurant la disposition d'un véhicule motorisé en vue de faciliter l'entreprise ou de favoriser la fuite du ou des auteurs du vol, ***(voir peine B)***.

➢ **C** : si le vol a été commis dans des cas autres que ceux des cas **A** et **B**, ***voir peine C***.

260- VOL COMMIS DANS LES LIEUX DE CULTE (Église, par exemple)

✓ *Voir* ***Vol commis dans certains lieux ou par certaines personnes.***

261- VOL COMMIS DANS CERTAINS LIEUX OU PAR CERTAINES PERSONNES

□ ***Élément légal*** :
- **A** : art. 386-1° du CP ;
- **B :** art. 386-3° du CP ;
- **C et D** : art. 386-4° du CP.

o **Teneur du texte** :

Art. 386 du CP *: « Sera puni de la peine de la réclusion tout individu coupable de vol commis dans l'un des cas ci-après :*

1° Si le vol a été commis la nuit et par deux ou plusieurs personnes, ou s'il a été commis avec une de ces deux circonstances seulement mais en même temps dans un lieu habité ou servant à l'habitation, ou dans les édifices consacrés aux cultes légalement établis en France ;

2° (Abrogé par L. 23/11/50 rendue appl. par L. 53-82 du 7/2/53 - JOAEF p. 516) ;

3° Si le voleur est un domestique ou un homme de service à gages, même lorsqu'il aura commis le vol envers des personnes qu'il ne servait pas, mais qui se trouvaient, soit dans la maison de son maître, soit dans celle où il l'accompagnait ou, si c'est un ouvrier, compagnon ou apprenti, dans la maison, l'atelier ou le magasin de son maître ; ou un individu travaillant habituellement dans l'habitation où il aura volé ;

4° Si le vol a été commis par un aubergiste, un hôtelier, un voiturier, un batelier ou un de leurs préposés, lorsqu'ils auront volé tout ou partie des choses qui leur étaient confiées à ce titre ;

(Compl. Par loi 9/3/1928 - D. applic. 21/1/1931 – AGG prom. 10/3/31 - JOAEF 1931 p. 236).

Si le vol a été commis, même en temps de paix, par un militaire ou assimilé, au préjudice de l'habitant chez lequel il est logé ou cantonné. »

- **Peines principales** :

A, B, C et D : cinq (05) ans à dix (10) ans de *réclusion* (c'est un **crime**).[518]

Compréhension : c'est le fait pour une personne de s'emparer ou de « dérober », ou de s'approprier le bien d'autrui, à l'insu ou contre le gré de leur propriétaire, dans les lieux consacrés aux cultes (Église, Temple, Mosquée…) légalement établis en République du Congo.

C'est aussi le fait, pour un subalterne, un domestique ou un aubergiste, ou un hôtelier ou un militaire ou assimilé, de soustraire les biens de son maitre ou son patron ou ceux des clients ou de son logeur, dans la maison dudit maitre ou patron, ou dans ladite auberge ou ledit hôtel, ou dans la maison de l'habitant qui a logé ledit militaire ou assimilé .

Culpabilité :

- La chose en cause doit être la propriété d'autrui ;
- cette chose ne doit pas être la propriété d'un ascendant, allié au même degré, descendant, ou du conjoint ou feu conjoint du présumé auteur des faits ;[519]
- ***Élément matériel*** :
  - Le présumé auteur doit avoir soustrait (enlevé, appréhendé ou retiré de manière à priver le propriétaire de son propre bien) une chose appartenant à autrui ;[520]
  - il doit :
    - soit l'avoir fait *dans les lieux de culte légalement établis ;*
    - soit été l'une des *personnes déterminées par la loi*[521] et *dans certaines conditions*[522].

[518] Art. 21, al. 2 du CP.

[519] Art. 380, al 1 du CP ; voir *Vol simple*, pour plus de détails sur les immunités familiales.

[520] Pour cerner la notion de soustraction, voir élément matériel du *Vol simple*.

[521] Tel un domestique ou un homme de service à gages, un ouvrier, un compagnon ou apprenti, dans la maison, l'atelier ou le magasin de son maître ; un individu travaillant habituellement dans l'habitation où il aura volé ; un aubergiste, un hôtelier, un voiturier, un batelier ou un de leurs préposés ; un militaire ou assimilé (cf. l'art. 386 du CP).

[522] Cf. art. 386, al. 1 (3° et 4°) et al. 2 du CP.

 Élément moral : le présumé auteur doit avoir agi avec une intention frauduleuse (intention coupable).

« Atténuation et aggravation de la peine » :

- **A** : si le vol a été commis la nuit et par deux ou plusieurs personnes, ou s'il a été commis soit la nuit, soit par deux ou plusieurs personnes dans un lieu habité ou servant à l'habitation, ou dans les édifices consacrés aux cultes légalement établis sur le territoire national, ***voir peine A*** ;
- **B** : si l'auteur du vol est soit :
  - un domestique ou un homme de service à gages, même lorsqu'il aura commis le vol envers une personne qu'il ne servait pas, mais qui se trouvait soit dans la maison de son maître, soit dans celle où il l'accompagnait,
  - un ouvrier, compagnon ou apprenti, et si le vol est commis dans la maison, l'atelier ou le magasin de son maître,
  - un individu qui travaille habituellement dans l'habitation où il aura volé, ***voir peine B*** ;
- **C** : si le vol a été commis par un aubergiste, un hôtelier, un voiturier, un batelier ou un de leurs préposés, lorsqu'il aura volé tout ou partie des choses qui lui étaient confiées à ce titre, ***voir peine C*** ;
- **D** : si le vol a été commis par un militaire ou assimilé, au préjudice de l'habitant chez lequel il est logé ou cantonné, ***voir peine D***.

BIBLIOGRAPHIE

AMBOULOU Hygin Didace, *Traité congolais du droit pénal et procédure pénale*, 1ère éd. L'Harmattan, 2010.

ANDRE Christophe, *Droit pénal spécial*, Dalloz, 2010.

AZALOU Michel Romaric, *Qualification des infractions courantes*, 2ème éd., Cotonou, 2006.

AZALOU Michel Romaric, *Qualification des infractions courantes*, 3ème éd. Cotonou, 2014.

BLANCHE Antoine-Georges, *Études pratiques sur le Code pénal*, Quatrième Étude[en ligne] Paris, 1868. Disponible sur Gallica : http : //gallica.bnf.fr/.

BLANCHE Antoine-Georges, *Études pratiques sur le Code pénal*, Cinquième Étude [en ligne] Paris, 1870. Disponible sur Gallica : http : //gallica.bnf.fr/.

BOITARD Joseph Édouard et HELIE Faustin, *Leçons de Droit criminel, contenant l'explication complète des Codes pénal et d'instruction criminelle*, 11e éd. [en ligne] Paris, 1876. Disponible sur Gallica : http : //gallica.bnf.fr/.

BOULOC Bernard et MATSOPOULOU Haritini, *Droit pénal général et procédure pénale*, 18ème éd. Sirey, 2011.

CORNU Gérard, Association Henri Capitant, *Vocabulaire juridique*, Quadrige, puf. 2011.

CROCQ Jean-Christophe, *Guide des infractions*, 14ème éd. Dalloz, Paris, 2013.

DUVERGIER J. B., *Code pénal annoté*, édition de 1832 [en ligne] Paris, 1833. Disponible sur Gallica : http : //gallica.bnf.fr/.

GANZINO-NGOUNGA Cyprien, *Guide des inculpations*, 2ème éd. Brazzaville, 2014.

HELIE Faustin, *Pratique criminelle des cours et tribunaux, résumé de la jurisprudence sur les Codes d'instruction criminelle et pénal,* deuxième partie [en ligne] Paris, 1877. Disponible sur Gallica : http : //gallica.bnf.fr/.

HELIE Faustin et CHAUVEAU Adolphe, *Théorie du Code pénal*, 5ème éd., Tome V [en ligne] Paris, 1852. Disponible sur Gallica : http : //gallica.bnf.fr/.

PRADEL Jean et DANTI-JUAN Michel, *Droit pénal spécial,* 5ème éd. CUJAS, Paris, 2010.

ROSNY Eric (dir.), *Justice et sorcellerie* : *colloque international de Yaoundé (17-19 mars 2005)*, Karthala, Paris, 2006.

VERON Michel, *Droit pénal spécial*, 14ème Sirey, 2012.

TABLE DES MATIÈRES

Questions juridiques aux éditions L'Harmattan

Dernières parutions

CONCILIATION ET MÉDIATION DEVANT LA JURIDICTION ADMINISTRATIVE
Actes du colloque du Conseil d'État du 17 juin 2015
Sous la direction de Jacques Biancarelli et Béatrice Blohorn-Brenneur
Voici près de 25 ans que le Conseil d'État, confronté à une judiciarisation croissante de la société, réfléchit aux modes alternatifs de règlement des différends afin de les pacifier et de rendre les justiciables davantage confiants en la justice administrative. Après avoir rappelé le contexte juridique et les enjeux d'une telle impulsion, un bilan comparatif des pratiques du juge administratif et du juge judiciaire a permis de mesurer combien il est nécessaire et urgent de compléter la boîte à outils dont dispose le premier. Voici une réflexion, les références et les outils nécessaires à la juridiction administrative.
(Coédition GEMME, 24.00 euros, 246 p.)
ISBN : 978-2-343-07270-8, ISBN EBOOK : 978-2-336-39774-0

L'ERREUR JUDICIAIRE
Apprendre à douter pour lutter contre les erreurs judiciaires
Sous la direction de Xavier Pin
L'erreur judiciaire hante autant qu'elle jalonne l'histoire de notre justice pénale. Nous avons tous en mémoire de retentissants procès ayant vu des individus accusés ou condamnés, avant d'être disculpés, graciés ou réhabilités. Le législateur y est sensible au point de réformer régulièrement la procédure pénale pour tenter d'éviter, de corriger ou de réparer, autant que possible, de telles erreurs. Une loi du 20 juin 2014 réforme les procédures de révision et de réexamen des condamnations pénales définitives : elle est l'occasion d'essayer de comprendre ces fiascos judiciaires.
(Coll. Droit privé et sciences criminelles, 15.00 euros, 126 p.)
ISBN : 978-2-343-07284-5, ISBN EBOOK : 978-2-336-39807-5

LE DROIT CONSTITUTIONNEL DE LA Vᵉ RÉPUBLIQUE
(Treizième édition)
Lascombe Michel, Toulemonde Gilles
Cet ouvrage s'adresse aux étudiants en droit, aux élèves des instituts d'études politiques et aux candidats aux concours administratifs. Il couvre l'essentiel du programme de droit constitutionnel, c'est-à-dire aussi bien les constitutions françaises depuis 1789 que l'actuel texte constitutionnel. Cette nouvelle édition tient compte des derniers développements induits par les changements politiques, des dernières réformes des règlements des assemblées et de la jurisprudence la plus récente.
(Coll. Logiques Juridiques, 42.00 euros, 506 p.)
ISBN : 978-2-343-07916-5, ISBN EBOOK : 978-2-336-39877-8

LA PROXIMITÉ EN DROIT INTERNATIONAL PRIVÉ DE LA FAMILLE
Bouyahia Sabrine Maya - Préface de Lotfi Chedly et Marie Goré
Parmi les méthodes proposées pour trancher les litiges présentant un élément d'extranéité, figure celle reposant sur le principe de proximité. L'étude porte sur deux systèmes de droit international privé de la famille différents (droit français et droit tunisien) pour mettre en exergue d'une

part l'adaptation de cette méthode aux spécificités de chaque ordre étatique et d'autre part son adéquation avec tous les différents systèmes de droit.
(Coll. Logiques Juridiques, 54.00 euros, 618 p.)
ISBN : 978-2-343-05464-3, ISBN EBOOK : 978-2-336-39866-2

QUARTIER-FEMMES ÉCROU 10970
Boh-Petit Dominique
Cellule 24 : une femme dit toute sa souffrance d'être enfermée. Elle a tué. Son histoire est à la rubrique des faits divers. La Cour d'assises la jugera. Bien des années plus tard, elle est libérée. La vie doit reprendre. Ce récit est parfaitement conforme à la réalité. Tout a existé et existe encore.
(Coll. La justice au quotidien, 15.00 euros, 130 p.)
ISBN : 978-2-343-07436-8, ISBN EBOOK : 978-2-336-39812-9

GABELOUS ET CONTREBANDIERS
Histoire des fermiers généraux de Dijon (1760-1780)
Evrard Sébastien - Préface de Marc Fradet
En exhumant un registre du personnel de la direction des fermes de Dijon, l'auteur retrace, entre 1760 et 1780, la vie méconnue de centaines d'agents au service du doit et de l'impôt. Ces derniers servaient un système protecteur (la retraite fait son apparition dès 1768), parfois très rémunérateur, mais qui s'avère aussi, sous certains aspects, une machine à broyer les hommes : le régime des sanctions que met en place la Ferme est d'une efficacité redoutable. En définitive, la Ferme présente un aspect mitigé.
(Coll. Mémoires des Douanes, 28.50 euros, 278 p.)
ISBN : 978-2-343-06683-7, ISBN EBOOK : 978-2-336-39845-7

DICTIONNAIRE OHADA
(3e édition)
Bitsamana Hilarion Alain
Ce dictionnaire spécial du droit des affaires OHADA propose une définition claire et précise, avec tous les compléments nécessaires, des principaux termes utilisés tous les jours se rapportant à l'OHADA. Un ouvrage de référence permettant de décoder l'OHADA, accessible à toute personne s'intéressant au monde des affaires en Afrique comme à l'étranger.
(39.00 euros, 398 p.)
ISBN : 978-2-343-07656-0, ISBN EBOOK : 978-2-336-39786-3

LA DÉJUDICIARISATION ET LES PROCÉDURES NON CONTENTIEUSES EN AFRIQUE
Amboulou Hygin Didace
La déjudiciarisation comprend l'ensemble des mécanismes de gestion des différends en rationalisant les moyens matériels et humains de la justice, afin de pallier les déficiences du système judiciaire et de limiter les surcharges des juridictions. Les institutions de nombreux pays sont analysées et les déjudiciarisations en droit public et en droit privé sont abordées.
(Coll. Études africaines, 17.50 euros, 156 p.)
ISBN : 978-2-343-06928-9, ISBN EBOOK : 978-2-336-39805-1

COMMENT RENFORCER L'INDÉPENDANCE DE LA MAGISTRATURE AU SÉNÉGAL ?
Ngom Babacar
Préface de Amadou Mahtar Mbow
L'ouvrage présente dans une première partie les garanties légales d'indépendance de la justice, notamment la règle de la séparation des pouvoirs, le principe de la soumission des juges à l'autorité de la loi et celui de l'inamovibilité du magistrat du siège. Après une analyse critique de ces dispositions, l'auteur formule des propositions de renforcement de l'indépendance de la magistrature.
(13.50 euros, 124 p.)
ISBN : 978-2-343-05158-1, ISBN EBOOK : 978-2-336-39837-2

LE DROIT PÉNAL DES AFFAIRES AU CAMEROUN
Djila Kouayi Kemajou Rose
Préface de Victor-Emmanuel Bokalli
Dans le domaine des affaires, la liberté d'entreprendre et d'investir comporte de nombreux risques, au rang desquels le risque pénal. La délinquance en col blanc n'étant plus réservée aux grandes sociétés commerciales, les moyens de lutte et de sécurisation des investisseurs nécessitent un droit pénal des affaires dont l'objectif est la recherche d'une éthique dans ce domaine.
(Coll. Études africaines, 35.50 euros, 350 p.)
ISBN : 978-2-343-07840-3, ISBN EBOOK : 978-2-336-39777-1

50 ANS DE MARIAGE
Réflexions d'un notaire sur l'évolution du couple ces cinquante dernières années
Dauptain Pierre
De la pilule contraceptive jusqu'au mariage pour tous, l'auteur nous propose une réflexion sur les lois qui ont accompagné l'évolution du couple au cours des cinquante dernières années. Il analyse cette évolution pour aborder les problématiques juridiques et morales qui font tant débat de nos jours. Il s'appuie sur des travaux de juristes ou de sociologues, des articles de presse, mais aussi sur les chansons et les films qui ont marqué ces années et qui témoignent de façon si éclairante des changements de mentalités.
(Éditions Pepper, 16.50 euros, 148 p.)
ISBN : 978-2-343-07677-5, ISBN EBOOK : 978-2-336-39690-3

MÉTHODOLOGIE ET ASPECTS FORMELS DE LA RECHERCHE
Petit manuel à l'usage des juristes
Marain Gaëtan
L'ouvrage propose un véritable apprentissage du formalisme qui doit permettre aux étudiants et aux professionnels confrontés à la rédaction d'une thèse ou d'un mémoire juridique d'aborder ce travail avec sérénité. L'auteur donne une méthode de recherche pour définir le sujet, trouver et compulser les références utiles, échafauder un plan. Il aborde également les thèmes des citations d'auteur, notes de bas de page, mise en page. Il traite enfin du travail de relecture et de l'épreuve de soutenance.
(19.00 euros, 178 p.)
ISBN : 978-2-343-07638-6, ISBN EBOOK : 978-2-336-39556-2

RISQUES, ACCIDENTS ET CATASTROPHES
Liber amicorum
En l'honneur de Madame le professeur Marie-France Steinlé-Feuerbach
Sous la direction Hervé Arbousset, Caroline Lacroix et Benoît Steinmetz
L'étude et l'analyse des risques sont au cœur des réflexions du Professeur Steinlé-Feuerbach. Ses nombreux écrits de doctrine sur la thématique des accidents et des catastrophes ont amené à ce que ses collègues et amis lui dédient cet ouvrage. Ces mélanges donnent une vue d'ensemble d'une matière devenue une véritable discipline transcendant le clivage droit public-droit privé.
(Coll. Sciences criminelles, 34.00 euros, 334 p.)
ISBN : 978-2-343-07169-5, ISBN EBOOK : 978-2-336-39677-4

ÉTAT, COLLECTIVITÉS TERRITORIALES ET DROITS SOCIAUX
Étude du droit comparé
Sous la direction d'Olivier Lecucq
Comment, selon leur organisation territoriale respective, La France, l'Espagne et l'Italie œuvrent à la satisfaction des droits sociaux. Quels sont les rôles de l'État en ce domaine ? Quelles sont les actions qui en découlent et comment se coordonnent-elles ? Quelles en sont les implications en termes d'égalité des citoyens et des territoires ? L'ouvrage tente de répondre à ces questions en interpellant la réalisation de l'État social dans un contexte de crise, de réduction des déficits et de maîtrise des dépenses.
(Coll. Bibliothèques de droit, 22.50 euros, 221 p.)
ISBN : 978-2-343-07585-3, ISBN EBOOK : 978-2-336-39683-5

LE PRINCIPE DE PRÉCAUTION
Au carrefour de la philosophie, du droit et des sciences
Calderaro Norbert
La notion de principe de précaution, qui donne lieu à beaucoup de controverses, nécessite de la part d'un juriste une analyse objective pour écarter ce qu'elle n'est pas et définir son contenu véritable. Après un aperçu des sources philosophiques, l'auteur réalise une synthèse du principe de précaution en droit international, européen, en droit comparé et en droit interne. Il intègre notamment les tout derniers développements de la jurisprudence du Conseil d'État.
(18.50 euros, 180 p.)
ISBN : 978-2-343-05457-5, ISBN EBOOK : 978-2-336-39452-7

LES COLLECTIVITÉS TERRITORIALES ET LA SPÉCULATION
Goasdoué Mélissa - Avant-propos de Michel Verpeaux
Préface de Julien Martin
L'ancien dispositif empêchant la conclusion d'opérations financières spéculatives par les collectivités locales ayant échoué, un nouveau dispositif fonctionnant au cas par cas a été mis en place. Après une étude des imperfections de la notion de spéculation puis des liens unissant ces imperfections à l'échec du précédent dispositif dans la protection des collectivités contre les risques spéculatifs, le présent ouvrage s'attache à démontrer comment et dans quelle mesure cette protection est désormais rendue possible.
(Coll. Droit des collectivités territoriales, série Travaux, 15.00 euros, 140 p.)
ISBN : 978-2-343-07619-5, ISBN EBOOK : 978-2-336-39520-3

LE DROIT DE LA GUERRE
Traité sur l'emploi de la force armée en droit international (3 volumes)
Cumin David
Aussi ancien que la guerre et que le droit international dont il constitue le cœur historique, le droit de la guerre existe. Croisant droit et polémologie, portant sur les conflits armés internationaux et internes, ce traité expose, explique et reconstruit l'ensemble du droit international contemporain relatif à l'emploi de la force armée - auteurs et acteurs de la belligérance, ses buts, moyens, théâtres, régimes - et propose une analyse critique de la responsabilité réparatrice et punitive.
Volume 1 (Coll. Droit comparé, 46.00 euros, 458 p.)
ISBN : 978-2-343-06498-7, ISBN EBOOK : 978-2-336-39588-3
Volume 2 (Coll. Droit comparé, 60.00 euros, 760 p.)
ISBN : 978-2-343-07707-9, ISBN EBOOK : 978-2-336-39589-0
Volume 3 (Coll. Droit comparé, 48.00 euros, 468 p.)
ISBN : 978-2-343-07708-6, ISBN EBOOK : 978-2-336-39590-6

LA RESPONSABILITÉ DE PROTÉGER
Nouvelle approche du droit international
Gandou D'Isseret Crépin Gyscard
Le droit d'ingérence humanitaire se comprend comme une éthique de détresse, une obligation de protéger les personnes en danger de mort. La responsabilité de protéger traduit en acte la nécessité impérative de prendre soin de l'homme, ou de la collectivité humaine en général, quand les conditions de son existence connaissent une détérioration significative ou quand elles sont sur le point de le devenir.
(Coll. Harmattan Congo, 16.50 euros, 152 p.)
ISBN : 978-2-343-06724-7, ISBN EBOOK : 978-2-336-39575-3

L'HARMATTAN ITALIA
Via Degli Artisti 15; 10124 Torino
harmattan.italia@gmail.com

L'HARMATTAN HONGRIE
Könyvesbolt ; Kossuth L. u. 14-16
1053 Budapest

L'HARMATTAN KINSHASA
185, avenue Nyangwe
Commune de Lingwala
Kinshasa, R.D. Congo
(00243) 998697603 ou (00243) 999229662

L'HARMATTAN CONGO
67, av. E. P. Lumumba
Bât. – Congo Pharmacie (Bib. Nat.)
BP2874 Brazzaville
harmattan.congo@yahoo.fr

L'HARMATTAN GUINÉE
Almamya Rue KA 028, en face
du restaurant Le Cèdre
OKB agency BP 3470 Conakry
(00224) 657 20 85 08 / 664 28 91 96
harmattanguinee@yahoo.fr

L'HARMATTAN MALI
Rue 73, Porte 536, Niamakoro,
Cité Unicef, Bamako
Tél. 00 (223) 20205724 / +(223) 76378082
poudiougopaul@yahoo.fr
pp.harmattan@gmail.com

L'HARMATTAN CAMEROUN
BP 11486
Face à la SNI, immeuble Don Bosco
Yaoundé
(00237) 99 76 61 66
harmattancam@yahoo.fr

L'HARMATTAN CÔTE D'IVOIRE
Résidence Karl / cité des arts
Abidjan-Cocody 03 BP 1588 Abidjan 03
(00225) 05 77 87 31
etien_nda@yahoo.fr

L'HARMATTAN BURKINA
Penou Achille Some
Ouagadougou
(+226) 70 26 88 27

L'HARMATTAN SÉNÉGAL
10 VDN en face Mermoz, après le pont de Fann
BP 45034 Dakar Fann
33 825 98 58 / 33 860 9858
senharmattan@gmail.com / senlibraire@gmail.com
www.harmattansenegal.com

L'HARMATTAN BÉNIN
ISOR-BENIN
01 BP 359 COTONOU-RP
Quartier Gbèdjromèdé,
Rue Agbélenco, Lot 1247 I
Tél : 00 229 21 32 53 79
christian_dablaka123@yahoo.fr

Achevé d'imprimer par Corlet Numérique - 14110 Condé-sur-Noireau
N° d'Imprimeur : 129615 - Dépôt légal : juin 2016 - *Imprimé en France*